TEXTBÜCHER ZU STUDIEN ÜBER
WIRTSCHAFT UND STAAT

HERAUSGEGEBEN VON PROF. DR. J. JASTROW

BAND 4

GELD UND KREDIT

ZWEITE UNVERÄNDERTE AUFLAGE

BERLIN 1919
DRUCK UND VERLAG VON GEORG REIMER

Vorwort.

Die Einführung in die Lehre vom Gelde hat hauptsächlich mit dem Hindernis zu kämpfen, daß ihre Schwierigkeit in der Regel nicht eingesehen und nicht zugestanden wird. Sobald die Auseinandersetzungen über die Erfordernisse, denen eine gute Geldverfassung genügen müsse, an den Scharfsinn größere Anforderungen stellen, pflegt der Anfänger in ihnen selbstgeschaffene Beschwerlichkeiten der Theoretiker zu erblicken, da ja ein noch so schlechtes Geld, das tatsächlich von allen angenommen werde, die bösen Wirkungen, die man von ihm befürchte, unter keinen Umständen anrichten könne. Mit einer deduktiven Widerlegung dieser Anschauung erreicht man nur den Erfolg, daß der Anfänger im Augenblick sich zum Schweigen genötigt sieht, innerlich aber nach kurzem auf jenen Einwand zurückkommt.

Um dem zu begegnen, schlägt das vorliegende Textbuch einen anderen Weg als den der logischen Widerlegung ein. Es will für die Lehre vom Gelde möglichst lebendigen Anschauungsstoff darbieten. Es will an den wirklich vorgekommenen Fällen zeigen, was die Menschheit genötigt hat, auf die Probleme des Geldes einzugehen. Die drei großartigsten Beispiele hierfür sind: die Preisrevolution um die Wende vom Mittelalter zur Neuzeit, die Kipper- und Wipperzeit des 30jährigen Krieges und endlich die großen Papiergeldkrisen um 1800. Namentlich geben die französischen Assignaten ein ausgezeichnetes Schulbeispiel für die Folgen, die in Wirklichkeit eintreten, wenn man sich dem Glauben hingibt, man könne die Bewertung eines Geldes erzwingen. Die gleichzeitigen Debatten über die englische Papiergeldkrisis leiten von der Geldtheorie zur Lehre vom Kredit über, die in das vorliegende Textbuch soweit einbezogen ist, wie sie mit jener zusammenhängt. Die Peelsche Bankakte, die aus diesen Debatten hervorgegangen ist und noch heute die Grundlage der englischen Bankverfassung bildet, ist in ihren wichtigsten Teilen wiedergegeben; ebenso wie für die Münzverfassungen, mit denen Frankreich und England bahnbrechend vorangegangen sind, die maßgebenden Gesetze selbst angeführt werden. Der zweite Teil will hauptsächlich dazu anleiten, das „geltende deutsche Recht“ an den gesetzgeberischen Grundlagen, dem Münzgesetz, dem Bankgesetz usw., aber auch an dem in der Praxis erwachsenden Material kennen zu lernen und sucht in der Statistik wenigstens beispielsweise einige internationale Übersichten zu geben. — Im Anhang konnte noch die schwebende amerikanische Bankreform berücksichtigt werden.

Es ist versucht worden, die Auszüge aus den großen Theoretikern der Geld- und Kredittheorie möglichst im Zusammenhange mit diesem Anschauungsmaterial darzubieten. Die Auswahl aus Bodin, aus Kopernikus' Denkschriften, aus Locke und Hume, aus Mill u. a. ist tunlichst knapp gehalten, während aus Ricardo und dem Bullion Report die Stücke, die für die Debatten der ganzen Folgezeit grundlegend wurden, verhältnismäßig ausführlich wiedergegeben sind.

Als systematische Geld- und Kredittheorie kann neben diesem Textbuch jedes Lehrbuch der Nationalökonomie benutzt werden.

Die bisher erschienenen 4 Bände der Textbücher bilden in gewisser Weise ein Ganzes. Indem zwei von ihnen der allgemeinen oder theoretischen, die beiden anderen der sogenannten praktischen Nationalökonomie gewidmet sind, geben sie für vier aufeinanderfolgende Semester einen ausreichenden Übungsstoff für volkswirtschaftliche Übungen, sei es an Universitäten, sei es an Technischen oder Handelshochschulen.

Charlottenburg-Berlin, im Januar 1914.
Nußbaumallee 24.

Der Herausgeber.

Inhalt.

Buchstaben bei Fußnoten [a]) [b]) [c]), eckige Klammern [ ] und — wenn nicht ein anderes bemerkt — *schräge Schrift* bezeichnen Zusätze des Herausgebers.

| = Absatz.

RGBl = Reichsgesetzblatt. — GS = (Preußische) Gesetzsammlung.

Erster Teil: Geschichte.

I. Die Preisrevolution im Übergang vom Mittel-
1] alter zur Neuzeit.

Das Teurerwerden aller Waren in den ersten Jahrzehnten des 16. Jh. hat zugleich mit dem allgemeinen Unwillen auch das allgemeine Nachdenken über die Ursachen wachgerufen. Deutlich läßt sich verfolgen, wie dieses Nachdenken allmählich in die Tiefe dringt. Das erste Stadium, in dem die teuren Preise lediglich denen zur Last gelegt werden, die sie fordern, ist durch Luther (2—3) vertreten, der in der Charakterisierung hoher Preise als Wucher den aus dem Mittelalter überlieferten Gedankenschatz des kanonischen Rechts, aber gleichzeitig auch in den Ausführungen über Ringbildungen der Kaufleute u. a. eigene Beobachtungen aufweist. Ein zweites und drittes Stadium zeigt sich in Frankreich. Hier wurde die Teuerung zum Gegenstand einer Regierungsuntersuchung gemacht und dem Herrn v. Malestroit, Kgl. Rat u. Rechnungspräsidenten, übertragen. Er suchte, den Feingehalt der Münzen zu ermitteln und behauptete, auf Edelmetall berechnet, zahle man heute nicht mehr, als vor 300 Jahren. Er spitzte seine Ausführungen (4) absichtlich auf zwei Paradoxen zu. Dauernd berühmt wurden sie lediglich durch Bodins Erwiderung (5), die sowohl die preisgeschichtlichen wie die münzgeschichtlichen Tatsachen zusammenstellt und erweist, daß diese nicht entfernt ausreichen, jene (die Teuerung) zu erklären. Sie seien nur eine von mehreren Ursachen. Diese zählt B. auf und stellt als die, „welche niemands vor diesem berühret hat“, die Zunahme der Edelmetall-Menge an die Spitze (vgl. de Bodin de St. Laurent, Les idées monétaires de Jean Bodin. Bordeaux 1907).

Neuerdings freilich ist die Zurückführung dieser Preisrevolution auf die Vermehrung des Edelmetallvorrats in Zweifel gezogen worden (Bonn, Spaniens Niedergang während der Preisrevolution. Ein induktiver Versuch zur Geschichte der Quantitätstheorie. Stuttgart 1896; v. Wieser, Der Geldwert usw. in der Zeitschrift für Volkswirtschaft XIII (1909)).

a) Luther, Von Kaufshandlung und Wucher. 1524. [2

D. Martin Luthers Werke. Kritische Gesamtausgabe. Weimar. Bd. 15 (1899), S. 279—322.

. . . Das kan man aber nicht leucken, das keuffen und verkeuffen eyn nottig ding ist, des man nicht emperen und wol Christlich brauchen kan sonderlich ynn den dingen, die zur nott und ehren dienen. Denn also haben auch die Patriarchen verkaufft und gekaufft vieh, wolle, getreyde, butter, milch und ander gueter. Es sind Gotts gaben, die er aus der erden gibt und unter die menschen teylet. Aber der auslendische kauffs handel, der aus Kalikut und Indien und der gleychen wahr her bringt, alls solch kostlich seyden und golltwerck und wurtze, die nur zur pracht und keynem nutz dienet und land und leutten das gellt aus seuget, sollt nicht zu gelassen werden, wo wyr eyn regiment und fursten hetten. Doch hie von wil ich itzt nicht schreyben, denn ich acht, es werde zu letzt, wenn wyr nymer gellt haben, von yhm selbst ablassen mussen, wie auch der schmuck und fras. Es wil doch sonst keyn schreyben noch leren helffen, bis uns die nott und armut zwinge.

Gott hatt uns deutschen dahyn geschlaudert, das wyr unser gollt und sylber mussen ynn frembde lender stossen, alle wellt reych machen und selbst bettler bleyben. Engeland sollt wol weniger gollts haben, wenn deutsch land yhm seyn tuch liesse, und der kônig von Portigal sollt auch weniger haben, wenn wyr yhm seyne wurtze liessen. Rechen du, wie viel gellts eyne Messe zu Franckfurt aus deutschem land gefurt wird on nott und ursache, so wirstu dich wundern, wie es zu gehe, das noch eyn heller ynn deutschen landen sey. Franckfurt ist das sylber und gollt loch, da durch aus deutschem land fleusst, was nur quillet und wechst, gemuntzt odder geschlagen wird bey uns. Were das loch zugestopfft, so durfft man itzt der klage nicht horen, wie allenthalben eytel schuld und keyn gellt, alle land und stedte mit zinsen beschweret und ausgewuchert sind. Aber las gehen, es wil doch also gehen, Wyr deutschen mussen deutschen bleiben, wyr lassen nicht ab, wyr mussen denn. . .

Darumb will ich alhie ettliche solcher tuck und bôse stuck, so ich selbs vermarckt und durch frumme gutte hertzen myr sind angezeygt, erzelen, . . .

Auffs erst machen ettliche keyn gewissen davon, das sie yhr wahr auff borgen und zeyt theurer verkeuffen denn umb bahr gellt. Ja ettlich wollen keyne wahr verkeuffen umb bahr gellt, sondern alles auff zeyt, Und das alles darumb, das sie ja viel gellts dran gewynnen. Hie sihestu, das dis stuck gar groblich widder Gottes wort, widder vernunfft und alle billickeyt aus lautter freyem mûtwillen des geytzs sundigt an seynem nehisten, des schaden er nicht acht, und raubt und stilet yhm das seyne, und sûcht nicht seyne zymliche narung, sondern seynen geytz und gewyn alleyne drynnen. Denn nach Gottlichem recht sollt ers nicht theurer borgen odder auff zeyt geben denn umb bahr gellt.

Item also ist auch das gethan, das ettliche yhr gut theurer verkeuffen, denn es auff gemeynem marckt gild und ym kauff geng und gebe ist, Und steygern also die wahr aus keyner ursach, denn das sie wissen, das des selbigen gutts keyns mehr ym lande ist odder ynn kurtz keyns mehr komen wird, und man es haben musse. Das ist eyn schalck auge des geytzs, das nur auffs nehisten nottdurfft sihet, nicht der selben zuhelffen, sondern sich der selben zu bessern und mit seynes nehisten schaden reych werden. Das sind alles offentliche diebe, reuber und wûcherer.

Item, das ettliche eyn gut odder wahr ynn eym lande odder ynn eyner stad gantz und gar auffkeuffen, auff das sie alleyne solch gut gantz und gar ynn yhrer gewalt haben und darnach setzen, steygern und geben mugen, wie teuhr sie wollen odder konnen. Nu ist droben gesagt, das die regel falsch und unchristlich ist, das yemand seyn gut so theur gibt alls er will und kan. Viel grewlicher ist das, das man darauff eyn gut alleyne auffkeufft, wilchs auch die Keyserlichen und welltlichen rechte verbieten, und heyssens Monopolia, das sind Eygennûtzige keuffe, die ynn landen und stedten gar nicht zu leyden sind, Und Fûrsten und Herrn sollten solchs weren und straffen, wenn sie yhr ampt wollten volfuren. Denn solche kauffleutt thun gerade, alls weren die Creaturen und gûter Gottes alleyne fur sie geschaffen und geben, und alls môchten sie die selben den andern nemen und setzen nach yhrem mutwillen....

Item, wenn ettlich yhr monopolia und eygen nûtzige keuffe sonst nicht vermûgen auffzurichten, weyl andere da sind, die auch der gleychen wahr und gut haben, faren sie zu und geben yhr gut so wol feyl, das die andern nicht mugen zukomen, Und zwingen sie damit dahyn, das sie enttweder nicht mussen feyl haben odder mit yhrem verderben so woll feyl geben alls ihene. Also komen sie doch zum Monopolion. Diese leut sind nicht werd, das sie menschen heyssen odder unter leutten wonen, Ja sie sind nicht werd, das man sie unterweysen odder ermanen sollt, Syntemal der neyd und geytz so grob unverschampt hie ist, das er auch mit seynem schaden ander zu schaden bringt, auff das er ja alleyne auff dem platz sey. Recht thet hie welltliche ôberkeyt, das sie solchen nemen alles, was sie hetten, und trieben sie zum lande aus. Solche stuck weren wol nicht nott zu erzelen, Aber ich will sie darumb mit eyn gemenget haben, das man sehe, wilch grosse bûberey ynn kauffshendelen sey, Und an den tag kome fur yderman, wie es zu geht ynn der wellt, sich fur solchem ferlichem stand wissen zu hueten.

Item das ist auch eyn feynes, Wenn eyner eym andern verkeufft mit worten ym sack die wahr, die er selbst nicht hat, Nemlich also: Es kompt eyn frembder kauffman zu myr und fragt, ob ich solche odder solche wahr feyl habe, Ich spreche ja, und habe doch keyne, Und verkeuffe ym doch die selbige umb .x. odder .xj. gulden, die man sonst umb .ix. odder neher keufft, und sage ym zu, uber zwen odder drey tage die selbige zu uber reychen. Ynn des gehe ich hyn und keuffe solche wahr, da ich vorhyn wol wuste, ich wurde sie neher keuffen, denn ich sie yhm gebe, und uberreiche yhm die selbige, und er betzalet myr sie, Und handele also mit seynem (des andern) eygen gellt und gut on alle fahr, mühe und erbeyt, und werde reych. Das heyst feyn sich auff der gassen erneeret durch frembd gelt und gut, das man nicht darff uber land odder mehr zihen...

Item das ist auch eyn gryff des eygen nützes, das drey odder vier kauffleut haben eynerley odder zweyerley wahr unter yhren henden, wilche ander leutte nicht haben odder nicht feyl haben. Wenn sie nu mercken, das solche wahr will gellt gelten und alle tage theurer wird von kriegs wegeñ odder unfalls halben, So rotten sie sich und geben den andern fur, wie solche wahr fast gesucht werde, und nicht viel sind, die der gleychen feyl haben. Sind aber ettliche, die der gleychen haben, so mützen sie eynen frembden aus, den lassen sie alle solche wahr auffkeuffen. Wenn sie denn die selbigen wahr gantz ynn yhren henden haben, machen sie eynen bund mit eynander auff die weyse: Wyr wollen diese wahr, weyl keyne mehr furhanden ist, so und so hoch auffs gellt halten, Und welcher sie neher gibt, der soll so viel odder so viel verfallen seyn.

Dis stuck, höre ich, treyben die Engelender kauffleute am grobesten und meysten, wenn sie Englische odder Lündissche tücher verkeuffen. Denn man sagt, sie hallten eynen besondern rad zu dissem handel, wie eyn rad ynn eyner stad, Und dem rad mussen alle die Engelender gehorchen, die englische odder lündische tücher verkeuffen, bey genanter straffe. Und durch solchen rad wird bestympt, wie theur sie yhre tücher geben sollen, und wilchen tag odder stunde sie sollen feyl haben odder nicht. Der öberst ynn diesem rad heyst der Koyrtmeyster und ist nicht viel weniger gehallten denn eyn fürst. Da sihe, was der geytz vermag und furnemen thar...

... Und den Fürsten gepürt, solche unrechte kauffshendel mit ordenlicher gewalt zu straffen und zu weren, das yhr unterthanen nicht so schendlich von den kauffleutten geschunden worden. Weyl sie das nicht thun, so braucht Gott der Reutter und Reuber und strafft durch sie das unrecht an den Kauffleuten, und mussen seyne Teuffel seyn, gleich wie er Egypten land und alle wellt mit

Teuffeln plagt odder mit feynden verderbet. Also steupt er eynen buben mit dem andern, On das er da durch zuverstehen gibt, das die reutter geringer reuber sind denn die kauffleut, Syntemal die kauffleut teglich die gantze wellt rauben, wo eyn reutter ym jar eyn mal odder zwey eynen odder zween beraubt.

Von den Gesellschafften sollt ich wol viel sagen. Aber es ist alles grundlos und bodelos mit eyttel geytz und unrecht, Das nichts dran zufinden ist, das mit gutem gewissen zu handeln sey. Denn wer ist so grob, der nicht sihet, wie die gesellschafften nicht anders sind denn eyttel rechte Monopolia? Wilche auch die weltliche heydenische rechte verbieten als eyn offentlich schedlich ding aller wellt, ich will des gôtlichen rechts und Christlichs gesetz schweygen. Denn sie haben alle wahr unter yhren henden, und machens damit wie sie wollen, und treyben on alle schew die obberûrten stuck, das sie steygern odder nyddrigen nach yhrem gefallen, und drucken und verderben alle geringe kauffleute, gleich wie der hecht die kleyne fisch ym wasser, gerade alls weren sie Herrn uber Gottes Creaturen und frey von allen gesetzen des glaubens und der liebe.

Daher kompts, das man ynn aller wellt mus die wûrtze so theur keuffen, alls sie wollen, und treyben den wechsel: Heur steygern sie den yngber, Uber eyn jar den saffran odder widderumb, Das yhe allezeyt die krûmme ynn die beuge kome, und keyne verlust, schaden noch fahr leyden durffen. Sondern verdirbt odder feylet der yngber, so erholen sie sichs am saffran und widderumb, auff das sie yhres gewynstes gewis bleyben. Wilchs widder die art und natur ist nicht alleyn der kauffsgueter, sondern aller zeytlicher gueter, die Gott will unter der fahr und unsicherheyt haben....

Konige und Fûrsten sollten hie dreyn sehen und nach gestrengem recht solchs weren. Aber ich hôre, sie haben kopff und teyl dran, Und geht nach dem spruch Esaie .1. 'Deyne Fûrsten sind der diebe gesellen worden'. Die weyl lassen sie diebe hengen, die eyn gulden odder halben gestolen haben, und hantieren mit denen, die alle wellt berauben, und stelen serer denn alle ander, Das ja das sprichwort war bleybe 'Grosse diebe hengen die kleynen diebe', Und wie der Rômische Radherr Cato sprach 'Schlechte diebe ligen ynn thormen und stocken, Aber offentliche diebe gehen ynn gold und seyden'...

Darumb darff niemant fragen, wie er muge mit gûtem gewissen ynn den gesellschafften seyn. Keyn ander rad ist Denn: Las Abe, Da wird nicht anders aus. Sollen die gesellschafften bleyben, so mus recht und redlickeyt untergehen. Soll recht und redlickeyt bleyben, so mussen die gesellschafften unter gehen. Das bette ist zu enge, spricht Esaias, eyns mus eraus fallen, Und die decke ist zu schmal, kan beyde nicht zu decken. Nu weys ich wol, das meyn schreyben ubel gefallen wird, und werden villeicht alles ynn wind schlahen und bleyben wie sie sind. Aber ich byn doch entschuldigt und habe das meyne gethan, auff das man sehe, wenn Gott nu mit der ruten komen wird, wie redlich wyrs verdienet haben. Hette ich eyne seele damit unterricht und erlöset von dem schlund, so hette ich nicht umb sonst geerbeytet. Wie wol ich hoffe, es sey durch sich selbst so hoch und schweer worden (wie ich droben auch gesagt habe), das sich selbst nicht lenger tragen wird, und man zu letzt davon mus ablassen...

[Der Große Sermon vom Wucher.] [3

... Aber dahynden ynn Sachsen umb Luneborg und Holsteyn, da macht mans recht grob, das nicht wunder ist, ob eyner den andern fresse. Da nympt man auffs hundert nicht alleyne .ix., .x. odder wie viel man ymer mag, Sondern haben auch eyn besonders stucklin daran gehenget: Nemlich Soll myr eyner tausent gulden thun auff zinse, so mus ich an stat bahrs gellts so viel pferde, kue, speck, korn etc. nemen (des er sonst villeicht nicht mag los werden odder nicht so theur verkeuffen), das myr kaumet der summen die helfft, als funffhundert gulden barhs gellts wird, und mus doch fur tausent gulden zinsen, ob myr schon die wahr und vieh nichts nutze odder kaum auff eyn hundert oder zwey gulden mag zu tragen. Ey das sind freylich nicht strassen reuber noch stul reuber, sondern hausreuber und hoffe reuber. Was soll man da zu sagen? Es sind nicht leutte, sondern wolffe und unvernunfftige thier, die nicht gleuben, das eyn Gott sey.

Summa, Allem solchem wůcher und unrechten zinsen ist keyn besser radt, denn das man dem gesetze und exempel Mosi volgte und brecht alle zinse widderumb ynn die ordenung, Das man den zehenden odder (dar nach die not foddert) den neunden odder achten odder sechsten neme, verkeuffte, stiffte und gebe, So bliebe es alles feyn gleych, und stunde alles ynn Gottes gnaden und segen. Denn wo der zehenden eyn jar wol geriete, so trůge er viel dem zins herrn, Geriete er ubel, so trůge er wenig, Vnd muste also der zins herr die fahr und gluck eben so wol tragen als der zins man, und musten beyde Gott ynn die hende sehen. Da kunde man keyne benante summa des zinses setzen, were auch nicht not, Sondern bliebe ymer ungewis, wie viel der zehenden tragen wurde, und were doch der zehenden gewis...

Nu aber der zinskauff auff bestympten gewissen summen stehet, alle jar gleich zu reychen, es geratte odder geratte nicht, so mus wol land und leutte verderben. Denn er nympt und keufft ungleiche jar fur gleiche jar und arme jar fur reyche jar, Ja er keufft Gottes segen, noch nicht gegeben, fur eynen gegebenen. Das kan und mag nymer mehr recht seyn. Denn damit seugt eyner dem andern schweys und blut aus. Darumb ists keyn wunder, das ynn diesen kurtzen jaren, so lange dieser zinskauff ym brauch gewest ist, nemlich bey hundert jaren, alle Fůrstenthum und Land verarmet und versetzt und verdorben sind.

Were aber der kauff odder zinse nicht auff getreyde gestifft, sondern auff heuser odder raum, da man mit der hand wirbt und gewynnet, kund man abermal nach dem gesetz Mosi solchen kauff meystern, Das man das hall jar ynn solchen sachen hielte und nichts ewiglich verkeuffte. Denn ich achte, weyl dieser handel so unordig gehet, kund man keyn besser exempel und gesetze nemen denn Gottis gesetze, damit er seyn volck versehen und regirt hat. Er ist ja wol so weyse, als menschen vernunfft seyn kan, und durfften uns nicht schemen, ob man der Jůden gesetz hierynn hielte und folgete, weyl es nutzlich und gut ist...

Hierynnen sollten nu Keyser, Kônige, Fůrsten und Herrn wachen und yhr land und leutte ansehen, das sie hulffen und rieten von dem grewlichen schlund des wůchers, so hetten sie es auch deste besser. Das sollten die Reychstage handelln als der aller nottigesten sachen eyne. So lassen sie solchs ligen und dienen die weyl des Bapsts Tyranney, land und leut yhe lenger yhe mehr zu beschweren, bis das sie mal auch zuscheytern gehen mussen, das sie das land nymêr ertragen, sondern ausspeyen musse. Gott gebe yhn seyn liecht und gnade, Amen.

b) Die Teuerung in Frankreich. Bodin und die Quantitätstheorie.

4] (1.) Malestroits „Paradoxen" 1566.

Paradoxa Domini de Malestroict de re numaria 1566 ... ex gallica lingua in latinam translata: Budelius, De Monetis (Cöln 1691, 4°), S. 746—50.

Erstes Paradoxon: Die Klage über allgemeine Teuerung in Frankreich ist unberechtigt; die Preise sind heute nicht teurer, als vor 300 Jahren.

Zweites Paradoxon: An einem Krontaler, wie an jeder Gold- oder Silbermünze, kann ein großer Verlust haften, selbst wenn man ihn zu derselben Bewertung los wird, wie man ihn empfangen hat.

5] (2.) Bodin's Erwiderung 1568.

La Response aux Paradoxes de M. de Malestroit touch. l'enchérissement de toutes choses et des monnayes. Paris 1568. — lateinisch u. a. in: Budelius, De Monetis (Cöln 1691, 4°), S. 751—90.— Das folgende (mit einigen orthographischen Vereinfachungen) nach der deutschen Übersetzung: „Discurs deß berühmbten Politici Johannis Bodini... Von den Ursachen der Theurung wie auch dem Auff- u. Abschlag der Müntz ... Hamburg 1624" (kl. 4°).

Kap. 7. Noch dennoch wird ein jeder dieses alles, was biß anhero bewiesen, desto besser einnehmen können, wann er den Ursprung und die Ursachen sothaner Vertheurung wissen und verstehen wird. Ich befinde aber, das die Theurung, die wir vor Augen sehen, vornemblich von 4 oder 5 Ursachen herrühren thu.

Die Erste uned fast eintzige, welche niemands vor diesem berühret hat, ist der Uberfluß und die Menge deß Gold und Silbers, dessen heut zu Tage in diesem Königreich mehr ist, alß in 400 Jahren gewesen. Dann weiter wil ich nicht gehen, Weil auch die Cantzley und CammerRegister nicht uber 400 Jahr alt seyn. Das fernere muß man auß den alten Historien ohne große Gewißheit zusammen lesen.

Die Andere Ursach der Theurung kompt her von den Monopolien und Gesellschafften der VorKäuffern.

Die Dritte ist der Mangel unnd Gebrechen der Gütern, welcher herfleusset theils von vielfaltiger Außführung, theils von unrahtlicher Zubringung.

Die Vierdte ist der Lust und Wilmuth der Königen unnd großen Herrn, welche den Kauf der Dingen, so sie lieb haben und groß achten, ihres gefallens steigern und erhöhen.

Die Fünffte ist die Riengschätzigkeit der Müntzen, welche an ihrer alten Güte und Werth einen großen Abbruch gelitten.

Alle diese angeregte Ursachen will ich nacheinander kürtzlich declariren und erläutern.

Kap. 8. Die vornembste Ursach, warumb alle Ding Theur seynd, es sey wo es wolle, ist die Menge dessen, welches denselben jhren Tax unnd Preiß gibt. Der Plutarchus unnd Plinius bezeugen, daß nach eröberung deß Königreichs Macedonien unter dem König Perseus der Feldt Obriste Paulus Emilius so viel Golt und Silber näher Rom gebracht habe, daß das Römische Volck von entrichtung deß gewöhnlichen Tributs und Zolls sey entfreyet worden, unnd das der Kauff der Landgüter gleich in einem huy zwey tritte theil in der Romaney gestiegen und zugenommen habe. Und der Suetonius meldet, daß der Käyser Augustus so groß Gut auß Egypten mit sich gebracht habe, daß das interesse oder die Gelt Rente gefallen, und der Kauff der Landereyen viel höher gestiegen sey als er vormahls gewesen. Also war dann damals die ursach der theurung nicht die verbesserung der Ländereyen, welche weder zu- noch abnemen können, auch nicht die monopolien oder verkäuffere, welche in diesem fall nicht stedt haben mögen; besonders es war der uberfluß deß Golds und Silbers, welcher daß Gelt unwerth und alle dinge theuer machte, wie dann auch damahls geschach als die Königin Candace, welche in der Heiligen Schrifft die Königin von Saba genennet wird, in die Stadt Jerusalem kommen, wohin sie so viel Edelegesteine gebracht, das man mit Füssen darüber gegangen ist. Und da der König bey Hispanien sich der Neuen Welt erstmahls bemächtiget, würden daselbsten die Eyserne Beyle und Messer viel theurer verkaufft, als die Perle unnd Edlegesteine, weil man nemlichen der Orter keine andere Messer hatte, als von Holtz und Stein, die Perlen aber hatte man in grossem uberflus. Derohalben ist der uberflus und die menge ein ursach der wöll-feilheit . . .

Kap. 12. Noch möchte aber einer weiter fragen vnd wissen wollen, durch welche mittel vnd wege dann das Gelt nach der zeit in vnser Land gekommen sey. Demnach befinde ich, das die commercien vnd dann die Handtwercke, welche Goldt vnd Silber in ein Land bringen, vor zeiten gantz schlecht vnd gering bey vns gewesen seyn. . . Binnen 150 Jahren aber haben unsere Vorfahren die Engelländer außgetrieben, und die Portugesen, in deme sie durch anleitung deß See Compasses das hohe Meer belauffen, haben sich des Persischen Golffs und auch zum theil deß Rothen Meers bemächtigt, und durch diß mittel ihre Schiffe allerhand Gütern, die sie in Indien und Reich Arabien gefunden, erfüllet, und also den Venetianern und Genuesern, welche gedachte Güter in Egypten und Sirien, wohin sie uber Land durch die Caravanen oder grosse farthen der Araber und Perser gebracht würden, zuladen und uns darnach dieselbe wiederumb gegen so viel Gelts Pfennigsweiß anzumessen und außzuwiegen pflegten, ihren grossen vortheil und genoß entzogen. Eben selbiger zeit haben die Castilier, nachdem sie die Neue Welt, welche mit Golt und Silber erfüllet war, unter sich gebracht, Hispanien gewaltig bereichet und unsern Piloten und Schiffleuten die Straß gezeiget, wie sie umb African her mit ihren grossen profit und nutzen fahren und Schiffen könten. Es stehet kaum zu glauben, ist gleichwohl war, was vor eine grosse menge Golts und Silbers seith dem Jahr 1533 auß dem Königreich Peru, welches die Pizarri erobert, kommen ist, nemlichen mehr als 100. Millionen Goldes und zweymal so viel Silbers. Die Rantzon des Königs Atabaliba belieff sich allein auff 1 326 000 Bezanen Goldes. Der zeit galte in Peru ein paar wantshosen 300 Ducat; eine spanische Kappe 1000 Ducat: wie solches alles die Indianische Historie bezeugt. Und dannoch hat Augustinus von Zerate, Königlicher Hispanischer Pfennigmeister, befunden, das die Königliche Officirer und Diener in Peru ihre May. vermög eingeliefferter Rechnung noch 18 000 Bezane Golts und 600 000 pfundt Silbers seyen schuldig blieben. Ich wil allhie nichts sagen von dem stattlichen Handel, welchen der König in Portugal in den Insulen Molucken, wo die Näglin, der Caneel und andere köstliche Specereye und Gewürtze wachsen, treibet und führet, und dem uberauß grossen Gewinn welchen er dannenhero ziehet, seidt der zeit er sothane Insulen von Keyser Carlen den 5. pfandtsweise vor 350 000 Ducaten, die er ihm, als er nach Benonien umb die Crone von Bäpstlicher heiligkeit zu empfangen, gezogen, geliehen eingehabt . . . Nun ist es also beschaffen, daß die Hispanier, welche ihres Leibs notturfft auß Frankreich haben müßen, nicht umbgehen können, von dannen allerhand Getreyd, Leinwand, Weit, Papier, Bücher, ja auch allerley Schreiner- und Schmidwerck, und was sonsten mit der Hand verfertigt wird, zu holen, und hergegen Golt und Silber und die Specereyen, die sie von allen enden der Welt zusammen suchen, zu bringen. Auff der andern seiten die Engelländer, Schottländer und alle Nordmänner, auß Norwegen Schweden und Dennemarck und die an dem Beldt und der Ost See wohnen, welche vielerley Berchwercke in grosser Menge haben, graben die Metallen auß dem centro und grundt der Erden herauß, damit sie umb dieselbe unsere Weine, unsere Zwetschen, unsern Weit und vor allen dingen unser Saltz, welches gleichsamb eine Manne ist, welches uns Gott vom Himmel herab auß sonderbahren gnaden mit unser geringen mühe geben und schencken thut, einkauffen und außführen mögen...

Kap. 17. ... Wahr ist es, das noch mehr Gelt in Hispanien und Italien, als in Franckreich ist, darumb das der Adel selber in Italien Kauffmannschafft treibet, und das der gemeine Mann in Hispanien nichts anders thut, als handelen, und darumb ist auch alles in Hispanien und Italien theurer als in Frankreich, und noch theurer in Hispanien als in Italien, auch biß auff die Dienst und Handwercke, welches unsere Avernier und Limosier in Hispanien verleitet, wie sie mich selber berichtet haben, das sie 3 mahl mehr daselbsten als in ihrer Heymet verdienen können. Dann der Spanier, weil er Reich, hochmutig und faul darneben ist, verkaufft seine mühe sehr theuer, wie solches Cleonardus in seinen Sendtbrieffen bezeuget, worin er unter andern außgaben allein vor seinen Bart daß Jahr uber abzunemen, in Portugal 15 Cronen berechnet. Auß welchem dann noch mehr zuschliessen, das die menge des Golts und Silbers zum theil mit die theurung aller dingen verursache und zu wege bringe.

(3.) Pariser Weizenpreise 1521—1630. **[6**

In Paris wurden seit alten Zeiten die Marktpreise des Getreides an jedem Markttage auf Grund der Aussage vereideter Messer notiert. Die Preislisten („Mercuriales") sind seit 1520 erhalten. Levasseur[1]) *hat sie in der Art zusammengestellt, daß er aus jedem Jahre die Durchschnitte für Januar, April, Juli, November wiedergab und auf Zentigramme fein Silbers p. Hektoliter reduzierte. Wiebe*[2])

[1]) Une méthode pour mesurer la valeur de l'argent. — Journal des Economistes 1856 Apr./Juni, S. 237.

[2]) Zur Gesch. der Preisrevolution im 16. u. 17. Jahrh. Leipzig 1895 (= Miaskowsky, Staats- u. sozialwiss. Beitr. II[2]). S. 363 (Tab. 469).

hat diese Reduktionen für Jahrzehnte korrigiert. Der nachfolgende Auszug gibt für das Anfangs- und Endjahr jedes Jahrzehnts die November-Ziffern nach Levasseur in livres, sous, deniers (Sp. 2), sowie in Reduktionen (Sp. 3, 4) u. setzt die korrigierten Reduktionen Wiebes (Sp. 5) in die Zwischenzeilen. [7

Jahr	Preis p. Setier				Preis p. hl.	Korrektur: Preis p. hl.
	l.	s.	d.	Zentigr. Silber	Zentigr. Silber	Gramm Silber
1	2			3	4	5
1521	—	72	—	8460	5423	31,8
1530	—	60	—	7050	4526	
1531	4	4	—	9870	6826	33,0
1540	—	40	—	4075	2612	
1541	—	54	—	5501,2	3526	34,2
1550	—	56	—	5705	3656	
1551	4	10	—	9168,7	5877	36,0
1560	—	68	—	6927,5	4440	
1561	4	12	—	8740	5602	64,1
1570	—	115	—	8268,5	5300	
1571	8	8	4	12103,1	7758	71,1
1580	6	—	—	7080	4538	
1581	6	10	—	7670	4916	82,8
1590	28	10	—	33630	21557	
1591	8	5	—	10560	6769	145,1
1600	8	15	—	11760	7538	
1601	7	5	—	9284	5951	63,5
1610	8	15	—	11760	7538	
1611	9	10	—	12768	8184	63,5
1620	9	10	—	12768	8184	
1621	12	10	—	16800	10769	80,4
1630	22	—	—	29568	18952	

II. Die Kipper- und Wipperzeit. 1621—1623. [9

Die zweite große Preisrevolution der Neuzeit, nach Beginn des 30j. Krieges, unterscheidet sich von der ersten hauptsächlich durch die Aufnahme, die sie in der öffentlichen Meinung fand. Diese blieb diesmal nicht an der äußeren Erscheinung der hohen Preise haften, sondern ging mit verhältnismäßiger Schnelligkeit auf die tiefer liegenden Ursachen: die Münzverschlechterungen durch „Kipper und Wipper". So wird an diesem Beispiel der Unterschied zwischen Preissteigerung und Münzentwertung zum Gemeingut. — Eine umfassende Geschichte der Kipper- und Wippermünzen gibt es nicht.

(4.) **Französische Münztabelle** 1497—1602 **nach Levasseur** (S. 249).

Fixations du prix du Marc. [8

Dates		Nombres de livres taillées au marc d'argent l.	s.	d.	Poids de la quantité d'argent fin contenue dans la livre tournois	Nombre de francs correspondant poids pour poids à la livre fr.	c.	Nombres de francs représentant la valeur commerciale de la livre fr.	c.
1		2			3	4		5	
1497	7 avr.	11	—	—	2225	4	94	38	03
1513	6 avr.	12	10	—	1958	4	35	33	49
1515	1 janv.	11	—	—	2225	4	94	38	03
„	17 févr.	12	15	—	1919	4	26	32	80
1519	10 juin	12	10	—	1958	4	35	33	49
1520	„ „	12	10	—	1958	4	35	12	18
1521	20 sept.	13	5	—	1847	4	10	11	48
1539	24 févr.	12	10	—	1958	4	35	12	18
1540	18 mai	14	—	—	1748	3	88	10	86
1549	25 oct.	14	10	—	1687	3	75	10	50
1550	23 janv.	15	—	—	1631	3	62	10	21
„	30 avr.	14	5	—	1717	3	81	10	66
1560	„ „	14	5	—	1717	3	81	5	33
1561	30 août	15	15	—	1560	3	46	4	84
1573	9 juin	17	—	—	1439	3	19	4	46
1575	31 mai	17	15	—	1378	3	06	4	28
1580	17 oct.	19	—	—	1288	2	84	3	97
1600	„ „	19	—	—	1288	2	84	2	89
1602	sept.	20	5	4	1208	2	68	2	73

Aber die in Betracht kommenden Momente sind von Gustav Freytag (10) meisterlich geschildert; sein Aufsatz führt außerdem in die Technik der Münzherstellung ein. Aus diesem Grunde ist er den gleichzeitigen Quellenschriften (11, 12) vorangeschickt.

[10

a) Kipper und Wipper nach Gustav Freytag. Münztechnik.

Gustav Freytag, Bilder aus der deutschen Vergangenheit, zuerst Leipzig 1859—67, in fortgesetzt neuen Auflagen. Der nachfolg. Abdruck nach der 22. Aufl. (1899), III, S. 150—169.

... Im August 1621 sah der Bauer auf eine mittelmäßige Ernte; in Handel und Verkehr waren einige Stockungen eingetreten, aber auch ein erhöhter Eifer, wie bei starken Rüstungen natürlich ist, und die männliche Jugend wurde durch das wilde Treiben der Kriegsmänner noch mehr gelockt als eingeschüchtert. Allerdings war schon seit längerer Zeit an dem Gelde, welches im Lande umging, Ungewöhnliches bemerkt worden. Des guten schweren Reichsgeldes wurde immer weniger, an seiner Statt war viel neue Münze von schlechtem Gepräge und rötlichem Aussehen in Umlauf. Noch befremdlicher fiel auf, daß die fremden Waren fortwährend im Preise stiegen. Man empfand eine konstante Teuerung. Wer ein Patengeschenk machen wollte oder fremde Kaufleute bezahlen mußte, der zahlte für die alten feinen Joachimsthaler ein immer wachsendes Agio. Aber im Lokalverkehr zwischen Stadt und Land wurde das zahlreiche neue Geld ohne Anstand genommen, ja es wurde mit erhöhtem Schwunge umgesetzt. Die Masse des Volkes merkte nicht, daß die verschiedenartigen Münzen, mit denen es zu bezahlen pflegte, ihm unter der Hand wertloses Blech geworden waren; die Klügeren aber, welche das Sachverhältnis ahnten, wurden zum großen Teil Mitschuldige an dem unredlichen Wucher der Fürsten.

... Bevor versucht wird, ein Bild der Kipper- und Wipperjahre zu geben, sind einige Bemerkungen über das Geldprägen jener Zeit unvermeidlich.

Alle technische Fertigkeit war in alter Zeit mit Würde, Geheimnis und einem Apparat von Formeln umgeben. Nichts ist bezeichnender für die Eigentümlichkeit der germanischen Natur, als ihre Virtuosität, auch die einförmigste Handarbeit durch eine Fülle von gemütlichen Zutaten zu adeln. Und sobald das Gemüt durch die herzliche Freude am Schaffen erregt wurde, war auch die Phantasie des Handwerkers mit Bildern und Symbolen beschäftigt, und behend hatte er sein „Wissen" zu einer hohen, ja heiligen Sache gemacht. — Was allen Handwerken des Mittelalters zukam, das war der Kunst Münzen zu schlagen in besonderem Grade eigen. Das Gefühl der eigenen Wichtigkeit war in dem Münzer ungewöhnlich stark, die Arbeit selbst, das Behandeln edler Metalle im Feuer, galt für besonders vornehm, die unverstandenen chemischen Prozesse, welche durch die Alchymie mit einem Wust von phantastischen Bildern umgeben waren, imponierten den Arbeitenden mehr, als unser Jahrhundert der rationellen Fabriktätigkeit begreift. Dazu kam das Verantwortliche des Dienstes. Wenn der Münzer die silbernen Probiergewichte aus der schönen Kapsel hervorholte und die kleinen Näpfchen der Eicheln auf die kunstvoll gearbeitete Probierwage setzte, um das Probierkorn darin abzuwägen, so tat er dies mit einem entschiedenen Bewußtsein von Überlegenheit über seine Mitbürger [1]). Und wenn

[1]) Quellen für die folgende Darstellung waren, außer den fliegenden Blättern und Broschüren zunächst aus den Jahren 1620—24, auch spätere Schriften des 17. Jahrhunderts über Münzwesen, eine reiche Literatur.

er die Silberprobe in der „Capelle“ vom Blei reinigte und das fließende Silber zuerst mit zarten Regenbogenfarben überlaufen wurde, dann der bunte Überzug zerriß und wie ein Blitz der helle Silberschein durch die geschmolzene Masse fuhr, so erfüllte ihn dieser „Silberblick“ mit einem ehrfurchtsvollen Erstaunen, und er fühlte sich mitten in dem geheimnisvollen Schaffen der Naturgeister, die er fürchtete und durch die Kunst seines Handwerks, so weit dessen Vorschrift reichte, doch beherrschen konnte. Es war demnach in der Ordnung, daß die Münzer eine geschlossene Korporation bildeten mit Meistern, Gesellen und Lehrlingen, und daß sie eifersüchtig auf ihre Privilegien hielten. Wer des heiligen römischen Reiches Münze prägen wollte, mußte zuerst seine freie eheliche Geburt erweisen, 4 Jahre niedrige Dienste tun, in dieser Zeit nach altem Brauch eine Narrenkappe tragen, sich für Unrecht und Ungeschick streichen und strafen lassen; dann erst wurde er zur Münzarbeit selbst zugelassen und als Münzgesell des Reiches in die Brüderschaft aufgenommen.

Aber diese strenge Ordnung, welche von Kaiser Maximilian II. noch im Jahre 1571 den Münzgesellen bestätigt wurde, vermochte schon damals nicht zu bewirken, daß in der Korporation ehrlich und fromm gearbeitet wurde. Ebensowenig bewirkten dies die Kontrollbestimmungen, welche auf Reichstagen und durch die Landesherren gefaßt wurden. Dem Münzmeister sollte zur Aufsicht bei jeder Münze ein Wardein zur Seite gestellt werden, welcher Feingehalt und Gewicht der geschlagenen Münzen zu prüfen hatte. Die zehn Kreise des Reiches sollten jährliche Approbationstage halten, um ihre Münzen gegenseitig zu vergleichen und die schlechten zu devalvieren; jedem Kreise sollte ein Generalwardein vorstehn; für jeden Kreis ward eine bestimmte Anzahl von Münzstätten festgesetzt, in welchen namentlich die kleineren Landesherren ihr Geld ausprägen sollten. Aber alle diese Bestimmungen wurden nur unvollkommen ausgeführt.

Es gab zuverlässige Landesherren und treue Münzbeamte auch damals im Lande; aber ihre Anzahl war gering, und häufig war das Verhältnis des Münzmeisters, welcher von einem deutschen Kreise für tüchtig befunden war und in einer gesetzlichen Münze arbeitete, doch eine Tätigkeit voll befremdlicher Praktiken. Die Kontrolle war bei dem unvollkommenen Münzverfahren schwierig, die Versuchung groß, die Moralität im allgemeinen viel niedriger als jetzt. Vom Landesherrn bis zum Handlanger und dem jüdischen Lieferanten herab betrog beim Münzen jeder den andern. Der Landesherr ließ den Münzmeister eine Reihe von Jahren arbeiten und reich werden, er ließ stillschweigend geschehen, daß die Landesmünze zu leicht ausgebracht wurde, um in der rechten Stunde dem Schuldigen den Prozeß zu machen. Dann wurde diesem wie einem Schwamme durch e i n e n Druck alles ausgepreßt, was er in vielen Jahren tropfenweis aufgesogen hatte. Es half ihm auch nicht, wenn er den Dienst längst quittiert hatte, die habsüchtige Gerechtigkeit wußte nach vielen Jahren noch an ihn zu kommen. Der Münzmeister aber, welcher nicht in der bequemen Lage des Löwen war, durch einen einzigen Schlag mit der Tatze seine Beute zu sichern, pflegte in unaufhörlicher Industrie seinen Münzherrn, die Lieferanten, ja sogar seinen Kassierer, die Gesellen und Jungen zu bevorteilen, vom Publikum ganz zu geschweigen. Nicht besser machten es die andern genannten Helfer. Jedes Hand war gegen die des andern, und der Fluch, welcher nach der Sage auf dem Gold der deutschen Zwerge liegt, schien im 17. Jahrhundert noch alle die zu verderben, welche die glänzenden Metalle in Geld verwandelten. — Das gewöhnliche Geschäftsverfahren war folgendes.

Der Münzmeister kaufte das Metall ein, bestritt die Kosten des Prägens und zahlte für jede Mark Cölnisch, welche er schlug, dem Landesherrn noch einen Schlagschatz, welcher, wie es scheint, für gewöhnlich 4 gute Groschen betrug. Er mußte aber das feine Silber teuer bezahlen, die Löhne und die Zutaten stiegen fortwährend im Preise. Da half er sich. Wenn er dem Münzherrn wöchentlich für 1000 bis 2000 Mark den Schlagschatz zahlte, so verschwieg er ihm 50 Mark, die er außerdem geprägt hatte, und behielt den Schlagschatz derselben für sich; er prägte ferner scharf, d. h. er machte das Geld am Silbergehalt um einen halben Gran schlechter, als es sein sollte (was gesetzlich noch erlaubt war), er schlug je 100 Mark am Gewicht um etwa 4 Lot zu leicht, was von niemandem gemerkt wurde, und wenn er wußte, daß das Geld sogleich in entfernte Gegenden, besonders nach Polen, verführt werden sollte, so brach er am Gewicht noch dreister ab. Nicht sauberer war der Verkehr mit den Lieferanten, welche ihm das Metall herbeischafften. Durch ganz Deutschland zog sich damals ein heimlicher Handel, der vom Gesetz hart verpönt und von den städtischen Torwächtern mit vielem Spürsinn verfolgt wurde, der Handel mit gemünztem Metall und mit eingeschmolzenem Geld. Was der Soldat an Beute gewonnen, was der Dieb aus der Kirche gestohlen hatte, wurde von den Hehlern zu flachen Kuchen oder kegelförmigen Massen verschmolzen, welche in der Kunstsprache „Plantschen" und „Könige" hießen: was dem Gelde durch Beschneiden abgekippt war, und was sonst unter falschem Namen vorsichtig versandt werden mußte, das wurde aus dem Schmelztiegel über nasse Besenreiser gegossen und so granuliert. Außerdem aber wurde von unermüdlichen Aufkäufern das gut geprägte Geld gegen schlechteres eingetauscht; kleine Wechsler, meist wandernde Juden, zogen von Dorf zu Dorf, bis weit über die Grenzen des Deutschen Reiches, und sammelten, ähnlich wie jetzt die Lumpensammler, ihre Ware von dem Landmann, dem Kriegsknechte, dem Bettler. Aller Herren Angesicht, alle Wappen und Umschriften, Roß und Mann, Löwe, Schaf und Bär, Taler und Heller, die Heiligen von Cöln und Trier und die Denkmünzen des Ketzers Luther wurden für die Münzen zusammengekauft, getauscht, gesammelt. Die heimliche Ware wurde dann in Fässer mit Ingwer, Pfeffer, Weinstein gepackt, als Bleiweiß verzollt, in Tuchballen und Rauchwerk geschlagen. Es gab Reisewagen mit doppeltem Boden, welche besonders zu solchem Transport eingerichtet waren. Noch besserer Schutz war als Reisegefährte ein Geistlicher, für den allerbesten galt ein Trompeter, welcher dem Händler den Anschein eines fürstlichen Kuriers gab. Traf sich's, daß ein vornehmer Herr nach derselben Gegend reiste, so war es am bequemsten, diesen zu bestechen, denn er und sein Gefolge, ihre Wagen und Pferde wurden an den Stadttoren nicht untersucht. Oder der Agent verkleidete sich selbst in einen vornehmen Herrn oder Soldaten und ließ die Last durch die Reitpferde oder seine Knechte fortschaffen. Zuweilen mußte der Münzmeister unter dem Vorwande eines Besuches bei guten Freunden dem Agenten bis an die Grenze entgegenfahren; dann gingen fern von Menschenwohnungen auf einsamer Heide oder in einer Waldeslichtung die kostbaren Waren auf Kaufmanns Parole aus einer Hand in die andere.

Unterdes trug der kleine jüdische Händler seinen Ledersack mit alten Groschen bei Nacht auf Seitenwegen über die Grenze, in zwiefacher Furcht, vor den Räubern und vor den Hütern des Gesetzes. Der lederne Sack, sein breitkrämpiger Hut und der gelbe Tuchring am Rocke, das Abzeichen des Juden im Reiche, wurde am häufigsten in der Münze gesehen. Und es bestand zwischen dem Händler und dem Münzmeister ein vertrauliches Geschäftsverhältnis: der Münzmeister erlaubte zuweilen dem Juden, das Bruchsilber im versiegelten Ledersack in die Schmelztiegel zu werfen, damit nicht gestohlenes Gut an das Tageslicht komme [1]). Aber allerdings war auch diese Vertraulichkeit nicht ohne Hintergedanken. Denn dem Juden begegnete wohl, daß sich unter 100 Mark, die er in Talern lieferte, 1 Mark falscher Taler mischte, oder daß ihm die Säcke mitsamt den Münzen unterwegs naß geworden waren, was ihrer Schwere einige Lot zusetzte, oder daß ihm zwischen granuliertes Silber feiner weißer Uhrensand kam, der doch mitwog. Dafür entschädigte sich der Münzmeister, indem er die Wagschalen so zu hängen wußte, daß die eine Seite des Balkens kürzer wurde, oder indem er durch Heraufschnellen und langsames Herunterlassen der Wagschalen trotz dem lot-

[1]) Noch im 18. Jahrhundert, s. z. B. Entdeckter jüdischer Baldober. Coburg 1737. S. 408.

rechten Stand des Zügleins die Ware um einige Lot leichter machte, oder er fälschte gar die Gewichte. Und was der Meister nicht tat, das wagten die Münzjungen. Wenn der Lieferant noch so vorsichtig war, sie wußten ihm unter die Schmelzproben des bereits abgewogenen Silbers Kupferstaub zu mischen, um die Probe schlechter zu machen, als sie wirklich war. In solcher Weise war der Verkehr auch bei den Münzstätten, welche auf das Gesetz noch Rücksicht nahmen.

Außer den approbierten Münzern aber gab es in den meisten der zehn Kreise noch andere von leichterem Gewissen und kühnerer Tätigkeit. Nicht geradezu Falschmünzer in unserem Sinne, obgleich auch dergleichen Privatindustrie mit großer Rücksichtslosigkeit betrieben wurde. Es waren Münzer im Dienst eines Kreisstandes, welcher das Recht zu prägen hatte; dieser Standesherren und Städte waren aber zurzeit sehr viele, und allen lag ihr Münzrecht am Herzen, weil es Einnahme brachte. Deshalb wurde von ihnen auch gegen die Reichsbeschlüsse, welche die Pflicht auferlegten, das Geld in einer approbierten Kreismünze prägen zu lassen, auf ihrem eigenen Territorium kräftig gemünzt. Zuweilen verpachteten sie ihr Münzrecht gegen eine Jahresrente, ja sie verkauften ihre Münzstätte an andere Herren, sogar an Spekulanten. Dergleichen unregelmäßige Prägstellen wurden „Heckenmünzen" genannt. Und in ihnen fand eine systematische Korruption des Geldes statt. Nach der Berechtigung des Münzers wurde nicht gefragt, wer mit Feuer und Eisen umzugehen wußte, verdang sich zu solchem Werk. Auf den vorgeschriebenen Feingehalt und das Gewicht des Geldes ward wenig Rücksicht genommen, es ward mit falschen Stempeln geprägt und auf leichte Münzen Bild des Landesherrn und Jahreszahl aus einer bessern Zeit geschlagen, ja es wurden in wirklicher Falschmünzerei die Stempel fremder Münzen nachgestochen. Den neugeprägten Münzen ward dann durch Weinstein oder Lotwasser der neue Glanz genommen. Alles unter dem Schutz des Landesherrn. Das Vertreiben des so geprägten Geldes erforderte alle Schlauheit und Vorsicht der Agenten, und es bildete sich hier eine Industrie, bei welcher, wie sich vermuten läßt, viele Zwischenträger beschäftigt waren. Auf Reichstagen und Kreisversammlungen hatte man seit 70 Jahren gegen die Heckenmünzen donnernde Dekrete erlassen, aber ohne Erfolg. Ja, seit Einführung des guten Reichsgeldes waren sie häufiger und arbeitsamer geworden, denn seit der Zeit lohnte ihre Arbeit besser.

So war es schon vor dem Jahre 1618. Die kleinen wie die großen Landesherren brauchten Geld und wieder Geld. Da fingen einige Reichsfürsten an — die Braunschweiger waren leider unter den ersten — die Arbeiten der verrufensten Heckenmünzer zu übertreffen. Sie ließen statt von Silber in einer schlechten Mischung von Silber und Kupfer schwere und leichte Landesmünze schlagen. Bald wurde versilbertes Kupfer daraus. Zuletzt schlug man z. B. in Leipzig das kleine Geld gar nicht mehr von Kupfer, das man höher verwerten konnte, sondern die Stadt gab statt dessen eckiges Blech mit einem Stempel aus. Wie die Pest griff diese Entdeckung, Geld ohne große Kosten zu machen, um sich. Aus den beiden sächsischen Kreisen verbreitete sie sich nach den rheinischen und süddeutschen. 100 neue Münzen wurden errichtet. Wo ein verfallener Turm für Schmiede und Blasebalg fest genug schien, wo Holz zum Brennen vollauf und eine Straße war, das gute Geld zur Münze und schlechtes hinauszufahren, da nistete sich eine Bande Münzer ein. Kurfürsten und Herren, geistliche Stifter und Städte wetteiferten miteinander, aus Kupfer Geld zu machen. Auch das Volk wurde angesteckt. Seit Jahrhunderten hatten Goldmacherkunst und Schatzgräberei die Phantasie des Volkes beschäftigt, jetzt schien die glückliche Zeit gekommen, wo jeder Fischtiegel sich auf des Münzers Wage in Silber verwandeln konnte. Es begann ein tolles Geldmachen. Daß reines Silber und altes Silbergeld im kaufmännischen Verkehr auffallend und unaufhörlich teurer wurden, so daß endlich für einen alten Silbergulden 4, 5 und mehr Gulden gezahlt werden mußten, und daß die Preise der Waren und Lebensmittel langsam höher stiegen, das kümmerte die Menge nicht, so lange das neue Geld, dessen Produktion sich ja ins Unendliche vermehren ließ, immer noch willig genommen wurde. Die Nation, ohnedies aufgeregt, geriet zuletzt in einen wilden Taumel. Überall schien Gelegenheit, ohne Arbeit reich zu werden. Alle Welt legte sich auf Geldhandel. Der Kaufmann machte Geldgeschäfte mit dem Handwerker, der Handwerker mit dem Bauer. Ein allgemeines Umherlungern, Schachern, Übervorteilen riß ein. Der moderne Schwindel mit Aktien und Börsenpapieren gibt nur eine schwache Vorstellung von dem Treiben damaliger Zeit. Wer Schulden hatte, jetzt eilte er, sie zu bezahlen. Wem der gefällige Münzer einen alten Braukessel in Geld umschlug, der konnte dafür Haus und Acker kaufen [1]). Wer Gehalte, Sold und Löhne auszuzahlen hatte, der fand es sehr bequem, die Summen in weißgesottenem Kupfer hinzuzahlen. In den Städten

[1]) „Das neue Geld war fast lauter Kupfer, nur gesotten und weiß gemacht, das hielt etwa 8 Tage, dann wurde es zunderrot. Da wurden die Blasen, Kessel, Röhren, Rinnen und was sonst von Kupfer war, ausgehoben, in die Münzen getragen und zu Gelde gemacht. Ein ehrlicher Mann durfte sich nicht mehr getrauen, jemanden zu beherbergen, denn er mußte Sorge tragen, der Gast breche ihm in der Nacht die Ofenblase aus und laufe ihm davon. Wo eine Kirche ein altes kupfernes Taufbecken hatte, das mußte fort zur Münze und half ihm keine Heiligkeit, es verkauften's, die darin getauft waren.“ Müller, Chronika von Sangerhausen, S. 10.

wurde nur noch wenig gearbeitet und nur um sehr hohes Geld. Denn wer einige alte Taler, Goldgulden oder anderes gutes Reichsgeld als Notpfennig in der Truhe liegen hatte — wie damals fast jedermann — der holte seinen Vorrat heraus und setzte ihn vergnügt in das neue Geld um, da der alte Taler merkwürdigerweise 4-, ja 6- und 10 mal soviel zu gelten schien als früher. Das war eine lustige Zeit. Wenn Wein und Bier auch teurer waren als sonst, sie waren es doch nicht in demselben Verhältnis wie das alte Silbergeld. Ein Teil des Gewinnes wurde im Wirtshaus verjubelt. Auch geneigt zu geben war man in solcher Zeit. Die sächsischen Stände bewilligten auf dem Landtage zu Torgau mit Leichtigkeit einen hohen Zuschlag zur Landsteuer, war doch Geld überall im Überfluß zu haben! Auch zum Schuldenmachen war man sehr bereit, denn überall wurde Geld zu günstigen Bedingungen angeboten und überall konnte man Geschäfte damit machen. Deshalb wurden von allen Seiten große Verpflichtungen übernommen. — So trieb das Volk in starker Strömung zum Verderben.

Aber es kam die Gegenströmung, zuerst leise, dann immer stärker. Zuerst klagten alle die, welche von festem Gehalt ihr Leben bestreiten mußten, am lautesten die Pfarrgeistlichen, am schmerzlichsten die Schullehrer, die armen Kalmäuser. Wer sonst von 200 Gulden gutem Reichsgeld ehrlich gelebt hatte, der bekam jetzt 200 Gulden leichtes Geld, und wenn auch, wie allerdings oft geschah, die Gehalte um einiges, bis zum vierten Teil, erhöht wurden, er konnte selbst mit dem Zuschuß nicht die Hälfte, ja, bald nicht den vierten Teil der notwendigsten Ausgaben bestreiten. Die geistlichen Herren schlugen wegen dieses unerhörten Falls in der Bibel nach, fanden darin einen unverkennbaren Widerwillen gegen alle Heckenmünzerei und begannen gegen das leichte Geld von den Kanzeln zu predigen. Die Schullehrer auf den Dörfern hungerten, so lange es gehn wollte, dann entliefen sie und vermehrten den Troß der Vagabunden, Bettler, Soldaten. Die Dienstboten wurden zunächst aufsätzig. Der Lohn von durchschnittlich 10 Gulden aufs Jahr reichte ihnen jetzt kaum hin, ihre Schuhe zu bezahlen. In allen Häusern gab es Gezänk mit der Brotherrschaft, Knechte und Mägde entliefen, die Knechte ließen sich anwerben, die Mägde versuchten es auf eigne Hand. Unterdes verlor sich die Jugend von den Schulen und Universitäten. Wenige bürgerliche Eltern waren damals so wohlhabend, daß sie ihre Söhne in der Studienzeit ganz aus eigenen Mitteln erhalten konnten. Dafür gab es eine Menge Stipendien, seit Jahrhunderten hatten fromme Leute den armen Studenten Geld gestiftet. Der Wert der Stipendien schwand dem Schüler jetzt plötzlich dahin, sein Kredit in der fremden Stadt war bald erschöpft, vielen Studierenden wurde die Existenz unmöglich, sie verfielen der Armseligkeit und den Versuchungen der blutigen Zeit. Noch kann man in mehren Selbstbiographien ehrbarer Theologen lesen, welche Not sie damals ertragen mußten. Dem einen wurde zur Rettung, daß er in Jena alle Tage für 4 Pfennige Semmel auf das Kerbholz seines Magisters schneiden durfte, ein anderer vermochte durch Stundengeben in der Woche 18 Batzen zu erwerben, die er aber sämtlich für trockenes Brot ausgeben mußte.

Die Unzufriedenheit griff weiter. Zunächst die Kapitalisten, welche ihr Geld ausgeliehen hatten und von den Zinsen (damals in Mitteldeutschland 5, selten 6 %) lebten. Sie waren vor kurzem als wohlhabende Leute viel beneidet worden, jetzt reichten ihre Einnahmen vielleicht kaum hin, ihr Leben zu erhalten. Sie hatten 1000 gute Reichstaler ausgeliehen, und jetzt zählte ihnen der Schuldner eilig 1000 Taler in neuem Gelde auf den Tisch. Sie forderten ihr gutes altes Geld zurück, zankten und klagten vor Gericht; aber was sie zurückerhalten hatten, trug des Landesherrn Bild und das alte Wertzeichen, es war gesetzlich geprägtes Geld, und der Schuldner konnte sich mit Recht darauf berufen, daß auch er solches Geld in Kapital, Zinsen und für Arbeit empfangen hatte. So entstanden zahllose Prozesse, und die Juristen kamen in arge Verlegenheit. Endlich gerieten die Städte, die Landesherren selbst in Bestürzung. Sie hatten gern das neue Geld ausgegeben, und viele von ihnen hatten es maßlos gemünzt. Jetzt aber bekamen sie bei allen Steuern und Abgaben auch nur schlechtes Geld wieder ein, für 100 Pfund Silber jetzt 100 Pfund versilbertes Kupfer, während auch für sie alles teurer geworden war und ein Teil ihrer Ausgaben durchaus in gutem Silber gemacht werden mußte. Da versuchten die Regierungen sich durch neue Unredlichkeiten zu helfen. Sie hatten erst das gute Reichsgeld durch einen Zwangskurs niederzuhalten gesucht, jetzt setzten sie plötzlich den Wert ihres eigenen Geldes herab, wieder mit Zwangskurs und Strafdrohung für alle, die ihm weniger Wert gönnen würden. Aber das falsche Geld sank doch unaufhaltsam unter den verordneten Wert. Da verboten einzelne Regierungen ihr eigenes Landesgeld, das sie eben erst gemünzt hatten, für Steuern und Abgaben. Sie selbst weigerten sich wiederzunehmen, was sie in den letzten Jahren geprägt hatten. Jetzt erst merkte das Volk die ganze Gefahr seiner Lage. Ein allgemeiner Sturm gegen das neue Geld brach los. Es sank auch im Tagesverkehr bis auf ein Zehnteil seines nominellen Wertes. Die neuen Heckenmünzen wurden als Nester des Teufels verschrien, die Münzer und ihre Agenten, die Geldwechsler und wer sonst aus dem Geldhandel Geschäft gemacht, wurden Gegenstände des allgemeinen Abscheus. Damals wurde in Deutschland für sie die Volksbezeichnung Kipper und Wipper allgemein. Die Wörter kamen von den Niedersachsen: **kippen**, sowohl auf der Geldwage betrügerisch wiegen als auch Geld beschneiden, und **wippen**, das schwere Geld von der Wagschale werfen[1]). Man sang Spottlieder auf sie. In dem Rufe der Wachtel glaubte man ihren Namen zu hören, und der Pöbel schrie „kippediwipp" hinter ihnen her, wie „hep" hinter den Juden. An vielen Orten rottete sich das Volk zusammen und stürmte ihre Wohnungen. Noch lange Jahre nachher, nach allen Schrecken des langen Krieges, galt es für eine besondere Schande, wenn einer in der Kipperzeit zu Geld gekommen war. Überall entstanden Unordnungen, Tumulte; die Bäcker wollten nicht mehr backen, ihre Läden wurden zerschlagen; die Fleischer wollten zur vorgeschriebenen Taxe nicht mehr schlachten; Bergleute, Studenten, Soldaten tobten in wildem Aufruhr; die Stadtgemeinden versanken in Schulden bis zum Bankerott, z. B. das wohlhabende Leipzig. Aller Handel und Verkehr hörte auf, das alte Gefüge der bürgerlichen Gesellschaft krachte und drohte auseinanderzubrechen. Die kleine Literatur trieb und steigerte die Stimmung und wurde selbst durch den wachsenden Unwillen gehoben. Die Gassenlieder begannen, die fliegenden Bilderbogen folgten. Die Kipper wurden unermüdlich abkonterfeit, mit Höllenflammen an Haupt und Füßen, auf einer unsicheren Kugel stehend, von zahlreichen, düsteren Emblemen umgeben, worunter der Strick und lauernde Raben nicht fehlten, oder in ihrer Münzstätte, Geld einsammelnd und ausfahrend, ihnen gegenüber die betende Armut; die verschiedenen Stände wurden abgeschildert, wie sie den Geldwechslern ihren sauern Verdienst aufzählen, Soldaten, Bürger, Witwen und Waisen; der Höllenrachen wies sich geöffnet, und die Wechsler wurden durch einige Teufel emsig hineingeschleppt, alles im Zeitgeschmack mit allegorischen Figuren und lateinischen Devisen verziert und durch zornige deutsche Verse für jedermann verständlich gemacht.

Wie im Volke erhob sich der gewaltige Sturm unter den Gelehrten. Die Pfarrgeistlichen schrien und verdammten laut, nicht nur von der Kanzel, auch durch Flugschriften. Eine Broschürenliteratur begann, welche anschwoll wie ein Meer...

Die Prediger exorzisierten den bösen Feind, die theologischen Fakultäten ließen bald das schwere Geschütz ihrer lateinischen Gründe folgen, und wie grimmig Priesterhaß sei, zeigte z. B. das Konsistorium zu Wittenberg, als es den Kippern den Genuß des Abendmahls und ehrliches Begräbnis versagen wollte. Endlich kamen auch die Juristen mit ihren Fragen, Informationen, ausführlichen Münzbedenken und Rekapitulationen. Die Antworten, welche

---

[1]) In den Reichstagsabschieden kommen die Worte vor dem 30jährigen Kriege nicht vor, sie erschienen 1621 noch ziemlich neu.

sie in dicken Broschüren gaben, waren fast immer sehr weitschweifig und ihre Argumente nicht selten spitzfindig; aber sie waren doch dringend nötig geworden, denn der Streit über Mein und Dein, zwischen Gläubiger und Schuldner schien unabsehbar, und unzählige Rechtshändel drohten die Leiden des Volkes ins Unerträgliche zu verlängern. Ob, wer schweres Geld ausgeliehen, Kapital und Zinsen in leichtem Geld zurücknehmen müsse, und wieder, ob einer, der leichtes Geld ausgeliehen, die Rückzahlung der vollen Kapitalsumme in schwerem Gelde beanspruchen dürfe, das war am häufigsten Gegenstand der Untersuchung. Es muß hier bemerkt werden, daß in vielen Fällen, wo das Gesetz und der Scharfsinn streitender Juristen nicht ausreichten, ein gutes Billigkeitsgefühl, welches im Volke lebte, den Streit beendigte. Denn damals, wo die Regierungen im allgemeinen schlecht und auch das gewissenhafte Recht sehr umständlich und kostspielig war, mußte der praktische Sinn den einzelnen über vieles weghelfen. Ein kleines Flugblatt, worin erzählt wird, wie sich in einem bestimmten Falle der gesunde Menschenverstand des Dorfschulzen zu Justiz geholfen hatte, hat sicher nicht weniger genützt als eine massive, halb lateinische halb deutsche „Informatio"...

Es ist nicht unwahrscheinlich, daß den Landesherren von mehren Seiten eine ähnliche Auffassung ihrer sozialen Aussichten im Jenseits zu Ohren kam. Jedenfalls erkannten auch sie, daß nur die schleunigste Hilfe retten könnte. Es gab keine andere Hilfe als die Herabsetzung und die eiligste Einziehung der neuen Münzen und eine Rückkehr zu den alten guten Reichsmünzen. Die Fürsten und Städte verriefen also in der ersten Sorge ihr neues Geld, benutzten diese Dekrete, um ihren — nicht eben alten — Abscheu vor schlechter Münze auszusprechen, und ließen wieder ehrlich mit dem soliden Schrot und Korn prägen, die das Reichsgesetz vorschrieb. Und um der maßlosen Teuerung zu steuern, beeilten sie sich Tarife der Waren und Löhne bekanntzumachen, worin die höchsten erlaubten Preise festgesetzt wurden. Es versteht sich, daß dies letztere Heilmittel auf die Dauer so wenig nutzen konnte als das berühmte Edikt Diocletians 1300 Jahre vorher. Allein für den Augenblick half der Zwang, welchen es z. B. den städtischen Wochenmärkten, den Tagearbeitern wie den Innungen antat, doch dazu, die ausgetretenen Fluten in das alte Bett zurückzuführen.

Und jetzt folgte dem Taumel, dem Schrecken, der Wut eine trostlose Ernüchterung. Die Menschen sahen einander an wie nach einer großen Pest. Wer sicher auf seinem Reichtum gesessen hatte, war heruntergekommen. Mancher schlechte Abenteurer ritt jetzt als vornehmer Herr in Samt und Seide. Im ganzen war das Volk viel ärmer geworden. Es war lange kein großer Krieg gewesen, und viele Millionen in Silber und Gold, die Ersparnisse der kleinen Leute, hatten sich in Dorf und Stadt vom Vater auf den Sohn vererbt; dieses Sparbüchsengeld war in der bösen Zeit zum größten Teil verschwunden, es war verjubelt, für Tand ausgegeben, zuletzt für Lebensmittel zugesetzt. Aber nicht dies war das größte Unheil, ein größeres war, daß in dieser Zeit Bürger und Landmann gewaltsam aus dem Gleise ihrer redlichen Tagesarbeit herausgerissen wurden. Leichtsinn, abenteuerndes Wesen und ein ruchloser Egoismus griffen um sich. Die zerstörenden Gewalten des Kriegs hatten einen ihrer bösen Geister vorausgesandt, das feste Gefüge der bürgerlichen Gesellschaft zu lockern und ein friedliches, arbeitsames und ehrliches Volk zu gewöhnen an das Heer von Leiden und Verbrechen, welches kurz darauf über Deutschland hereinbrach.

Die Jahre 1621—23 hießen fortan die Zeit der Kipper und Wipper. Die Verwirrung, die Aufregung, die Händel und die Flugschriftenliteratur dauerten bis in das Jahr 1625. — Die Lehre, welche sich die Fürsten aus den Folgen ihres frevelhaften Tuns ziehen konnten, hielt gegenüber spätern Versuchungen nicht stand. Es schien noch am Ende des 17. Jahrhunderts unmöglich, den Heckenmünzen und der immer wieder eintretenden Verschlechterung des Geldes gründlich abzuhelfen...

b) Aus der gleichzeitigen Flugschriften-Literatur.

11] (1) Andreas Lampes Flugschrift. 1621.

De ultimo diaboli foetu, das ist Von der letzten Bruth u. Frucht des Teuffels, den Kippern u. Wippern etc. etc. Durch M. Andream Lampium, Pfarrherrn der Kirchen genandt bey S. Lorentz zu Hall in Sachsen. Leipzig 1621. — Kgl. Bibliothek Berlin Fh 7500.

... aber wo bleibet das Buch, welches der Herr Doctor Luther seligster gedächtnüs gemacht, vnd an die Pfarrherr des wuchers halben geschrieben, und sie mit grossem Ernst vermahnet wider die Geitz vnd Wucher zu predigen, damit sie sich jhrer Sünden nicht theilhafftig machen, sonder sollen den Geitzigen vnd wucherer sterben lassen wie die wilden Thier, jhnen die Sacrament nicht reichen, noch in die Christliche Gemeine kommen lassen? Wo sihet man aber einen in allen diesen Landen, da wir Evangelisch seyn, vom Abendmahl des HERREN, vnd von der heiligen Tauffe vmb des Wuchers willen abtreiben? Wo siehet man einem auff den Schindacker, oder vnter den Galgen, dahin solche Gesellen gehören, begraben. Ob er gleich sein lebtag der allerärgste Wucherer gewesen? Ja sie werden noch zu grossen Herren vnd ansehenlichen Leuten dabey, für denen man den Hut in der Hand haben, vnd jhnen grosse Ehre anthun muß, vnd solches geschiehet so viel desto mehr, weil vnterweilen die jenigen weidlich vnd dapffer mit wuchern, welche es verbieten vnd an andern straffen solten...

Sie haben, ehe man es jnnen worden, das gute Gelt auffgewechselt, eingesamlet, vnd ohn Auffgelt an sich bracht, haben es in die Müntzen getragen, vnd haben für die Marck schwer vnd gut Gelt, das sein ohn gefehr 7 gülden gewesen, Vberschoß vnd Auffgelt bekommen 4 gülden, vnd haben also bey nahe in einer Stunde, oder im hui mit 100 gülden 57 gülden 3 groschen, mit 1000 571 gülden 9 groschen, mit 5000 gülden 2857 gülden 3 groschen erwerben können, vnd zwar auff einen Zug, das were etwa von einem gülden, nicht in einer Wochen, sondern alsbald in einem Tage Zinß 12 groschen, welches das Jahr vber ein grosses außtrüge, denn weil 286 Tage im Jahr vberbleiben, wenn die Sonn- Feyr-Apostel- vnd andere zum Gottesdienste geheiligte Tage ausgesetzt vnd abgezogen werden (darinnen, Si Dijs placet, solche heilige Leute an kein Gelt gedencken, viel weniger als Jüden vnd Jüdengenossen dasselbe anrühren, oder damit hanthieren werden) so hetten sie bißher mit 100 gülden ohn gefehr, können des Jahrs vber erwerben 16342 gülden 18 groschen, mit 1000 gülden 163428 gülden 12 groschen, mit 5000 gülden 817142 gülden 18 groschen. Las mir aber das einen Wucher, Raub vnd Diebstall seyn? Ja weil sie an jetzo, nu es offenbar worden, andern Leuten 4 gülden auff die Marck schwer Gelt vberschoß geben, so ist daraus leicht abzunemen, daß sie zuvor noch ein mehres vnd grössers müssen gehabt haben, wie denn für war gesaget wird, das an etlichen Orten die Müntzer, welche dahero nicht besser zu halten seyn, sondern billich den Ertzwippern gleich geachtet werden, auff 1 Marck schwer vnd gut Gelt solchen diebischen vnd vngehangenen Landverderbern gegeben haben 7 gülden, das were also bald vnd auff einen Zug mit 100 gülden 100, mit 1000 gülden 1000, mit 5000 gülden 5000 erworben, ja es were also bald, vnd zur Stunde oder in einem Tage auff 1 gülden 21 groschen, oder 1 gülde Zinß, welches (wenn es alle Tage also vortgangen, wie im Anfange, dieses teufflischen Vnwesens, da die Leute eines so schendlichen Betrugs, Raubs vnd Diebstals sich nicht versehen, gar leicht geschehen können) im Jahr eine vberaus grosse Summe Zinse vnd Auffgelt einbringen müssen...

Ja sprechen sie, gelten doch die newen groschen so viel als die alten, welches aber stattlich erlogen, denn obwol die newen-leichtfertigen groschen, so wol als die alten guten vnd volwichtigen groschen für 12 pfennige ausgegeben vnd genommen werden, so wird doch die Wahre solches Lumpengeldes halben desto höher gesteigert, denn was man vor dessen vor 5, 6, 7, 8, 10 oder 12 groschen einkäuffen vnd an sich bringen können, das kan man an jetzo kaum vnd mit genawer noth vmb 12, 14, 16, 20, 24 oder 30 groschen haben, ja man kan im einkauffen für 2, 3 oder 4 gantze groschen kaum so viel bemächtigen, als man zuvor mit einem groschen, oder mit 12 guten pfennigen hat behaupten können, vnd müssen sich alle die jenige kärglich gnug behelffen, die in einem Pfarr-Schul-oder andern Dienste sitzen, vnd eine geringe Besoldung, sonsten aber nichts einzunehmen haben, als was vor 30, 40 oder 50 Jahren, da alles gegen diese geschwinde zeiten zurechnen Wolfeil gewesen, geordnet worden. Zu dem höre ich, das man in etlichen Müntzen den Wippern vor 15 groschen Pfennig, oder Putschener gibt 20 gantze groschen, daher denn auch fast kein Pfennig mehr weder zu sehen noch zu hören ist, wiewol sich noch newlich eine Person sol gerühmet haben, sie habe von Fuhrleuten 400 gülden an Pfennigen vnd Putschenern eingewechselt, vnd jhnen auff 100 gülden 10 gülden Gewinn vnd Auffgelt gegeben, sie aber habe damit für sich alsbald wider gewonnen vnd erworben 130 gülden, darzu die 40 gülden, so die Fuhrleute empfangen, gerechnet, wehren von den 400 gülden pfennigen vbermasse 170 gülden, das were von 1 gülden 8 groschen 11 pfennige vnd noch etwas drüber, welches eben viel. Gelten demnach die jetzige groschen lange so viel nicht, als die alten vollwichtigen groschen, oder als 12 rechtschaffene alte gute pfennig...

Ferner wenden sie ein vnd sagen: Treibet es doch jederman, haben ehrliche Leute in Städten oder ausserhalb den Städten vnd auff Döffern, schwer Gelt, sie sein wer sie wollen, so geben sies traun nicht aus ohne Auffgelt, sondern sie tragen es entweder in die Müntz oder bringens vns Wippern, vnd nehmen 3, 4 oder 5 auch wol nach gelegenheit der schweren vnd guten Sorten 6 groschen Auffgelt vnd Gewin auffn gülden, solten sie denn deßhalben vnehrlich vnd zu schelten seyn, das were nicht gut, denn auff solche weise würde kein ehrlicher Mann oder ja wenig redliche Leute mehr anzutreffen vnd zu finden seyn? Antwort: Ich rede in diesem Tractätlein fürnemlich vnd allermeist von denen, die das Wippen oder Kippen auff des Teuffels eingeben anfänglich erdacht, vnd dann von denen, die es jhnen hernach also belieben lassen, daß sie ein Handwerck daraus gemacht, vnd biß daher fast nichts oder ja wenig getrieben vnd fürgenommen, als das sie von einem Ort zum andern geloffen oder geschicket, das schwere vnd gute Gelt, wie die spür- vnd Jagthunde aus gekundschaffet, mit guten glatten vnd geschmierten Worten an sich gebracht, in die Müntzen bey hunderten ja bey tausenten getragen, grossen Gewin davon genommen, geringe vnd vbelgültige Müntzsorten wider machen lassen, vnd viel ehrliche Leute betrogen, ausgesogen, vnd vmb jhr gutes Gelt, ja fast vmb alle jhre Wolfahrt gebracht, jhnen selbst aber dabey in weniger zeit, einen statlichen Schatz von Gold vnd Silber, vnd andern köstlichen Sachen eingesamlet vnd beygelegt.

Was andere ehrliche, redliche vnd auffrichtige Leute betrifft, welche vnerbar zu handeln jhnen niemals im Sinn genommen, weil dieselben numehr sehen, das die besten Vogel ausgeflogen vnd dahin, vnd aber noch ein wenig von schwerem Gelde in jhrer Gewalt haben, auch dasselbige, weil sichs nicht anderst, jhrer Notturfft halben leiden wil, ausgeben müssen, so nehmen sie vielleicht aus vngedult, weil sie so schändlich betrogen, etwas Gewins vnd vffgeldes, all dieweil sie wissen, das sie hernach anders nichts denn leichtfertig Gelt wider einnehmen müssen, da 3 oder 4 gülden nicht so gut sein, als jhres Geldes 1 gülden, vnd 3 oder 400 gülden nicht so gut, als jhres Geldes 100 gülden gewesen, wie sies gedencken zu verantworten, werden sie wol wissen. Aber das ist gleichwol war, diese ehrliche Leute geben solch schwer Geld nicht deßhalben höher aus, daß sie andere Betriegen, vnd für sich einen grossen Vortheil vnd Gewinn suchen wolten, sondern weil sie vielmehr albereit hintergangen, vnd durch die Kipper vmb das jhrige gebracht worden, auch gar wol sehen, das in der gemeinen Außgabe, wann sie auff dem Marckte bey vnverstendigen vnd einfeltigen Leuten, sonderlich bey dem Bawrsvolcke eins oder das andere zu ihrer oder der jhrigen Auffenthalt mit keuffen wollen, ein schwerer Grosche nicht mehr gelten wil, als ein gemeiner leichtfertiger Grosche, vnd doch das jenige, was sie bedürffen, wol 3 oder 4 mahl so thewer bezahlen müssen, als vorhin geschehen: Ja daß auch sie hernach, wann sie von andern Leuten Gelt zuempfahen, nichts wider zugewarten haben, als das newe Gelt, an dem das beste vnd meiste Kupffer, oder Blech vnd Schaum ist, so gedencken sie vielleicht, es sey jhnen vnverboten, sey auch nicht wider die Göttliche, Natürliche oder Weltliche Rechte, daß sie einen Vortheil vnd Gewinn nehmen, weil sie viel ein bessers ausgeben, als sie hernach wider empfangen, lasse es aber sie selbsten gegen GOTT, gegen vnsere geliebte Landesfürsten vnd männiglichen auffs beste sie können, verantworten...

Ja sprechen sie, vnd ihre Vertreter oder Verräther weiter:

Was hast du dich vmb der Wipper händel zubekümmern, können doch Fürsten vnd Herren diese Leute von Kiphausen leiden, halten sie auch in allen ehren, vnd für jhre liebe getrewe, wie sie solches zubeweisen, was darffstu dich denn in solche Sachen mengen vnd dessen anmassen, welches dich vnd deines gleichen nicht angehet? Antwort: Ich kan die jenige, welche anfänglich die Reichsmüntze ohne geheiß vmb eigenes nutzes willen auffgewechselt, vnd leichtfertiges, böses, vnd nicht volgüldiges Gelt wider an dessen stat machen lassen, vnd hernach vnter die Leute gebracht, nicht anders halten als Diebe, Räuber vnd Mörder, man mag sie auch ehren, titulieren, vnd so hoch halten als man wil, achte auch dafür, es sey mir nicht gewehret das jenige zu straffen, was sträfflich, vnd nu nicht mehr heimlich, sondern offenbahr vnd am Tage ist, auch niemand loben vnd gut heissen kan, ja das von jedermänniglichen ohne schew getadelt, verworffen vnd gestrafft wird, auch von den Wippern einstheils selbst. Vnd wie kähme ich darzu, daß ich das böse gut heissen solte, denn weh denen, die böses gut vnd gut böse heissen, saget der Prophet Esaias am 5. Cap....

Das 7. Gebot verbeut nicht allein ernstlich den gemeinen Diebstal, sondern auch allerley practicen, geschwinde Griffe, Vortheil vnd Betrug, ja es erfordert von vns, das wir vnserm Nehesten sein Gut vnd Nahrung helffen bessern vnd behüten. Wie halten sich aber hiergegen vnsere vngehangene, wucherische Landdiebe die Kipper? Wie besseren sie jhrem Nehesten sein Gut vnd Nahrung? Also: Sie nehmen neben jhren Müntzern, gedachtem jhrem Nehesten, gleichwol von jedem 100 oder 1000 gülden nicht mehr hinweg, als 3 theil, den 4. theil lassen sie jhm, damit mag er sich behelffen, vnd Gott dancken, daß sie nicht alles hinweg genommen, vnd für gut Silber lauter Kupper, oder nur Blech vnd Schaum jhm gelassen haben, ja wenn sie jhm noch den 4. theil liessen, ich achte dafür, es ist sehr daran zu zweifflen. Das heist aber seines Nehesten Gut vnd Nahrung gebessert, wenn er 3 4 5 oder 6000 gülden hat, vnd diese Buben hintergehen jhn betrieglicher Weise, nehmen jhm 3 theil davon, daß er an stat der 3000 gülden, behelt nur 750 gülden, oder an stat der 4000, nur 1000, oder an stat der 5000 gülden, 1250 gülden, oder an stat der 6000, nur 1500 gülden, oder behelt wol meistestheils Kupper, oder nur Blech vnd Schaum, vnd kan ihm doch auch dasselbe hernacher noch nicht sicher seyn, von wegen der grossen Thewrung, welche diese Stuelreuber vnd Ertzdiebe mit jhren losen Händeln verursachet haben. Also heist das nicht auch mit seiner hohen Obrigkeit dem Landesfürsten trewlich vnd auffrichtig gehandelt vnd demselben seine annuos reditus gebessert, wenn er sonsten 3, 4, 5, 6 oder nach gelegenheit seiner Herrschafften mehr hundert tausend gülden Järlich einzunehmen gehabt, vnd diese schöne vnd gehorsame Vnterthanen, ja diese vngehorsame Landverrähter berauben einen solchen Herren öffentlich, aber vnvermerckt, das es von keinem Bawren leichtlich für ein Raub vnd Diebstal gehalten wird, nehmen jhm den vierdtentheil davon, also, daß er hernach kaum halb, ja den dritten oder vierdtentheil kaum so vermügen ist, als er zuvor gewesen, denn wenn man auff das rechte Wesen vnd jnnerliche Güte des Geldes sihet, so hat er an stat der 300 000 gülden, hernach nicht mehr als 75 000 gülden, oder an stat der 400 000 gülden, nur 100 000 gülden, oder an stat der 500 000 gülden, nicht mehr als 125 000, oder an stat der 600 000 gülden, nicht mehr als 150 000 gülden Järlichen zu heben vnd einzunehmen, ohn was er noch wegen der durch diesen Raub verursachten Tewrung in der Ausgabe mehr haben muß? Ich meine ja, das heist wider das 7. Gebot gehandelt...

In dem 8. Gebot vntersagt vnd verbeut Gott der HERR nicht allein vor Gericht falsch Zeugnis zu geben, vnd sonsten Leute zu verleumbden, sondern er wil auch in demselben von vns haben, das wir in allen sachen, in Worten, Wercken vnd Geberden, ohn Heucheley, Betrug vnd Lůgen seyn, vnd vns zu allen zeiten Warhafftig, Redlich vnd Auffrichtig gegen vnsern Nehesten erzeigen sollen. Diese Leute aber die Kipper betriegen nicht allein mit falscher Müntze gemeine Leute, sondern auch, wie errinnert, grosse Herren, achte auch nicht dafůr, das die Welt jemals hefftiger vnd schändlicher hindergangen vnd betrogen worden, als durch diese Schindfessel vnd Galgenhůner, ja ich gläube gewiß, es sey diß Volck Ultimus Sathanæ fætus, die letzte Bruth, Grundsuppe vnd Frucht des Teuffels, den Menschen, vnd sonderlich der Christenheit dadurch wehe zu thun, vnd hette er warhafftig keinen ergern Ranck erdencken können als diesen, die Leute dadurch auszusaugen, vnd vmb das jhre zu betriegen. Es ist sonsten der Betrug zu jederzeit groß gnug gewesen bey den Kindern des Vnglaubens, oder bey den Kindern dieser Welt, denn sie haben freylich manchen ehrlichen Man mit falscher Wahr, Můntz, Maß, Gewicht vnd Elen betrogen, vnd dadurch offt sehr grosse Gůter zusammen gelogen, wie denn albereit der Prophet Oseas darüber klaget in seinem Buch am 12. Cap. denn daselbst sagt er: „Der Kauffman hat eine falsche Wage in seiner Hand, vnd betreugt gern. Denn Ephraim spricht, ich bin reich, ich habe gnug, man wird mir keine Missethat finden, in aller meiner Arbeit, das Sůnde sey." Vnd Micha sagt im 6. Cap.: „Es wird des HERREN Stimme vber die Stadt ruffen, aber wer deinen Namen fůrchtet, dem wird gelingen. Hőret jhr Stemme, was geprediget wird, noch bleibet vnrecht Gut in des Gottlosen Hause, vnd der feindselige geringe Epha? Oder solt ich die vnrechte Wage vnd falsch Gewicht im Seckel billichen? Durch welche jhre Reiche viel vnrechts thun, vnd jhre Einwohner gehen mit Lügen vmb, vnd haben falsche zungen in jhrem Halse."... aber ein solcher Betrug ist noch nie erfahren, so lange die Welt gestanden, als jetzt von den Wippern auff ihres Meisters eingeben erdacht, vnd haben damit Land vnd Leute von dem Obersten biß auff den Niedrigsten zum hőchsten betrůbt, welches männiglich allererst in kůnfftig erfahren vnd recht fůhlen wird...

(2) Paradoxa Monetaria 1622 [12

Im Anhang zu: Expurgatio oder Ehrenrettung der armen Kipper und Wipper... Wider die ... Bußvermahnung Andreae Lampii ... Gestellet durch Cniphardum Wipperium, Kiphusanum, jetzo bestelten special-Wechsler in Thewringen. Fragfurt 1622.

1. Daß heutiges Tages ehrliche Leute, Wann sie nicht zu Schelmen werden wollen, nothwendig müssen Schelmen seyn, Dann wer nicht Wechselt, muß Panckerottiren.

2. Daß die Paracelsisten für ein Mysticum halten, auß Kupffer Silber machen, da es doch alle Müntzer wissen.

3. Daß ein Gelt tragender Pohte zu diesen zeiten so viel præstiren kan, als vor 5 Jahren ein Roß.

4. Daß einer, der vor 5 Jahren 1000 fl. geliehen, mag mit guten Gewissen 7000 fl. wider fordern, vnd wird doch nicht Reicher, sondern leidet Schaden.

7. Daß Elias ein schlecht Miraculum vorrichtet, denn heutiges Tags das Kupffer ohne einen Propheten wohl auff den Wasser schwimmen kan.

8. Daß heutiges Tags die Leute viel ärmer werden, je mehr sie Geldes bekommen.

9. Daß Thomas Müntzer im Bawern Kriege mit Waffen weniger Schaden gethan, als vnsere Müntzer mit Gelte.

14. Daß etliche wenig Leute von Kupffer Reich, die meisten von Silber Arm werden.

15. Daß einer dreymahl mehr vor eine Ellen als zuvor, zahlen mus, vnd doch vom Kramer nicht betrogen wird.

16. Daß die allerschlechtesten Kramer vnd Handwercker besser distinguiren können inter bonitatem in & extrinsecam, als die besten Juristen.

17. Daß das heutige Müntzwesen die Leute gut Lutherisch mache, denn sie es mit den Glauben ergreiffen müssen, wie es einen Potentaten könne Reich machen.

18. Daß sich Magister, Musa, Sacerdos vber Species beklagen, daß sie kein felix oder fructus von derselben grossen ruin mehr haben.

19. Daß die besten Reichsthaler die aller schlechteste Müntz geben.

20. Daß man heutiges Tags keine Zinß Wucherer findet, vnd werden doch die meisten Leut Betler.

21. Daß bey den Gelthändlern stehet Land vnd Leute zuschatzen, vnd nicht bey den Fürsten.

22. Daß man eine newe Litaney machen muß, Für vieln Gelde behüt vns lieber HErre GOtt.

23. Daß die Diebe so einen bestehlen gehencket, vnd die so alle Leut arm machen, Privilegiret werden.

33. Daß der Gelthandel, wen vnrecht Gut gedeyet, mehr ertragen kan zu Landt, als die Schiffart in Indiam.

34. Daß die Fürsten den Soldaten wehren, vnd lassen doch jhr Landt vnd Leute durch Müntz Werck außplündern.

35. Daß ein Landt mit leichten Gelte mehr kan gestrafft werden, denn mit schweren Kriegen.

37. Daß an Herren Hôfen keine Cliti vnd Papipiani, Aber gnug WinckelPrediger zu finden seyn.

38. Daß es nunmehr dahin gerahten, daß die Prediger vnd Clerici mit jhrer Kirchen Census vnnd Geistlichem Bann die Mûntz Handthierer executiren, die Obrigkeit aber jhr Brachium seculare lesset claudiren.

40. Daß es fromme Fûrsten seyn, die solches dulten, da doch ein ander frommer Gottseliger Fûrst in Proverbio gesagt: Mann mûsse einen guten Fûrsten bey guter Mûntz vnd gutem Glauben erkennen.

O Proceres Censore opus est, an aruspice nobis.

III. Die Geldtheorien in der praktischen Münzverwaltung. [13

Die beiden vorangehenden Abschnitte könnten den Eindruck erwecken, als ob die Zeit über theoretische Anschauungen vom Wesen des Geldes noch nicht verfügt hätte. Aber gerade unter den Verwaltungsmännern, die in der Praxis der Münzverwaltung tätig waren, gab es theoretisch durchgebildete Persönlichkeiten, die mit den schon im Mittelalter entwickelten Geldtheorien (s. u. Zeittafel) ihren Standpunkt zu verteidigen wußten.

a) Kopernikus' Denkschrift zur polnisch-preußischen Münzreform (1522—1527). [14

Nach der lateinischen Fassung von c. 1527 bei Wolowski, Oresme et Copernic etc. (Paris 1864) und bei Prowe, Coppernicus, II (Berlin 1884), S. 33—44; bei letzterem auch die ursprüngliche deutsche Fassung a. 1522 (S. 21—29) u. historisch-biographische Darstellung: I b, S. 144—150, 193—201.

Seit dem zweiten Thorner Frieden von 1466 war Westpreußen polnischer Landesteil, und das dem deutschen Orden verbliebene Ostpreußen polnisches Lehen geworden. Beide Länder münzten selbständig, außerdem die Städte Thorn, Danzig, Elbing, Königsberg. Da jeder Münzherr an der Münze zu gewinnen suchte, und zwar jeder auf verschiedene Art, so entstand einmal eine zunehmende Münzverschlechterung und gleichzeitig eine zunehmende Münzverschiedenheit. König Siegmund I. von Polen (1506—1548) wollte beides dadurch beseitigen, daß die polnische Reichsmünzordnung von sämtlichen Beteiligten angenommen würde. Nach mehrfachen vergeblichen Versuchen gelangte die Sache auf dem Landtage von Graudenz 1522 zu ausführlicher Beratung. Das Referat hatte der Domherr Kopernikus aus Frauenburg, der als Vertreter des Bistums Ermeland auf der Ständeversammlung erschienen war. Er erstattete es mündlich und schriftlich in Gestalt einer populären Darlegung der wichtigsten Sätze der Geldtheorie und ihrer Anwendung auf die preußische Münze. Diese deutsche Denkschrift von 1522 arbeitete er später — und zwar jedenfalls nachdem, 1525, das Ordensland durch den zum Protestantismus übergetretenen letzten Hochmeister Albrecht von Brandenburg in ein weltliches Herzogtum umgewandelt war — zu einer lateinischen Denkschrift um, vermutlich zum Zwecke der Weiterverhandlung mit den königlichen Kommissaren. Diese lateinische Denkschrift („Monetae cudendae ratio") zeigt erhebliche Fortschritte in der Herausarbeitung der einzelnen Begriffe; vgl. darüber Jastrow, Kopernikus' Münz- und Geldtheorie: Archiv für Sozialwissenschaft und Sozialpolitik 38 (1914).

Die Angelegenheit gelangte erst durch die Reichsmünzordnung König Siegmunds I. von 1526 zum Abschluß, die die Einheitlichkeit im Prinzip durchführte.

15] Münzpolitik.

Unter den zahlreichen Plagen, die den Niedergang ganzer Reiche, Monarchien wie Republiken, herbeiführen, sind nach meinem Dafürhalten vier die wichtigsten: Zwietracht, Seuche, Mißwachs, Münzverschlechterung. Die drei ersten liegen offen zu Tage, und es gibt niemanden, der sie nicht wüßte. Die vierte aber, die die Münze betrifft, wird nur von wenigen und nur von den Nachdenklichsten beachtet; denn sie richtet die Staaten nicht in einem plötzlichen Anlauf zu Grunde, sondern allmählich und gewissermaßen heimlich.

Unter Münze versteht man gezeichnetes Gold oder Silber, womit bei Kauf und Verkauf der Preis aufgezählt wird, je nach der genaueren Einrichtung des einzelnen Gemeinwesens und seines Oberhaupts. Die Münze ist also so zu sagen ein gemeinsames Maß der Schätzung. Was aber Maß sein soll, muß einen festen und beständigen Stand haben. Andernfalls muß die Ordnung des Münzwesens in Verwirrung geraten. Käufer und Verkäufer müssen mannigfachen Betrug erleiden, ebenso wie wenn Elle, Scheffel oder Gewicht nicht ihre bestimmte Größe behielten. Dieses Maß erblicke ich in der Schätzung, die der Münze zu teil wird. Obgleich diese Schätzung sich auf den Stoff und seine Güte gründet, so muß man doch einen Unterschied machen zwischen Schätzung und Wert [a]); denn es kann die Schätzung der Münze über ihren Stoff hinausgehen, und umgekehrt.

Die Einrichtung der Münze war notwendig. Zwar hätten die Menschen ihren Tauschverkehr auch mit Gold und Silber nach Gewicht betreiben können, je nach dem Preise, den ihr übereinstimmendes Urteil dem Golde und Silber beilegte. Aber weil es gar so beschwerlich ist, die Gewichte immer zur Stelle zu bringen, und weil nicht jederman imstande ist, die Lauterkeit des Goldes und Silbers sofort zu erkennen, hat man die Einrichtung getroffen, die

a) „Aestimatio" — „valor"; deutsche Denkschrift: „Achtung" — Wird"

Münze mit einem öffentlichen Siegel zu bezeichnen, damit kundgetan werde, daß sie an Gold und Silber die richtige Menge enthalte, und damit diese Bezeugung Glauben finde.

Der Münze, insbesondere auch der Silbermünze, pflegt Kupfer beigemischt zu werden. Ich glaube aus zwei Ursachen: einmal, damit der Anreiz zur Ausplünderung und Einschmelzung geringer sei, als wenn sie aus reinem Silber bestände; und sodann, weil die Silbermasse, in noch so kleine Teilchen und Skrupeln zerlegt, doch mit der Kupferbeimischung zusammen immer noch eine angemessene Größe enthält. Hierzu kann man auch noch als dritte Ursache anführen: damit die Münze nicht im beständigen Gebrauch sich zu schnell abnutze, sondern an dem Kupfer eine Stütze finde und sich länger bewahre.

Die Schätzung einer Münze ist recht und billig, wenn sie an Gold und Silber nur ein Geringes weniger enthält, als sie Barren kaufen kann: so viel nämlich, wie für den Münzerlohn abgezogen werden darf. Denn etwas Wert soll allerdings das Zeichen dem Stoff hinzufügen. | Der häufigste Grund, weswegen die Münze an Schätzung verliert, ist: daß sie in zu großer Menge vorhanden ist; wenn man nämlich in der Ausprägung von Silber so weit gegangen ist, daß die Menschen die Stücke nicht sowohl mehr als Münze, sondern nur noch als Barren brauchen können. Dann nämlich geht der Wert, den die Prägung hinzugefügt hat, verloren, und man kann für die Münze nicht mehr so viel an Silber kaufen, wie sie an Geld enthält; ja, man könnte dann einen Vorteil darin erblicken, die Stücke einzuschmelzen und ihnen also ihren Münzcharakter zu nehmen. Das Heilmittel dagegen besteht darin, sich so lange der Prägung zu enthalten, bis die Münze wieder auf ihren Stand gekommen und teurer, als der Barren geworden ist.

Auch der Wert der Münze kann verringert werden, und zwar aus verschiedenen Gründen: entweder wegen eines Mangels im Stoff allein, wenn nämlich bei unverändertem Rohgewicht der Münze, dem Silber zuviel Kupfer beigemischt ist; oder wegen eines Mangels im Gewicht allein bei unveränderter rechtmäßiger Mischung; oder endlich, was der schlimmste Fall ist, aus beiden Gründen zugleich. Auch geht etwas vom Werte durch lange Abnutzung von selbst verloren; ein Grund, der für sich allein schon ausreichen würde, Erneuerungen notwendig zu machen. Daß diese Notwendigkeit vorliegt, dafür gibt es ein sicheres Zeichen: wenn nämlich in dem Geldstück bemerkenswert weniger Silber befunden wird, als das Geldstück kauft; ein untrügliches Zeichen seiner Armut....

Folgt eine Geschichte der preußischen Münzverschlechterungen, die anscheinend als ursprünglichen Normalzustand (vor 1410) ansieht: daß aus 1 Pfund feinen Silbers $4^2/_3$ M. in Münzen ausgebracht wurden.

... Heutzutage ist die Münze so gering geworden, daß kaum noch in 30 M. Geldes 1 Pfund feinen Silbers enthalten ist. Kommt keine Abhilfe, was bleibt dann übrig, als daß Preußen, von Gold und Silber ganz entblößt, eine Münze hat, die schließlich nur noch aus Kupfer besteht. Wareneinfuhr und Handel müssen dann aufhören. Denn welcher ausländische Kaufmann wird seine Waren gegen eine Münze in Tausch geben, die in Wirklichkeit nur Kupfer enthält?

b) Der sächsische Münzstreit um 1530. [16

W. Lotz, Die 3 Flugschriften über den Münzstreit der sächsischen Albertiner und Ernestiner um 1530, unt. Mitw. v. Jötze... Leipzig 1893 (= Brentano u. Leser, Samml. staatsw. Schriften 2).

Die sächsischen Lande des Hauses Wettin waren seit 1485 unter zwei Linien verteilt: die ernestinische und die albertinische (jene damals kurfürstlich in Wittenberg, diese damals herzoglich in Meißen u. Thüringen); doch blieben Bergwerke u. Münze in gemeinsamer Verwaltung. Die Münzstätte in Schneeberg brachte aus 1 Mark feinen Silbers (zu 15 Lot) 8 oder genauer $8\frac{1}{4}$ Gulden (à 21 Groschen oder 7 beste Groschen, auch Engelgroschen oder Schreckenberger — nach Schreckenberg, dem späteren Annaberg) aus. Trotz der Eßlinger Münzordnung Kaiser Karls V. von 1524 tauchten gerade damals im Reiche Bestrebungen auf, durch leichtere Ausprägung die Einnahmen aus der Münze zu erhöhen. Einen solchen Versuch vertraten die Häupter beider sächsischer Linien 1525 vor dem ständischen Ausschusse zu Zeitz: 10 Gulden statt $8\frac{1}{4}$ Gulden aus der Mark. Von diesem Vorschlage wandte sich aber Herzog Georg d. Bärtige (Albertiner) sehr bald ab, während Kurfürst Johann der Beständige (Ernestiner) an ihm festhielt und nach mehrjährigen vergeblichen Verhandlungen auf eigenen Münzstätten in Zwickau u. Buchholz durchführte. Anscheinend durch den konfessionellen Gegensatz zu den Ernestinern zusammengehalten, einigten sich in den (katholischen) Albertinischen Landen am 9. Jan. 1530 Herzog u. Stände auf Festhalten an der guten alten Münze. Der theoretischen Verteidigung dieses Beschlusses gilt eine anonyme Schrift aus demselben Jahre, die sich als Ausdruck der öffentlichen Meinung („Gemeyne stimmen") bezeichnet; ihr folgte eine Replik von ernestinischer Seite, u. darauf wieder von dem ersten (alb.) Autor eine „Apologia". Die nachfolgenden Auszüge sind der ersten Schrift entnommen.

Der Münzstreit endete 1534 damit, daß man zwar an dem 8Guldenfuß formell festhielt, aber für die Mark eine etwas leichtere Mischung zuließ.

[17

Gemeyne stimmen von der Müntz, vnd ob es dem hause vnd Fürstentumb zu Sachssen Ehrlicher vnd zutreglicher sey, die alte gute Müntz zubehalten, odder geringere anzunemen...

Nuhn fellet fur, wie ynn diesen bősen zeiten, ytzt alle gute ordnungen, vnd alt herkomen, anfechtung haben müssen, das man auch dauon disputirt vnd redet, Abs gut sey, gute aber geringe Müntz ym Lande zuschlahen, vnd zu haben, Vnd sein etliche die meynen, Es habe Gott der almechtige diesen Landen vnd Fürstenthumben viel gnad mit den Bergwergen gethan, Aber es werde nicht gebraucht, Sondern man lasse es zu vnnutz hinwegk komen, vnd wölle es nicht gebrauchen, vnd wue not furfalle, so legen die Fürsten Stewr an, vnd beschweren die armen vnderthanen, vnd lassen das nach, das man wol mit fuge gehaben kündt, domit man die armen nicht beschweren dörffte, vnd sey eben das man vormüntzt das Silber vmb acht gülden vnd ein ort, vnd kündt es wol vmb zehen gülden vormüntzen, da hetten die Herrn an yglicher Marck ein gülden drey ort mehr dann vor, Dis trüge nach anzal des gemachten silbers so ein iar vormüntzt wird eine merckliche Summa, vñ mehr dann ein Stewr getragen könde, vnd werete alwege die weil man Bergwerg bawete. Solche Müntz würde auch nicht auszm Lande gefurt, sonder bliebe dorynne, das man nicht so mangel hette der Müntz halben.

Wue auch die Lande nicht so gute Müntz hetten, würden sie mit vnnützer wahr nicht vberfurt, vnd bliebe also das Land allenthalben vnbeschedigt, Es könde auch der gemeyn man, bier vnd brod basfeyller dann sonst bekomen. Es würde das silber ynn höherm kauff, alle wege stehen vnd erhalten werden, dann ytzund, wie man dann ynn andern Landen, so yrgent mit einer sonderlichen wahr begnadet, sihet, das man sich alwege bevleyssiget, dieselbig auffs thewrest anzuwerden.

Dis seint fast die vrsachen domit sie einfüren wöllen vnd rathen, man sol eine geringe Müntz machen.

Hirkegen aber ist zu bedencken vnd zuerwegen, als das sie sagen, Es solt besser sein, das man das silber höher vormüntze vnd tewrer vorkeuffe, dann Stewren aufflegen. Ob auch yrgent ein Stewer so schedlich gewest, odder sein köndte, als das furgeben, der geringen Müntze? Dann man hat nie kein Stewer angelegt, die so viel schaden gethan, odder thun kondt. Die höchste vnd gröste Stewre durch aus, ynn diesen Landen, ist auff den funfftzigisten pfennig gestalt... Aber die geringe Müntze beraubet von stund den nehmer des zehenden pfennigs seins guts, vnd alles seins werts, vnd zuweylen mehr, das er zu auff gelde geben mus, Auch solange das wehret, vnd so offte mans geringert, so ist des armen mannes schade vorderblich darbey, der vnuorwintlich ist.

Derhalben dorauff acht zugeben, das die Müntz wie alles andere so aus Metal gemacht, vnd doch furderlicher dann anders, dieweil domit alles vorgleicht, dornach gewirdert, vnd angestalt werde, was es an yhm selbst von Silber vñ Metall ynn sich hat vnd helt, darein es auch widderkomen vnd gelassen werden mag, Dann so man auff den schlagk, odder wie vnder den leuten gilt vnd geacht wird, allein wil acht geben, vnd dem selbigen nach ahmen, so ist es gantz vngewis, vñ bald vorgenglich, wie alle andere sachen so aus vnbedechtiger wilkôr vnd brauch der leute, sich vrsachen, vnd doch der natur on yhr selbst entkegen sein, die do von Gott gepflantzt ist, bleibt ewig, vnd ynn aller welt, als ein Gren odder lot silbers ist, vnd bleibet so viel als an yhm selber, Das es aber ytzt mynner odder mehr gilt dann yn vorzeiten, das hat bald ein ende, raycht auch nicht weitter, dann als lang vnd da die wirderung beyn leuten ist.

Mit dem das do eingefurt wie oben angezeigt, das dardurch die Mûntze nicht auszm Lande gefurt wûrde, mus jhr bekant werden, wue man die Mûntz nicht auszm Lande fûret, das es ein zeichen ist, das sie bôss ist, vñ das man doselbst nicht gern handelt, daraus dann schade erwechst. Die aber aus dem Lande ziehen yhrem gewerb nach, fûlen auch wol, was yhnen schat, das man die Mûntze nicht gerne hat, nach von yhnen nemen wil...

Brodt, Bier, vnd alle andere wahr wird gegeben werden, wie man Mûntz hat, man teuscht den hendeler nicht, So erzeugt man auch sonst mit der geringen Mûntz kein baszfeyligkeit beym hendeler. Dan gibt man yhme gute Mûntz, so gibt er guten kauff, Gibt man yhme geringe Mûntz, so gibt er tewer, domit er seinem schaden nachkôme, Dann er sich alwege nach der natûrlichen wirderung der Mûntz, so sie des silbers halben hat, vnd nicht auff die zufellige die aus der achtung komet, pfleget zurichten.

Vnd derhalben kan auch aus solchem vornemen die Mûntze zu geringern bestendiglich nicht erfolgen, das das silber ynn einen hôhern kauff vnd werth môcht bracht vnd erhalten werden, Dann nach dem gelde, vnd der Mûntz wird die wahr gewirdert vnd geschatzt, So man nun domit fellet, so steyget die wahr, vnd nimpt der handel abe, Und hat ydermann bey sich wal abzunemen, alle die weil der Kauffman vnd Hendeler, kegen seiner wahr ynn der Mûntz yrgend ynn einem Lande mehr silbers weys zu bekomen, dann anderswo, das er yhm ynn den Landen, do die Mûntz nicht also viel silbers helt, die wahr nicht lest wolfeyler machen, noch das silber yn ein steigerung komen, sonder stelt sein rechnung dornach an, dieweil er sonst mehr silbers, mit seiner wahr ways zuerlangen, das yhm dergleichen, ynn dem Lande, do geringe Mûntz ist, auch mus also viel silbers ynn der Mûntz gegeben werden, das also der Mûntz an der zal souiel deste mehr sein mus, so viel sie weniger am silber helt, dorûmb auch scheinbarlich zu spûrẽ ist, das der silberkauff nicht kan noch mag erhôhet werden, es wûrde dann das silber bey allen Nation hôher vnd grôsser geacht, dañ bisher geschehen, vnd also dem Kauffman alle winckel vorschrenckt, das er nyrgent mit seiner wahr mehr silbers kondt zuwegen bringen dann wie mans achtet, welchs dann nicht viel vnmöglicher ist, wann als solten alle Nation ein sprach vnd mannyr annemen, vnd sich allenthalben vorgleichen. Ist bisher nicht erfaren, auch yn menschlichen sachen nicht wol zuuermuten, noch dorauff zuhoffen, dieweil sichs Christus vnser seligmacher ynn Göttlichen sachen nicht gesagt, das yhn yederman, vnd alle welt bekennen vñ annehmen würde, Wol hat er gesagt, das man seinen namen vnd Euagelion aller welt vorkündigen vnd anzeigen würde, welchs dann auch geschehen, derhalben es eben also wenigk mögelich ist das silber bey aller welt ynn ein werth zubringen, als das yderman Christen werden vnd bleyben solt. Was wil man dann domit ausrichten, das man ynn diesen Landen das silber, ynn ein solche steigerung, vnd hohe wirderung zubringen vor hat, fur war nicht anders, dañ das man den Handelsman veriagte, vnd ist ye weder kegen Gott, nach den Menschen zuuorantworten, das man ynn diesen Landen so mit Bergwergen vnd Silbern, reichlichen begnadet, dasselbige ynn ein solche steigerung bringen wil, dorynnen es ist, yn den Landen die Gott domit nicht begnadet. Man findet es yhe vnd achtet es auch nicht vor gleichmessig yn anderer wahr, damit die Lande sonderlich begnadet... So man den Gewergken das silber nicht anders der anzall nach wolt bezalen, dann bisshero, vnd es gleichwohl viel höcher yn die Müntz vnd kauff bringen, das dañ aller Göttlichen vñ natürlichen billigkeit entkegen, dann die Gewergken erbawens ye mit grosser darlegung. Solt nuhn das silber nicht auch yhnen, Sondern allein den Herren zu nutz ym kauff steigen, ia sie allererst geringe Müntz vnd ynn voriger anzal dorane nemen, So würden sie es bald abgehen, das man auch nicht mehr silber haben würde.

Nu mag von den selben der geringen Müntze fürderen, aus mancherley vrsachē solchs furgeben werden. Etliche aus einfalt, vnd vnuorstand die es nicht besser wissen. Die andern aus vbriger liebe die sie zu jhren Herren tragen. Zum teil aus besuch jhres eigenen nutzes, Aber aus abgunst so sie zu denen haben, die durch den handel jm lande gereicht werden. Vnd letzlichen auch aus bösem gemüthe, die nuhn vertorben, vnd nichts haben, vnd wolten das weder Herren, noch lande jnn vermögen weren.

Die erste do ist mitleyden mit zuhaben...

Die andern die es aus vbriger liebe thuen, die sie zur herschafft tragen, die sind wie Sanct Paul sagt, das sie Eyffer haben, aber nicht nach dem vorstande, sie lieben nicht weislich... Wie einer ein kind liebet vnd vorhengt jhm, sich mit dem zubelüstigen, das yhm zukünfftig schedlich ist, vnd allein das gegenwertige sehen vnd lieben vnd nicht das ende bedencken, die seint strefflicher dann die oben, Darumb sie bedencken mehr, wie die herren reich werden, abs den landen schat, do dencken sie nicht auff, vnd vergessen das so oben gesagt, das die öbirkeit vmb der leute willen ist, vnd nicht die leute vmb der öbirkeit willen, machen also reiche vetter vnd arme kinder, dabey gedeyen die Lande auch nicht. Denn war ists, das die thewre des silbers wenn es hoch vormüntzt wird den herren die beutel füllet, vnd vorwüstet das land, den so bald die geringere Müntz gemacht vnd ausgeben, so fellet der handel, wenn der handel fellet, so fallen die Zölle vnd glayte, vnd das Bergwergk, wenn nu das Bergwergk fellet, so sehen die Fürsten allererst, was sie gethan haben, vnd fellet dann die mennige der leute jm lande, dornach fellet der vortreib, vnd vorterben also die Lande zusehend, wie man sihet jnn allen vmbligenden landen, da gute land sein, vnd allein vorterben der bösen geringen Müntze halben. Man sehe Praga, Regenspurg vnd andere Stete an, da vor handel gewest wie sie jnn armerung komen, Also das auch jtzt das eysenwerck an den alten heusern, den wert der hewser vbertrit.

Es mus sich das land zu Sachssen aus andern landen Bleyes erholen, das allbereit jnn einem theuren kauff ist, Wue nu die Müntze geringer gemacht, wird es noch viel thewer werden, vnd müssen also, alle geringe Bergwerge not wegen ligen bleiben, bey dem kömpt man auch von den güldigen, das meiste aber, so jnn dieser sachen zubetrachten ist, Es sind viel hundertausend gülden schuld vnd widderkeuffe jm lande, die alle mit guter Müntze erkaufft, vnd also zu zalen vorschrieben sein, Solt nu die geringe Müntze einwachssen, so wolt ein merglich zanck enstehen, doraus vnfriede vnd auffrur erwüchsse. Dann es ist an jhm selbst billich, dinget sich auch jnn allen vorschreibungen aus, wann sie gleich halten die bezalung an ganghafftiger Müntze das ein jeder die Müntze der rechten natürlichen wirderung nach, so sie an jhr selbst, vnd von wegen des Silbers hat, widder gebe wie er odder seine vorfahrn dieselbige empfangen, vnd nicht wie mans acht wañ man auch gleich damit jm Lande gefallen, Wue aber demnach die bezalung solt geschehen...

Die dritten, die jhren aigen nutz suchen, mögen die sein, di, der Handel pflegen, Als dann Silber tewer zu sich keuffen müssen die wolten gerne das sie es widder tewer köndten vormüntzen oder vorkeuffen. Auch die so mit der Müntz zuhandeln wissen vnd albereyt bargelt, guter Müntze, bey sich haben, den wechst durch die geringe Müntze, das geld jm kasten, wie vorzeiten mit den Schnebergen geschach, der namen sie zwentzigk vnd einvnd zwentzigk vor einen gülden, vnd gaben darnach der sechszehen vor einen gülden. Vnd bedencken doch nicht, was jhnen vnd andern dargegen abgehet, an den Briuen vnd vorschreibungen, so sie vber die heuptsummen haben, Dann do die selbigen solten nach geringerer Müntze bezalt, vnd gelöset werden, dann wie die Müntze etwan, vnd an jhr selbst gewest, als solche vorschreibung auffgericht, So hette vnd vberkeme ein jder desteweniger, vnd gleich als viel als tausend gůlden Bar geltes guter allter Můntz, durch geringerung, vnd fallen der Můntz der acht nach zu gehet, Also viel wurde tausend gůlden heuptsumma, jnn der vorschreibung, dem rechten wert nach widder abgehen. Nu bedenck ein jder ab es auch můgelich, das jnn einem Lande also viel bar geldes sein kǒndte als derselben vorschriebenen heuptsummē, Darůmb jhe auch, des schadens vnd abgangs doran viel mehr sein mus, deñ des zugangs vnd gewins am baren gelde, Daraus ein jeder leichtlich hat zu ermessen, das alle die jhenigen, die darzu reden, das man mit der Můntze fallen, vnd den Silberkauff erhöhen sol, allein auff jhren aigenen nutz, vnd gar nichts auff gemeinem nachteil achtung geben, Welcher dann auch merglich vnd vnůberwindlichen jnn Erbzinsen wůrde einwachssen vnd vor fallen.

Die vierden seind die, die aus abgunst der jhenen, so jm handel reich werden, gerne wolten, das sie aus dem Lande kemen, da werden vorstanden jnn gleichnus die gerne sehen, das keine Jůden jm Lande weren, domit sie den wucher allein hetten, das seind bǒse leute.

Die letzten seint die, wann sie vorterben, so wolten sie, das andere auch vertůrben...

IV. Wechselformular, Banknote, Scheck 12.—20. Jh.

Zu d. mod. Formularen vgl. außerd.: Krückmann, Rechtsatlas. 4. A. Lpz. 1910.

a) Alter Solawechsel. [18

Cambium[a]) von Genua auf Montpellier 1163.

Chartae Genuenses II, No. 1309; Goldschmidt, Universalgesch. d. Handelsrechts. I[3] (1891), S. 421.

Ego Wil. Gatta profiteor debere tibi Merloni Guaraco libras L mirgonensium, quas...me soluturum Montipesulano promitto tibi vel tuo nuncio [b]) per me vel meum nuncium [c]) infra mensem, postquam illuc mihi assignaveris [d]), cuī velis me illas daturum.

b) Gezogener Wechsel (Tratte, Primawechsel). [19

(1). Rechtsfall im 13. Jh. Studentenwechsel von Montpellier auf Bologna.

Durandi Speculum l. VI, part III gegen Ende (in der Froben-Ausgabe. Basel 1563 fol.), im zweiten Bande, S. 343. — Durantis (Durandus), französischer Kanonist, Rechtslehrer in Modena, † in Rom 1296.

Pone, mercator quidam in Montepessulano residens, misit quandam suam epistolam sociis suis Bononiae residentibus, uel forte scripsit uniuersis sub hac forma:

---

a) Geldremittierungsgeschäft, Rimesse (= mandare a ricevere = remittere). b) aktive Orderklausel. c) passive Orderklausel. d) Ausführung der passiven Orderklausel = mandare a pagare = tra(h)ere (Tracta, Tratte) = Nr. 19—22.

Noueritis me recepisse a tali dante nomine A scholaris Bonon. residentis centum libras Tur., quas promisi [a]) per me et meos socios uel societatem meam reddere Bonon. praefato scholari uel tot lib. Bonō., quae tantundem ualent, habita cambii ratione. Erat autem iste mercator procurator suae societatis. Nunc quaeritur, utrum scholaris possit ex talibus literis agere contra ipsum mercatorem, uel contra eius societatem.

[*Nach mehreren römisch-rechtlichen Versuchen der Bejahung*] Sed etsi dicatur dari condictio ex moribus, uel ex consuetudine, non est reprehensibile: ut C. de consti. pecu. l. II in fi. De consuetudine enim creditur literis sigillatis; praesertim contra sigillantem. Et facit ad hoc quod not. in prae. l. si pupillus .§. item si procura.

20] (2.) Altübliches Formular d)

per *15. April 1882.*

München, den *15. Januar 1882.* Für M. *2618.*—

Am 15. April 1882 zahlen Sie für diesen Prima-Wechsel an die Ordre *von A. Sicher Söhne* c) *in Frankfurt am Main* die Summe von

Mark *Zweitausendsechshundertachtzehn*,

den Wert *erhalten*, und stellen solchen auf Rechnung *laut* Bericht

Herrn *Robert Schwach* b)

Nr. *137* in *Cöln* *August Starke.* a)

Angenommen für 2618 Mark
Cöln, 16. Januar 1882
Robert Schwach b)

a) Aussteller, Trassant („er zieht auf . . ."), Gläubiger. b) Bezogener, Trassat, Acceptant („Querschrift"), Schuldner. c) Remittent, Wechselnehmer („Domizil", „domizilierter Wechsel"). d) auf der Rückseite: Indossanten, Giranten (s. Nr. 21).

21] (3.) Heutiges Formular, s. Anhang.

22] (4.) Die Erfordernisse nach der Wechselordnung v. 3. Juni 1908.

Geht im wesentlichen zurück auf die „Allgemeine Deutsche Wechselordnung" v. 26. Nov. 1848, erlassen in dem damaligen Deutschen Reich (Paulskirche, Reichsverweser Erzherzog Johann), aber in den einzelnen Deutschen Staaten als Landesgesetz, 1869/71 als Reichsgesetz verkündet. Nach der Nov. v. 30. Mai 1908 („Gesetz betr. die Erleichterung des Wechselprotestes") Neuverkündung; RGBl. S. 327. — Komm. v. Staub-Stranz (10. A. Berlin 1909), S. 16.

Art. 4. Die wesentlichen Erfordernisse eines gezogenen Wechsels sind:

1. die in den Wechsel selbst aufzunehmende Bezeichnung als Wechsel oder, wenn der Wechsel in einer fremden Sprache ausgestellt ist, ein jener Bezeichnung entsprechender Ausdruck in der fremden Sprache;
2. die Angabe der zu zahlenden Geldsumme;

a) Im Druck: promisit.

3. der Name der Person oder die Firma, an welche oder an deren Order gezahlt werden soll (des Remittenten);
4. die Angabe der Zeit, zu welcher gezahlt werden soll; die Zahlungszeit kann für die gesamte Geldsumme nur eine u. dieselbe sein und nur festgesetzt werden
   auf einen bestimmten Tag,
   auf Sicht (Vorzeigung, a vista usw.) oder auf eine bestimmte Zeit nach Sicht,
   auf eine bestimmte Zeit nach dem Tage der Ausstellung (nach dato), auf eine Messe oder einen Markt (Meß- oder Marktwechsel);
5. die Unterschrift des Ausstellers (Trassanten) mit seinem Namen oder seiner Firma;
6. die Angabe des Ortes, Monatstages und Jahres der Ausstellung;
7. der Name der Person oder die Firma, welche die Zahlung leisten soll (des Bezogenen oder Trassaten);
8. die Angabe des Ortes, wo die Zahlung geschehen soll; der bei dem Namen oder der Firma des Bezogenen angegebene Ort gilt für den Wechsel, insofern nicht ein eigener Zahlungsort angegeben ist, als Zahlungsort und zugleich als Wohnort des Bezogenen.

c) Goldsmith' Note (Banker's Note) v. 1684. Vorläufer der Banknote. [23

Nach Macleod, Theory and Practice of Banking, 4 th Ed. London 1883, I, 281 bei Birnbaum, Über Checks, in: Zeitschrift f. Handelsrecht 30 (1885), S. 2.

Nov. 28, 1684

Il promise to pay unto the Rt. honble ye Lord North and Grey, or bearer, ninety pounds at demand.

For Mr. Francis Child and myself
Ino. Rogers.

d) Chas Note (Note) v. 1688. Vorläufer des Schecks. [24

Ib. S. 3.

To Mr. Child and Mr. Rogers. Jule 20 th, 1688

Pray pay unto the honorable Dudley North, or bearer, the sum of one thousand pounds, and be pleased to place it to the account of Your friend and servant
Yarmouth.

e) Heutiges Scheckformular s. Anhang. [25

V. Das sog. Gresham'sche Gesetz. [26

Der Satz, daß schlechtes Geld das gute zum Lande hinaustreibe, wird gewöhnlich nach dem Londoner Großkaufmann Sir Thomas Gresham benannt, der unter Königin Elisabeth als Finanzratgeber eine Rolle spielte (und namentlich als Begründer der Londoner Börse bekannt wurde). Es scheint, daß diese Namengebung ausschließlich auf H. D. Macleód zurückgeht (vgl. Encycl. Britannica 11. Aufl. Cambridge 1910, XII, 583, s. v. Gresham's Law: „bad money drives out good"). In Wirklichkeit ist wohl der Satz inhaltlich stets bekannt gewesen, und es kann sich nur um die ausgesprochene Formulierung handeln. Gerade diese aber finden wir bei Gresham nicht; jene Zuspitzung seiner Darlegungen rührt vielmehr von Macleod her. Zur Veranschaulichung schicken wir diesen beiden (29, 30) den Auszug (27, 28) aus einem früher niedergeschriebenen englischen Dialog voran.

a) Die Gespräche des Edelmanns (1549/81). [27

William Staffords drei Gespräche über die in der Bevölkerung verbreiteten Klagen. Übers. v. Dr. Hoops u. hrsg. v. E. Leser. Leipzig 1895 (= Sammlung staatswiss. Schriften, hrsg. v. Brentano u. Leser, 5) S. 107/9 (vgl. S. 186). — Titel des ersten Druckes: A compendious or briefe examination of certayne ordinary complaints of divers of our countrymen in these our dayes; which, although they are in some part unjust and frivolous, yet they are all by way of dialogues throughly debated an discursed by W. S. Gentleman. London 1581. 4°. — Zahlreiche spätere Drucke.

Die Anfangsbuchstaben des ersten Druckes wurden in der Regel auf einen W(illiam) S(tafford) gedeutet. Die Streitfragen über dessen Persönlichkeit können auf sich beruhen bleiben, seitdem Elisabeth Lamond (Engl. Hist. Review 6 (1891), S. 284—305) den Nachweis geführt hat, daß es Handschriften des Buches gibt, die älter sind, als der Druck, und daß W. S. nicht den Verfasser, sondern nur den Herausgeber bezeichnet. Verfasser ist nach ihr John Hales († 1571), der unter Heinrich VIII. und unter Eduard VI. Sekretär im Exchequer war. Frl. L. veranstaltete auf Grund der Handschriften eine neue Ausgabe, die nach ihrem Tode unter dem Titel „A Discourse of the common weal af this realm of England" von W. Cunningham veröffentlicht wurde (Cambridge 1893). Die deutsche Übersetzung geht selbständig auf die Handschriften zurück, gibt einen vollständigen Lesarten-Apparat und setzt die ursprüngliche Abfassung auf (wahrscheinlich) Herbst 1549 an. — Die nachfolgende Stelle findet sich nicht in den üblichen Drucken, sondern nur (nach den Handschriften) bei Lamond und bei Leser.

Die Hauptpersonen in dem Gesprächswerke (für das der Autorname Stafford ohne Irreführung nicht mehr beibehalten werden kann) sind der Doktor, der zwischen den verschiedenen Erwerbsständen die entscheidenden Ausführungen macht, und der Edelmann, dem ursprünglich die Erzählung über die Gespräche in den Mund gelegt war.

Das dritte Gespräch hat als Grund der Teuerung gefunden, daß Heinrich VIII. — S. 105⁴ — mit der Ausgabe minderwertiger Münze begann, und es handelt sich nun darum, das Heilmittel zu finden. [28

Doktor. ... Ich meine, daß alles jetzt gültige Geld nach einem bestimmten Tage nicht mehr gültig sein soll, außer wie die Leute es zu nehmen bereit sind, nämlich nach dem Werte des Materials, und daß nur das alte Geld oder neues von gleichem Werte, Gehalt und Namen von da an gültig sein soll; und so würde das Geld vollständig wieder auf die alte Güte und den alten Wert gebracht werden.

Edelmann. Das ist nicht mit allem Gelde in diesem Reiche ganz auf einmal möglich, wenn es nicht nach und nach verbessert wird, etwas dies Jahr und das nächste Jahr wieder etwas.

D. Wie meint Ihr das?

E. Ich meine so, daß der Grot in diesem Jahr um einen halben Penny und im nächsten Jahr wieder um einen halben verbessert würde.

D. Gott bewahre uns davor, daß Ihr dem Könige ratet, das zu tun; denn das würde ein Mittel sein (wie es tatsächlich schon gewesen ist), um den König in Kosten zu stürzen, und die Sache selbst würde damit nicht ein bißchen verbessert sein.

E. Wieso?

D. Nun, das will ich Euch sagen. Zunächst einmal denkt es Euch in folgender Weise. Wenn der König, so lange noch dieses Geld, das wir jetzt haben, gültig ist, sein neues Geld, welches er von jetzt an prägt, um einen Teil, z. B. einen Penny oder einen halben Penny das Stück verbessern wollte, so werdet Ihr selbst zugeben, daß dieses Geld, wenn es unter das Publikum kommt, seinem wahren Werte nach um einen Penny oder einen halben Penny besser ist als das andere, das wir jetzt haben.

E. Ja, ohne Zweifel.

D. Und wird nicht das andere, alte Geld im Publikum ebenso gültig sein wie dieses?

E. Ja.

D. Wohlan denn, wenn Goldschmiede, Kaufleute und andere Personen, die sich auf Metall verstehen, bemerken, daß der eine Grot besser als der andere ist, und daß sie doch für den schlechteren Grot ebensoviel wie für den bessern erhalten können, werden sie da den bessern Grot nicht immer zurücklegen und zu einem andern Zwecke verwenden und dafür den schlechtern wieder ausgeben, da er im Publikum ebenso gangbar ist? Ja, ohne Zweifel; ebenso wie sie es kürzlich mit dem neuen Golde gemacht haben. Denn als sie bemerkten, daß die neuen Goldmünzen besser seien als die neuen Silbermünzen, welche gemacht waren, um mit jenen gleichwertig zu sein, da sammelten sie alles Gold, sobald es aus der Münze kam und legten es zu andern Zwecken beiseite; und infolgedessen ist jetzt nur wenig neues Gold im Umlauf neben dem von alters vorhandenen. (Und so ist Seine Königliche Hoheit um sein Geld betrogen, und die beabsichtigte Sache ist durchaus nicht durchgeführt: und das alles kommt daher, weil zwischen den Münzen nicht das gehörige Verhältnis eingehalten wird, indem die eine verhältnismäßig besser ist als die andere...

29] b) Gresham (1558).

Information of Sir Thomas Gresham, Mercer, towching the fall of the exchainge, MDLVIII. To the Quenes most excellant maiestye, in: J. W. Burgon, The Life and Times of Sir Thomas Gresham. London 1839, I., S. 483 (vgl. dazu S. 233) und anscheinend danach abgedruckt von Laveleye: Jahrbücher f. Nationalök. u. Statistik 38 (1882), 117—119.

Eure Majestät wollen geruhen zu vernehmen, daß der erste Anlaß für das Sinken des Wechselkurses sich ereignete, als des Königs Majestät, Euer hochseliger Vater den Feingehalt seiner Münze von 6 auf 3 Unzen herabsetzte. Daraufhin fiel der Wechselkurs von 26 s 8 d[a]) auf 13 s 4 d[a]). Das war der Anlaß, daß all Euer fein Gold aus Eurem Königreich geführt wurde...

Um die Übelstände zu beseitigen, berief mich im Jahre 1551 des Königs Majestät, Euer hochseliger Bruder, als seinen Agenten. Sowohl für die Bezahlung seiner überseeischen Schulden, als für die Hebung des Wechselkurses setzte er sein volles Vertrauen auf mich. Der Kurs stand damals auf 15—16 s[a]) für 1 £; und die englische Kurantmünze hatte, wie auch jetzt noch, nur einen Wert von noch nicht 10 s[b]). [*Folgen 1. und 2. seine Ratschläge betr. Stahlhof der Hansen und Zolleinnahmen, auf die G. das Ansteigen des Wechselkurses bis 23 s 4 d zurückführt; sodann 3. und 4:*]

Gleicherweise veranlaßte ich, daß alle auswärtigen Münzen für kraftlos erklärt wurden. Infolge dessen wurden sie in die Münzstätte gebracht zu Seiner Majestät größtem Vorteil. Zu dieser Zeit starb der König, Euer Bruder, und, zur Belohnung für meine Dienste, suchte der Bischof von Winchester mich abzutun, und was ich auch in diesen Dingen sagte, es sollte mir nicht geglaubt werden. Und aller Vernunft zuwider ging besagter Bischof hin und gab der französischen Krone einen festen Wert von 6 s 4 d, der Pistole von 6 s 2 d, der Silberreale von 6 d[b]). Die Folge war, daß sofort der Wechselkurs auf 21 s und 20 s 6 d[a]) sank, und so ist er seitdem geblieben...

Und so wollen Euere Hoheit deutlich sehen, wie der Wechselkurs das Ding ist, das Fürsten frißt bis zur völligen Vernichtung ihres Reichs, wenn nicht sachkundig darauf geachtet wird. Gleicherweise aber ist auch der Wechselkurs das fürnehmste und reichste Ding über alle anderen, Eurer Majestät und dem Königreiche wieder Gold und Silber zu schaffen, und ist das Mittel, das alle auswärtigen und die eigenen Waren mit samt allen Lebensmitteln baß billig macht und gleicherweise Euer fein Gold und Silber im Lande hält. So, um Euerer Hoheit ein Beispiel zu nennen: Wäre der Wechselkurs gegenwärtig 22 s[a]), so würden alle Kaufleute suchen, fein Gold und Silber in Euer Königreich zu bringen. Denn wenn einer mit Wechseln zahlen sollte, so müßte er 22 s flämisch aufwenden, um 20 s Sterling[c]) zu erhalten; bringt er es

a) flämisch. b) englisch. c) in Wechseln auf London.

aber in Gold und Silber her, so kann er es mit 21 s 4 d[a]) tun, wobei er 8 d[a]) an 1 £[b]) spart. Bei solchem Gewinn, wenn der Wechselkurs auch nachher auf 22 s bleibt, werden Eure Majestät in ein paar Jahren ein reiches Land haben. Denn hier wird der Reichtum dann auch für ewig bleiben; denn bei uns würde dann jedermann einen Vorteil von 5 % [?] finden, Zahlungen nach dem Auslande seinerseits lieber in Wechseln zu machen, als bares Geld hinüberzuschicken. Je höher also der Wechselkurs steigt, desto mehr werden Euerer Majestät Königreich und Gemeinwesen blühen. Alles das ist nur zu erreichen mit guter Kunst und Gottes Hilfe. Denn augenblicklich hat in Eurer Majestät Königreich die Münze einen Feingehalt von noch nicht 10 s in 1 £.

Endlich: wolle es Euerer Majestät gefallen, Euer Königreich wieder in den Zustand zu bringen, wie es früher war; so hat erstlich Euere Hoheit keinen anderen Weg, als, sobald Zeit und Gelegenheit da ist, die jetzt geringwertige Münze wieder auf 11 Unzen fein zu bringen, und ebenso Gold zu dem entsprechenden Satze...

c) Macleod. [30

Dictionnary of political economy (London 1863), S. 464.

...Drei Tage nach der Thronbesteigung wurde dieser hervorragende Kaufmann durch Cecil der Königin vorgestellt. Diese verwendete ihn alsbald zu Verhandlungen über eine Anleihe, die bei dem erschöpften Zustande des Staatsschatzes, wie ihn die Königin Maria hinterlassen hatte, sich als notwendig erwies. Vor der Abreise nach Flandern schrieb er noch einen Beratungsbrief an die Königin und setzte unter anderem auseinander, wie die gute Münze aus dem Umlauf verschwunden war. Die Ursache fand er in der Münzeverschlechterung Heinrichs VIII. So scheint er der erste gewesen zu sein, der klar aussprach, daß die Herausbringung einer geringeren Münze das Verschwinden der guten zur Folge hat. Daher können wir diesen Satz mit Recht das Greshamsche Gesetz nennen („Gresham's Law of the currency"). Eindringlich empfahl er der Königin die Münze auf ihren früheren Feingehalt zurückzubringen, und in Übereinstimmung mit seinem Rate machte sie sich alsbald ernstlich ans Werk.

VI. Die Verbesserung der Quantitätstheorie durch Locke und Hume. [31

Die Quantitätstheorie hat im Laufe des 17. und 18. Jh. durch zwei englische Philosophen eine feinere Ausgestaltung erfahren: Locke († 1704) und Hume († 1776). Die folgenden Auszüge bezwecken nicht, eine Gesamtanschauung ihrer Geldtheorien zu geben

a) flämisch. b) englisch.

(keine von beiden ist als in sich einheitlich anerkannt), ***sondern beschränken sich auf die Stellen, die dartun, in welchen Beziehungen sie über die ganz rohe Vorstellung, als ob das bloße Quantum des Geldes über die Preise entscheide, fortgeschritten sind.***

32] a) Locke (1691).

Some considerations of the consequences of the lowering of interest and raising the value of money. In a letter sent to a member of parliament 1691. — Zahlreiche Ausgaben. In der „2 d Ed. corrected" (London 1696, Taschen-8°), S. 33–42; Works in 10 volumes (11 th ed. London 1812), 5, S. 23—28.

... Jedermann muß wenigstens so viel Geld vorrätig halten (oder sich zeitig genug beschaffen), daß er die Leute, die ihn mit dem Bedarf für seinen Lebensunterhalt oder sein Gewerbe versorgen, sofort oder in ganz kurzer Zeit befriedigen kann. Denn niemand bezieht diese notwendigen Lieferungen länger, als er Geld hat (oder Kredit, was aber nichts anderes ist, als die Zusicherung von Geld binnen irgendeiner kurz bemessenen Zeit). Die Quantität Geldes, die das gewerbliche Leben erfordert, ist also so groß, wie nötig ist, um den Forderungen der Grundeigentümer, der Arbeiter und der Händler die Wage zu halten; und daher muß bares Geld beständig gegen Waren und Arbeit umgesetzt werden, sei es Zug um Zug, sei es mit kurzem Zwischenraum.

Das beweist, daß zwischen der Quantität des Geldes und dem Umfang des gewerblichen Lebens irgend ein notwendiges Verhältnis bestehen muß. Aber welches Verhältnis, das ist schwer zu bestimmen. Denn es hängt nicht glatt von der Quantität des Geldes ab, sondern auch von der Schnelligkeit seines Umlaufes. Derselbe Schilling kann einmal in 20 Tagen zu Zahlungen an 20 Leute verwendet werden, ein andermal 100 Tage in derselben Hand verbleiben. Das macht jede exakte Schätzung des Geldquantums unmöglich, das dem gewerblichen Leben erforderlich ist. Um zu einer plausiblen Vermutung zu gelangen, müssen wir uns mit Erwägungen darüber begnügen, wie viel Geld der Einzelne zum Fortbetriebe seines Gewerbes vorrätig halten muß ...

... Man wird die erforderliche Quantität Geldes für den Fortbetrieb des gewerblichen Lebens in einem Lande schwerlich auf weniger ansetzen können als 1/50 des Arbeitslohnes, 1/4 der Jahresrente der Grundeigentümer und 1/20 der jährlichen baren Einnahme der Händler. Mindestens, um den ausnahmslos niedrigsten Betrag zu nennen, wird man sich nicht vorstellen können, daß weniger als die Hälfte davon ausreichen könnte ...

33] b) Hume (1742).

Essays moral, political and literary, London 1742 u. ö. Schilling-Ausg.: 'The World's Classics' 33 (London, Frowde). Auch in den verschiedenen Ausgaben seiner sämtlichen Werke (zuletzt v. Green & Grose. London 1907). —

Deutsche Übersetzungen der Essays: Hamburg 1754; Tennemann, Jena 1793; Chr. Aug. Fischer, Leipz. 1795; C. J. Kraus, Königsberg 1800 (u. in K.s Vermischte Schriften 7, 1813, — hieraus die nachfolgenden Auszüge) und Niedermüller, Leipzig 1877.

Vom Gelde.

... I. Es war eine schlaue Bemerkung des Scythen Anacharsis[1]), der in seinem Vaterlande niemals Geld gesehen hatte, daß ihm vorkäme, als ob Gold und Silber den Griechen zu weiter nichts nützte, als ihnen das Zählen und Rechnen zu erleichtern. Es ist allerdings offenbar, daß Geld weiter nichts als der Stellvertreter von Waren und Arbeit ist, und bloß ein Mittel abgibt selbige zu schätzen und zu vergleichen. Wo Münze in größerer Menge vorhanden ist, da wird auch eine größere Menge davon erfordert, um eben dieselbe Quantität von Gütern vorzustellen; und es kann also die größere Geldmenge, wenn man ein Volk für sich allein nimmt, von keinen Folgen, weder guten noch schlimmen sein; ebensowenig als es eine Änderung in den Büchern eines Kaufmanns machen würde, wenn er, anstatt der arabischen Ziffern, die nur wenige Züge erfordern, sich der römischen Zahlzeichen, die deren viele erfordern, bedienen wollte. Ja die größere Geldmenge ist, gleich der römischen Zahlschrift, unbequemer, und macht bei dem Verwahren sowohl als bei dem Versenden mehr Beschwerde. Aber ungeachtet dieses Schlusses, dessen Richtigkeit man einräumen muß, ist es gewiß, daß, seit der Entdeckung der amerikanischen Bergwerke, die Betriebsamkeit bei allen europäischen Nationen, nur nicht bei den Besitzern jener Bergwerke, zugenommen hat; und mit Recht kann dies, unter andern Ursachen, vornehmlich der Zunahme von Gold und Silber zugeschrieben werden. Auch finden wir demgemäß, daß in jedem Reiche, welchem Geld in größerer Menge als vormals zuzufließen anfängt, alles eine neue Gestalt bekommt; Arbeit und Betriebsamkeit leben auf; der Kaufmann wird unternehmender; der Manufakturist emsiger und geschickter; und selbst der Bauer folgt seinem Pfluge mit größerer Munterkeit und Aufmerksamkeit. Von dieser Erscheinung ist es nicht leicht den Grund einzusehen, wenn man bloß jene Wirkung betrachtet, die ein größerer Geldvorrat in dem Lande selbst hat, den Preis der Waren zu erhöhen, und einen jeden zu nötigen, eine größere Anzahl von jenen gelben und weißen Stücken für alles, was er einkauft, zu bezahlen. Und was den ausländischen Handel betrifft, so zeigt sich eine größere Geldmenge, da sie den Preis aller Arten von Arbeit steigert, eher nachteilig.

Um also diese Erscheinung zu erklären, müssen wir bedenken, daß der hohe Preis von Waren, obschon er eine notwendige Folge

---

[1]) Plutarch. Quomodo quis suos profectus in virtute sentire possit.

von der Zunahme des Goldes und Silbers ist, dennoch nicht gleich unmittelbar nach dieser Zunahme eintritt, sondern daß einige Zeit dazu gehört, bis das Geld durch den ganzen Staat umläuft, und seine Wirkung allen Klassen des Volks fühlbar macht. Anfänglich wird keine Veränderung gespürt; nach und nach steigt der Preis erst von einer Ware, dann von der andern, bis zuletzt alles sich in ein richtiges Verhältnis zu der im Lande vorhandenen neuen Quantität von Barschaft stellt. Bloß in dieser Zwischenzeit oder mittleren Lage, zwischen der Erwerbung des Geldes und dem Steigen der Preise, ist, meines Erachtens, die Zunahme von Gold und Silber für die Betriebsamkeit günstig. Wenn irgend eine Quantität Geldes in ein Land eingeführt wird, so ist es anfangs nicht in vielen Händen zerstreut, sondern liegt in den Kisten einiger weniger Personen, die es unverzüglich auf das vorteilhafteste anzuwenden suchen. Hier sind, wollen wir annehmen, einige Manfakturisten oder Kaufleute, die für ihre nach Cadix gesandten Güter den Wert in Gold und Silber zurück erhalten haben. Sie sind dadurch in den Stand gesetzt, mehr Arbeiter als vorher zu beschäftigen, die es sich nicht einfallen lassen, höhern Lohn zu verlangen, sondern froh sind, bei so guten Zahlern untergekommen zu sein. Werden die Arbeiter knapp, so gibt der Manufakturist höhern Lohn, fordert aber auch anfangs dafür mehr Arbeit; und dazu bequemt sich der Werkmann gern, der nun, zum Ersatz für seine vermehrte Mühe und Plage, besser essen und trinken kann. Er geht mit seinem Gelde auf den Markt, wo er alles zu demselben Preise, wie vormals, findet; aber er kehrt nun mit mehrern und besseren Sachen zum Gebrauch für seine Familie nach Hause. Der Landwirt und Gärtner, da sie finden, daß alle ihre Waren Abgang haben, befleißigen sich mit Eifer, größere Vorräte zu schaffen; und zugleich sind sie imstande, bessere und mehrere Zeuge von ihren Kaufleuten zu nehmen, die ihnen alles für denselben Preis, wie vorher, lassen, und durch so vielen neuen Verdienst nur desto betriebsamer in ihrem Gewerbe werden. Es ist leicht, das Geld in seinem Gange durch die ganze Gesellschaft zu verfolgen; wo man immer finden wird, daß es erst die Emsigkeit eines jeden beleben muß, bevor es den Preis der Arbeit erhöhen kann.

Und daß die Barschaft bis zu einem ansehnlichen Betrage zunehmen kann, ehe sie diese letztere Wirkung hervorbringt, erhellt unter andern Beispielen aus den häufigen Münzveränderungen der Könige von Frankreich, wo sich immer fand, daß die Erhöhung des Zahlwerts keinen verhältnismäßigen Aufschlag in den Preisen, wenigstens einige Zeit lang, nach sich zog...

II. ... Die Preise hängen nicht sowohl von der absoluten Menge der Waren und des Geldes ab, welche bei einer Nation vorhanden sind, als vielmehr von der Menge derjenigen Waren, welche zu Markt kommen oder kommen können, und desjenigen Geldes, welches umläuft. Wird die Münze in Kisten eingeschlossen, so ist es, in Absicht auf die Preise, dasselbe, als ob sie vernichtet wäre. Und werden die Waren in Magazinen und Vorratshäusern aufbewahrt, so haben sie ebensowenig auf die Preise den geringsten Einfluß. Da in diesen Fällen das Geld und die Waren nie zusammenkommen, so können sie auch nicht aufeinander wirken. Bei allen Mutmaßungen, betreffend den Getreidepreis, ist das Korn, welches der Landmann zur Saat und zu seinem und seiner Familie Unterhalt zurückbehalten muß, niemals mit in Anschlag zu bringen. Nur der Überschuß, verglichen mit der Nachfrage, ist es, was den Wert bestimmt.

Um diese Grundsätze anzuwenden, muß man bedenken, daß in den ersten und rohen Zeiten eines jeden Staats, ehe die Phantasie ihre Bedürfnisse mit den Bedürfnissen der Natur vermengt hat, die Menschen, zufrieden mit den Erzeugnissen ihres eigenen Bodens, oder mit der rohen Zubereitung, die sie denselben zu geben wissen, wenig Anlaß zum Tausch haben, zumal gegen Geld, welches durch Übereinkunft das gemeine Tauschmaß ist. Die Wolle von des Landmanns eigner Herde, gesponnen von seiner eignen Familie, und gewirkt von einem benachbarten Weber, der seine Bezahlung in Korn oder Wolle bekommt, ist zur Kleidung und zum Hauswesen hinreichend. Der Zimmermann, der Schmied, der Maurer, der Schneider werden um Lohn von derselben Art gedungen; und der in der Nachbarschaft wohnende Landeigner selbst ist zufrieden, seine Arrende in Naturalien zu erhalten, die der Pächter erzielt hat. Den größeren Teil derselben verbraucht er selbst daheim, in ländlicher Gastfreiheit; den Rest setzt er vielleicht gegen Geld in der benachbarten Stadt ab, aus welcher er die wenigen Artikel seines Aufwandes und Wohllebens zieht.

Aber nachdem die Menschen anfangen über alle diese Genüsse zu raffinieren, und nicht immer zu Hause leben, noch sich mit dem, was in ihrer Nachbarschaft aufzutreiben ist, begnügen, entsteht mehr Umsatz und Handel von aller Art, und bei dem Umsatze tritt mehr Geld ein. Die Handwerker wollen nicht in Korn bezahlt sein, weil sie etwas mehreres brauchen, als bloß zu essen. Der Landmann geht nach den Waren, die er verlangt, über die Grenzen seines Kirchspiels hinaus, und kann nun seine Waren nicht immer dem Kaufmann zubringen, bei dem er seinen Einkauf macht. Der Gutsherr wohnt in der Hauptstadt, oder in der Fremde, und fordert seine Arrende in Gold und Silber, welches ihm leichter übermacht werden kann. Es stehen große Unternehmer und Manufakturisten und Kaufleute in allen Arten von Waren auf, und diese können ihre Geschäfte nicht füglich anders als mit barem Gelde betreiben. Bei dieser Lage der Gesellschaft also tritt Münze in viel mehrere Kontrakte ein und wird sonach weit häufiger angewandt, als bei der vorigen.

Die notwendige Folge davon ist, daß, wofern der Geldvorrat in der Nation nicht zunimmt, alles viel wohlfeiler in Zeiten der Betriebsamkeit und Verfeinerung werden muß, als in rohen unausgebildeten Zeiten. Das Verhältnis zwischen dem umlaufenden Gelde und den zu Markt kommenden Waren ist es, was die Preise bestimmt. Güter, die daheim verbraucht oder gegen andere Güter in der Nachbarschaft vertauscht werden, kommen nie zu Markt; sie wirken nicht im mindesten auf das umlaufende Geld, in Ansehung dessen sie so gut wie gar nicht vorhanden sind; und folglich senkt diese Verwendungsart derselben das Verhältnis auf seiten der Waren und erhöht die Preise. Aber nachdem Geld in alle Kontrakte und Umsätze eintritt und überall das Tauschmaß abgibt, bekommt eben dieselbe Nationalbarschaft weit mehr zu bestreiten; dann werden alle Waren feilgeboten; die Sphäre des Umlaufs wird erweitert; es ist nicht anders, als ob dieselbe Summe einem größeren Reiche dienen sollte: und da sonach das Verhältnis auf seiten des Geldes vermindert wird, so müssen alle Dinge wohlfeiler werden und die Preise allmählich fallen.

... Die absolute Quantität der edeln Metalle ist eine Sache von großer Gleichgültigkeit. Nur zwei Umstände sind von einigem Gewicht, nämlich ihre allmähliche Zunahme und ihr durchgängiger Vertrieb und Umlauf durch den Staatskörper...

Von der Handelsbalanz.

... Noch immer herrscht, selbst bei Nationen, die sich auf den Handel sehr wohl verstehen, eine starke Eifersucht in Ansehung der Handelsbalanz, und eine Furcht, daß sie um all ihr Gold und Silber kommen könnten. Diese Besorgnis scheint mir, fast in jedem Fall, grundlos zu sein, und ich möchte eben so bald fürchten, daß alle unsere Quellen und Ströme sich erschöpfen ließen, als daß ein Reich, welches Menschen und Betriebsamkeit hat, von Geld entblößt werden könnte. Laßt uns sorgfältig diese letztern Vorteile bewahren, und wir brauchen nie besorgt zu sein, daß wir den erstern verlieren werden.

... Mit dieser Besorgnis wegen der nachteiligen Handelsbalanz ist es so eigen bewandt, daß sie jeden anwandelt, so bald er irgend mißvergnügt über das Ministerium oder in mutloser Geistesstimmung ist; und da sie durch eine pünktliche Aufzählung aller Ausfuhren, die den Einfuhren die Wage halten, sich niemals widerlegen läßt, so wird es dienlich sein, ein allgemeines Argument aufzustellen, welches beweisen mag, daß jenes Ereignis, so lange wir unsere Volksmenge und unsere Betriebsamkeit behalten, unmöglich ist.

Gesetzt, 4/5 von allem Gelde in Großbritannien verschwänden in einer Nacht, und die Nation käme, was Barschaft betrifft, in denselben Stand zurück, worin sie sich unter den Regierungen der Heinriche und Eduarde befand; was würde die Folge sein? Müßten nicht die Preise aller Arbeit und Waren verhältnismäßig fallen, und alles eben so wohlfeil werden, als es in jenen Zeiten war? Welche Nation könnte dann auf irgend einem fremden Markt gegen uns aufkommen, oder in dem Betriebe der Schiffahrt und in dem Verkauf der Manufakturen bei dem nämlichen Preise bestehen, bei welchem wir noch einen hinlänglichen Profit haben würden? In wie kurzer Zeit also müßte dieses den Geldvorrat, welchen wir verloren hätten, wieder zurückbringen, und uns zu dem Richtstande mit den sämtlichen benachbarten Nationen erheben? Wo, nachdem wir angelangt sind, der Vorteil von der Wohlfeilheit der Waren und Arbeit auf der Stelle für uns verloren geht, und das fernere Einfließen des Geldes durch unsere Anfüllung und Sättigung gehemmt wird.

Wiederum, gesetzt, alles Geld von Großbritannien werde in einer Nacht 5mal vervielfältigt; müßte nicht die entgegengesetzte Wirkung erfolgen? Müßten nicht alle Arbeit und Waren zu einer so übermäßigen Höhe steigen, daß keine der benachbarten Nationen imstande wäre von uns zu kaufen; während ihre Waren, in Vergleichung gegen die unserigen, so wohlfeil geworden wären, daß sie, trotz aller Gesetze, die man dagegen machen möchte, uns überschwemmen würden, und unser Geld ausfließen müßte, bis wir zu einem Richtstande mit den Feinden herabfallen und jene große Überlegenheit an Barschaft verlieren, die uns solche Nachteile zugezogen hatte?

Nun ist es einleuchtend, daß die nämliche Ursache, welche diesen übermäßigen Ungleichheiten, falls sie durch ein Wunder entständen, abhelfen würde, selbigen auch, sofern sie nach dem gemeinen Lauf der Natur entstehen könnten, vorbeugen, und Geld unter allen Völkern nahe in Proportion zu jedes Volkes Kunst und Betriebsamkeit auf immer erhalten muß. Alles Wasser, wo es nur irgend Gemeinschaft hat, bleibt allemal in einem Richtstande. Man frage Naturforscher um die Ursache; sie werden sagen, daß, wenn es an irgendeiner Stelle erhöhet würde, dieser Teil, der nun kein Gegengewicht hätte, durch die Schwere niedergedrückt werden würde, bis er ein Gegengewicht fände; und daß dieselbe Ursache, welche der Ungleichheit, wann sie sich ereignet, abhilft, auf immer die Ungleichheit verhütet, ohne daß es einer gewaltsamen äußern Einwirkung bedarf [1]).

[1]) Es gibt noch eine andere, obgleich in ihrer Wirkung viel beschränktere Ursache, welche der nachteiligen Handelsbalanz Einhalt tut. Führen wir mehr Waren ein, als wir ausführen, so wendet sich der Wechselkurs gegen uns, und

Kann man sich einbilden, daß es jemals möglich gewesen wäre, durch Gesetze, oder selbst durch alle Kunst und Gewerbsamkeit, das gesamte Geld, welches die Gallionen aus Amerika nach Spanien gebracht haben, in Spanien zu behalten? Oder daß alle Waren in Frankreich um 1/10 des Preises feil sein könnten, den sie auf der andern Seite der Pyrenäen gölten, ohne einen Weg dorthin zu finden und von jenem unermeßlichen Schatze etwas abzuzapfen? Was für eine andere Ursache gibt es denn in der Tat, warum alle Nationen gegenwärtig in ihrem Handel mit Spanien und Portugal gewinnen, als, weil es eben so unmöglich ist Geld, als irgend eine Flüssigkeit, über ihren gehörigen Richtstand aufzutürmen? Die Beherrscher dieser Länder haben gezeigt, daß es ihnen nicht an Neigung gefehlt habe, ihr Gold und Silber für sich zu behalten, wäre es nur auf irgendeine Weise tunlich gewesen.

Aber wie eine Wassermasse über den Richtstand des Elements, wovon sie umgeben ist, erhoben werden kann, wenn sie keine Gemeinschaft mit diesem letztern hat, so ist es auch mit dem Gelde, wenn durch irgendein physisches Hindernis (denn Gesetze allein sind dazu niemals wirksam genug) die Gemeinschaft zwischen verschiedenen Völkern abgeschnitten ist; es kann in solchem Fall unter ihnen eine große Ungleichheit an Gelde statthaben. So werden, indem der unermeßliche Abstand von China, samt den Monopolien unserer indischen Kompanien, die Gemeinschaft hemmt, in Europa das Gold und Silber, zumal das letztere, in viel größerer Fülle bewahrt, als sie in jenem Reich angetroffen werden . . .

Wodurch erhält sich die Balanz in den Provinzen jedes Reichs untereinander, als durch die Macht dieses Prinzips, vermöge dessen es dem Gelde unmöglich ist, seinen Richtstand zu verlieren, und über oder unter die Proportion der Arbeit und Waren, welche in jeder Provinz vorhanden sind, zu steigen oder zu sinken? Beruhigte lange Erfahrung die Menschen nicht über diesen Punkt; auf was für einen Haufen von finstern Gedanken müßte ein schwermütiger Yorkshirer bei Berechnungen geraten, wenn er die Summen, welche durch Auflagen, durch Waren, und durch Reisen nach London gezogen werden, überschlüge, und in Vergleichung damit die entgegengesetzten Artikel so überaus viel geringer fände? . . . Unter den Engländern herrschte, vor der Union, wie der Abbé du Bos [1]) erzählt, eine allgemeine Besorgnis, daß ihnen Schottland, wenn ein offener Handelsverkehr gestattet würde, bald ihrer

---

dadurch entsteht eine neue Aufmunterung zur Ausfuhr. Indessen kann der Wechselkurs niemals höher steigen, als ein wenig über die Summe, auf welche sich die Kosten der Fracht und Assekuranz des Geldes, welches zu bezahlen ist, belaufen würden.

[1]) Les intérêts d'Angleterre mal entendus.

Schatz abzapfen möchte; und auf der andern Seite der Tweed unter den Schotten hegte man eine entgegengesetzte Besorgnis: mit welchem Recht auf beiden Seiten, hat die Zeit gelehrt.

Was bei kleinen Abteilungen des Menschengeschlechts eintrifft, muß auch bei größeren statthaben. . .

VII. Die gangbare Geldtheorie des Merkantilismus. Justi. [34

J. H. G. v. Justi, Staatswirthschaft oder Systematische Abhandlung aller Oekonomischen und Cameral-Wissenschaften, die zur Regierung eines Landes erfodert werden. In zween Theilen ausgefertiget. Erster Theil, Welcher die Lehre von Erhaltung und Vermehrung des Vermögens des Staats, und mithin die Staatskunst, die Policey- und Commercien-Wissenschaft nebst der Haushaltungskunst in sich begreift. Zweyte stark vermehrte Auflage. Mit Königl. Poln. und Churfürstl. Sächs. allergnädigsten Privilegio. Leipzig, Verlegts Bernhard Christoph Breitkopf. 1758.

Zur Erklärung vgl. Jastrow, D. begriffliche Bildung u. d. Studium d. Nationalök., in der Zeitschrift „Das humanist. Gymnasium", 22 (1911), S. 30—32.

Erstes Buch, Zweite Abt. Von dem Reichtume des Staats.

Was der Reichtum des Landes sei. § 125. . . . Man versteht unter dem Reichtume des Landes eine genugsame Menge darinnen befindlicher Güter, die zur Notdurft und Bequemlichkeit des Lebens erfordert werden, und vermittelst welcher die Untertanen durch Fleiß und Arbeit ihre gute Nahrung finden können.

Ein Land, das keine Gemeinschaft mit andern hat, kann ohne Gold und Silber reich sein. § 126. Der Reichtum besteht also eigentlich in denjenigen Gütern, die nach der jedesmaligen Beschaffenheit und Lebensart der Welt zur Nahrung, Bekleidung, Wohnung und allen anderen Arten der menschlichen Notdurft und Bequemlichkeit gebraucht werden: und wenn es möglich wäre, daß ein Land alle diese Güter in genugsamer Menge in sich selbst hervorbrächte und keinen Zusammenhang und Geschäfte, welche die Ein- und Ausfuhr gewisser Güter nötig machen, mit andern Völkern hätte: so würde man ein solches Land allerdings reich nennen müssen, obgleich keine Spur von Gold und Silber darinnen angetroffen würde [1]). Allein,

[1]) Dieses ist so wahr, daß auch noch heutiges Tages, da man Gold und Silber zum höchsten Werte der Dinge angenommen hat, dennoch das hauptsächlichste des Reichtums auf die Menge von Gütern ankömmt und auf ihren von den Menschen bestimmten Wert. Ein Land, das sich durch seinen Fleiß eine größre Menge von Gütern verschafft, wird auch eine größere Menge von Gold und Silber durch die Kommerzien bald an sich ziehen. Da hingegen ein Land, das viel Gold und Silber, aber wegen seiner Faulheit wenig Güter hat, auch diesen scheinbaren Reichtum bald verlieren wird. Spanien kann uns hier statt aller Beispiele dienen. Bei der ungeheuren Menge von Gold und

Allein der heutige Zustand der Welt erfordert ein allgemeines Vergütungsmittel aller Güter.

kein Land, besonders in unserm Weltteile, hat eine solche Beschaffenheit. Ein jedes Volk hat von dem andern nach der itzigen Lebensart der Menschen zu seiner Notdurft und Bequemlichkeit viele Dinge nötig, die in seinem Lande entweder gar nicht oder doch nicht in zureichender Menge gewonnen werden. Alle europäische Völker müssen in Ansehung ihrer Kriegs- und Friedens-Angelegenheiten, Verbindungen und Korrespondenz sowohl, als in Ansehung der Reisen, die aus einem Lande in das andere geschehen, beständig einander etwas vergüten und von ihrem Vermögen zukommen lassen. Man hatte demnach eine Ware nötig, die selten war, welcher alle Völker einen gleichmäßigen und allgemeinen Wert beilegen konnten, die dauerhaftig und bequem bei sich zu führen war und die man mithin zu einem allgemeinen Preis- und Vergütungsmittel aller Arten von Gütern annehmen konnte.

Hierzu hat sich Gold und Silber geschickt.

§ 127. Diese Eigenschaften hat man in dem Gold und Silber gefunden. Diese Metalle fallen nicht allein wegen ihrer Schönheit vorzüglich in die Augen, sondern ihre Unzerstörlichkeit in der Luft und Feuer, ihr festes Bestandwesen und ihre Seltenheit machen sie besonders hierzu geschickt. Man hat demnach Gold und Silber zu einem allgemeinen Werte der Güter angenommen; und folglich kömmt nach der heutigen Beschaffenheit der Welt der Reichtum bloß auf den Besitz dieser Metalle an, oder was die Güter, die man in seinem Eigentume hat, in Absicht auf Gold und Silber für einen Preis haben. Ein Land kann also heutzutage nicht für reich gehalten werden, wenn es nicht eine genugsame Menge dieser Metalle im Besitze hat [2]).

Silber, die es aus der neuen Welt bringt, ist es das ärmste Land unter der Sonne, weil ihm wegen der Faulheit seiner Einwohner eine Menge von Gütern als der wahre Grund des Reichtums ermangelt, und folglich sein Gold und Silber für diese nötigen Güter andern Nationen zufließt.

[2]) Allein sollte nicht der Landesherr ebensowohl andern Metallen oder mit gewissen Stempeln und Zeichen bemerkten Papieren und anderen Sachen einen vorzüglichen Wert beilegen und zu dem allgemeinen Vergeltungsmittel aller Arten von Gütern bestimmen können? Wenigstens gibt es in den übrigen Weltteilen Völker, die sich Muscheln, Baumblätter und dergleichen Dinge statt Geldes bedienen; und selbst in Europa sind zu gewissen Zeiten in verschiedenen Ländern kupferne, eiserne, lederne und papierne Münzen gebraucht worden. Es scheint auch das Kommerzium mit den Ausländern dabei stattzufinden; denn wenn die Fremden vor dergleichen Münzen die Landesprodukte einkaufen können, so büßen sie nichts dabei ein. Hierauf muß man antworten, daß sich niemand reich schätzen könne, als insoweit seine Güter einen Wert haben, der allgemein von allen denjenigen erkannt und angenommen wird, mit denen man Verkehr, Gewerbe und Zusammenhang haben kann. Da nun die meisten Nationen in der Welt Handel und Gewerbe miteinander haben, so kann der vorzügliche und allgemeine Wert einer Sache, der in einem besondern Lande angenommen ist, von einem Fremden nur insoweit erkannt werden, als er von diesem Lande besondere Güter nötig hat. Weil nun dieses bei den wenigsten Fremden, von denen wir Waren bekommen, eintrifft, so kann auch eine solche besondere Münze des Landes bei den Fremden in schlech-

I. Abschn. Von Vermehrung des Reichtums des Staats.

Man muß zuvörderst den im Lande bereits befindlichen Reichtum zu erhalten suchen.

§ 131. Ein Staat kann seinen Reichtum nie vermehren, wenn er nicht zuvörderst den in dem Lande bereits befindlichen Reichtum zu erhalten suchet. Die erste Grundregel einer weisen Regierung muß demnach darinnen bestehen, daß man auf alle mögliche Art zu verhüten beflissen ist, daß unnötigerweise kein Geld außer Landes geht. Zu dem Ende muß nicht allein der Hof selbst, wenn in seinem Aufwand und Maßregeln Geld außerhalb Landes aufgewendet wird, sorgfältig untersuchen, ob sich nicht dieser Aufwand ersparen und durch andere im Lande befindliche oder zu gewinnende Dinge ersetzen lasse, und ob der Nutzen seiner Maßregeln in der Tat so wichtig ist, daß er den Verlust des aus dem Lande gehenden Geldes übertreffe; sondern er muß auch alle Arten, wodurch das Geld der Privatpersonen außerhalb des Landes geht, sorgfältig zu verhindern und abzuschaffen suchen, so viel sich solches nach der heutigen Lebensart der Menschen und der den Untertanen zu lassenden vernünftigen Freiheit nur immer tun läßt.

2. Hauptstück. Von den Kommerzien mit auswärtigen Völkern.

2. Betrachtung. Von d. Gründung u. d. blühenden Zustande der Kommerzien.

Grundsatz: es müssen mehr Landesprodukte ausgehen, als fremde Waren eingeführt werden.

§ 183. Der erste Grundsatz vorteilhaftiger Kommerzien mit auswärtigen Nationen ist, daß dadurch mehr Gold und Silber in das Land eingeführt werden muß, als deshalb ausgeht (§ 159); und auf diesen Grundsatz müssen alle Maßregeln zur Gründung eines nützlichen Kaufhandels gebaut werden. Gleichwie nun die auswärtigen Kommerzien entweder mit inländischen oder ausländischen Waren getrieben werden können (§ 160), die bloße Einfuhr der ausländischen Waren aber unmöglich einen nützlichen Kaufhandel darstellen kann (§ 162, 181), so folgt daraus natürlicherweise ein anderer Grundsatz; nämlich: der Wert der Landesprodukte, so ausgeführt werden, muß den Wert der ausländischen Waren, so in das Land eingehen, übersteigen...

VIII. Adam Smith

s. „Textbücher", Band 3.

---

tem Werte sein, und folglich macht dergleichen Geld nichts weniger als einen Reichtum des Landes aus. Wenn auch der Regent dergleichen Geld nach Gefallen machen könnte, so würde er sich ohne Mühe alle Güter der Untertanen zueignen können, und folglich würde aller Fleiß und Applikation der Untertanen, um sich Güter zu erwerben, welches doch zur Wohlfahrt des gemeinen Wesens so nötig ist, gänzlich hinwegfallen. Es kann also dem Regenten nach dem Wesen einer Republik auf keine andere Art zustehen, etwas anderes an die Stelle des Geldes zu setzen, als insofern er willens ist, solches in bessern Zeitumständen gegen wahre Gold- und Silbermünzen wieder einzuwechseln, welches auch die Absicht gewesen ist, wenn europäische Regenten in äußersten Nöten des Staats zu dergleichen Mitteln ihre Zuflucht genommen haben.

IX. Die Papiergeld-Krisen um 1800.

35] 1. Die Assignaten in Frankreich 1789—96.

Die Assignaten der französischen Revolution sind als Experiment auf dem Gebiete des Geldwesens das großartigste Beispiel der Weltgeschichte. Der Satz, daß bei willkürlicher Vermehrung der Zahlungsmittel die Warenpreise steigen müssen, bewahrheitete sich in Dimensionen, die in der Geschichtserzählung märchenhaft erscheinen, und die nur durch Zahlenmaterial (39—41) dem Anschauungsvermögen nahe gebracht werden können. Diesem Material ist ein Beispiel aus den rechtzeitigen Prophezeiungen theoretisch gebildeter Volkswirte (36—38) vorangeschickt, während einige Proben (43 46) aus der Fülle von Strafgesetzen, mit denen die Staatsgewalt sich vergebens abmühte, jene Prophezeiungen zu widerlegen, den Beschluß machen.

Lit.: R. Stourm, Les Finances de l'Ancien Régime et de la Révolution. Paris 1885. 2 Bde. — Ch. Gomel, Histoire financière de l'Assemblée Constituante. Paris 1896. 2 Bde. — — Die vollständigste Übersicht aller äußeren Tatsachen aus Gesetzgebung und Verwaltung noch immer: der Artikel ‚Assignats' in der offiziellen 'Table générale des lois etc.' (Paris 1816) I, S. 267—281.

36] a) Dupont.

Bucher et Roux, Histoire parlementaire de la révolution française ou journal des assemblées nationales depuis 1789 jusqu'en 1815. — Paris 1834. — 5, S. 303—305; 7, S. 189—191. — Vgl. Collection des principaux Economistes. Physiocrates. I. Paris 1846.

Einer der angesehensten Vertreter der physiokratischen Schule. Auf sein Werk „Physiocratie" (Paris 1768) wird der Name der Schule zurückgeführt. In der konstituierenden Nationalversammlung war er Abgeordneter für Nemours.

37] (1.) Rede in der Nationalversammlung, 15. April 1790.

Mit dem höchsten Maße von Gründlichkeit, dessen wir fähig sind, haben wir zu prüfen, was wir können und was wir wollen. Es gibt Dinge, vor denen die Staatsgewalt stillsteht. Ein solches Ding ist der Wert. Gegeben wird er von der Natur, bestimmt durch Konkurrenz und Herkommen. Der Wert des Geldes gründet sich auf herkömmliche Proportionen. Nirgends hängt er von der Benennung des Geldes ab, sondern überall von der Konkurrenz und von den Waren. Mit 6 livres, die ein Laubtaler bedeutet, wird kein Wert angegeben, sondern mit der Warenmenge, die man für eine Unze Silbers haben kann. — Was soll also eine Nation tun, die nicht zahlen kann? Sie soll den Zeitpunkt benennen, an dem sie zahlen wird, und soll ein Zahlungsversprechen aushändigen. Daß aber dieses Versprechen eine Zahlung sei, das zu bewirken steht außer ihrer Macht. Was ist denn eine Assignate? Eine Anweisung auf einen Verkauf, also ein Versprechen; eine Verpflichtung auf einen mehr oder weniger entfernten Zeitpunkt. Die Zahlung kann erst stattfinden, wenn der Verkauf ausgeführt ist. Wenn der Finanzausschuß sagt, „suspendiert die Antizipationen und macht Assignaten", so h a t er damit gesagt: suspendiert die Antizipationen! Abbé Terray hatte ganz schlicht gesagt: „Behaltet euer Papier, ich werde die Zinsen zahlen." Zwischen ihm und dem heutigen Vorgehen gibt es keinen Unterschied, es sei denn zugunsten des Abbé Terray, dessen Handlungsweise loyaler war. In der Tat gewährt das neue Papier eine schwächere Zinsfundierung: der Fonds, auf den es angewiesen wird, ist Gefahren und Zufällen ausgesetzt. So ein bißchen freiwilligen Bankerotts, das ist die Perspektive, die die Assignaten eröffnen.

Der Vorschlag des Ausschusses zerfällt in zwei Teile: 1. er suspendiert die Antizipationen und wandelt sie in Assignaten auf die Kasse des Extraordinariums um; 2. er gibt Assignaten aus auf die Hoffnung einer zukünftigen Einnahme. Die erste Operation ist durchaus entschuldbar; hat man kein Geld, so kann man nicht zahlen: das ist ein Unglück, aber kein Verbrechen. Aber der Ausschuß will weiter gehen. Er will dem Gläubiger, dessen Forderung suspendiert wird, befehlen, sich selbst einzureden, daß er bezahlt sei, und auch seinerseits s e i n e n Gläubigern einzureden, daß er sie bezahle. Damit geht der Ausschuß über seinen Machtbereich und den des Staates hinaus. Der Annahmezwang würde die Verlegenheiten nur noch vermehren.

Der Annahmezwang ist unter verschiedenen Gesichtspunkten zu betrachten. Es gibt laufende Ausgaben, die eine Anwendung des Papiergeldes nicht dulden: Truppensold, Arbeiterlohn und andere tägliche Ausgaben. Sie wissen, daß 100 000 Laubtaler täglich für Paris noch nicht ausreichen. Das Assignatengeld kann also den Münzhunger nicht stillen. Unter der Herrschaft unserer Irrtümer zu Zeiten Laws hat man in alle Urkunden die Klausel hineingeschrieben, daß Zahlung in klingender Münze erfolgt sei. Hat ja auch der Ausschuß in seinem Dekret den übelklingenden Gedanken hineingesetzt, daß man die Assignaten für klingende Münze halten würde. Aber ich hoffe doch noch, daß der Ausschuß mit mir einer Meinung sein wird, daß mit diesem Heilmittel nichts geheilt wird.

Und nun der Einfluß des Assignatengeldes auf den Handel im Lande. Betrachten wir ihn unter dem Gesichtspunkt eines Verkäufers, der verkauft h a t , und eines Käufers, der verkaufen w i l l. Jener wird einen Verlust erleiden, denn das Papier mit Annahmezwang wird im Werte sinken; dieser wird den Preis für seine Ware entsprechend höher setzen. Der auswärtige Handel vollends wird im gleichen Maße zögernd daran gehen, von uns zu kaufen oder an uns zu verkaufen.

Auch in der Steuerzahlung wird es große Schwierigkeiten geben. Wie sollte der Staat, der selbst dieses Papier in Zahlung gibt, es nicht auch annehmen müssen? Nimmt er es aber an, dann wird er das Metallgeld, das er zur Löhnung seiner Truppen und seiner Arbeiter braucht, sich kaufen müssen.

Und wozu alle diese Schwierigkeiten? Lediglich der Zwangsprätension zuliebe die Assignaten für etwas anderes als bloße Zahlungsversprechen auszugeben. Gestehen Sie doch ein, haben Sie den Mut einzugestehen: daß es sich um einen unfreiwilligen Zahlungsaufschub handelt. Haben Sie den Mut, gegen die, die sich diesen Aufschub gefallen lassen müssen, wenigstens gerecht zu sein. — Machen wir uns doch über die Natur der Maßregel keine Illusionen mehr. Sie ist eine Antizipation auf liegende Gründe. In dem Ertrage des Grund und Bodens also muß der Zins der Antizipation liegen. Der Inhaber einer suspendierten Antizipation muß freie Wahl haben, ob er dafür ein Zahlungsversprechen annehmen oder die Umschreibung auf die Kasse des Extraordinariums mit Jahresbefristung fordern will... Die Assignaten wird man nicht ablehnen, gerade wenn man das Recht hat, sie abzulehnen. Sie werden niemals einen Kursverlust erleiden, weil man nicht wagen wird, ihnen ein Disagio zuzumuten, wenn man in der Lage ist, sie überhaupt nicht zu nehmen...

38] (2.) Flugschrift, September 1790.

Einfluß der Assignaten auf den Brotpreis. Von einem Volksfreunde.

Der Preis von Brot, Wein, sonstigen Lebensmitteln und von Waren überhaupt bestimmt sich durch die Anzahl Taler, die man hergeben muß, um einen Scheffel Getreide, ein Maß Wein oder irgendeine Menge einer anderen Ware zu bekommen.

Wenn man eine Ware kauft, so heißt das, daß man die Ware eintauscht gegen Taler, die auch eine Art Ware sind.

Wenn von der einen Ware viel angeboten wird, ohne daß sich gleichzeitig auch die andere vermehrt, so muß der, der die im Überfluß vorhandene Ware los werden will, von ihr eine größere Menge hergeben.

Man sagt, die Assignaten werden Geldeswert haben und Geldesdienst tun. Ist das der Fall, so wird es doch nicht mehr Brot und Wein geben als vorher. Wer also für Assignaten oder Silber Brot und Wein haben will, wird für dieselbe Menge Brot und Wein an Assignaten oder Silber mehr hergeben müssen als vorher.

Man kann soviel Assignaten ausgeben, wie es schon Silbergeld im Königreich gibt; das wäre also dasselbe, als wenn man die Menge Silbergeld verdoppelte. Aber wenn es doppelt so viel Geld gibt, dann muß man die Ware für den doppelten Preis kaufen; so wie es in England ist, wo es viel Geld und viel Papier gibt, wo aber auch ein Paar Schuhe 12 livres kosten.

Die Leute, die vorschlagen, für 2 Milliarden Assignaten zu drucken und die sich als gute Bürger in die Brust werfen, wollen also das Vierpfundbrot auf 20 sous, die Flasche Tischwein auf 16, das Pfund Fleisch auf 18 sous, ein Paar Schuhe auf 12 livres bringen.

Sie sagen, das werde nicht der Fall sein; denn mit den Assignaten werde man Kirchengüter kaufen. Aber sie führen das Volk hinters Licht. Denn die Kirchengüter können nicht alle in demselben Augenblick von heut zu morgen verkauft werden. Wenn man ein Gut kaufen will, besichtigt man Gebäude, Wälder, Wiesen. Man prüft, ob die Weinberge alt oder neu sind; man sieht mehrere Güter an, um sich klar zu werden, welches einem am meisten gefällt. Und während dieser weisen Rücksicht geht Zeit vorüber.

Die Assignaten werden also ziemlich lange auf ihrer Stelle und im Handel bleiben. Wer Assignaten hat, wird sie für seine Geschäfte brauchen; und da sie in großer Anzahl vorhanden sein werden, so wird er für alles, was er kaufen will, an Assignaten oder Geld mehr hergeben müssen.

Während dieser ganzen Zwischenzeit also werden alle Waren zum Gebrauch des Volkes und namentlich das Brot, das die allgemeinste und nützlichste Ware ist, nur zum doppelten Preise verkauft werden. Man wird Riemen schneiden aus der Haut der Bürger.

Es würde nicht ebenso sein, wenn man statt Assignaten Staatsquittungen ausgäbe. Denn diese Quittungen könnten zu keinem anderen Zwecke gebraucht werden, als um Kirchengüter zu kaufen, und würden daher in den Handel mit Brot und mit Wein sowie in die Warenpreise überhaupt keine Störungen bringen. Die Kirchengüter würden ganz ebenso gut verkauft werden, weil man zu ihrer Bezahlung genau dieselbe Summe in Staatsquittungen zur Verfügung hätte, die man in Assignaten ausgeben will. Der Unterschied wäre jedoch, daß die Staatsquittungen ein freies Papier darstellten. Man würde das arme Volk nicht zwingen können, sie in Zahlung zu nehmen. Nur zwischen den großen Staatsgläubigern und der Tresorverwaltung, die die Kirchengüter zu verkaufen hat, würden sie umlaufen. Kein Lebensmittel würde im Preise steigen.

Die *Assignaten* sind also GUT FÜR DIE REICHEN LEUTE, die an das arme Volk Geld zu zahlen haben, die ihm statt harter Taler lieber so ein Stück Papier geben und ihm dazu noch für Getreide und Wein das Doppelte von dem, was es wert ist, abnehmen wollen.

Die Staatsquittungen aber sind GUT FÜR DAS GANZE VOLK, das seinen Arbeitslohn in Silber empfangen soll, wie bisher, das aber seine Kirchengüter ganz ebensogut verkaufen soll gegen die Staatsquittungen, die es seinen Gläubigern in die Hand gibt.

Dies zur Warnung gesagt von einem Volksfreunde, der sich in seinem Gewissen dazu verpflichtet fühlte.

39] b) Anschwellen der Assignaten nach Perioden.

A. Courtois fils, Histoire de la Banque de France etc. Paris 1875, S. 79.

Nr.	Periode Beginn	Dauer in Monaten	Emission Mill. fr.	in Umlauf Mill. fr.
1	2	3	4	5
1	1. Juni 1791 . . .	29	912,0	912,0
2	1. Okt. — . . .	4	239,5	1 151,5
3	22. Sept. 1792 . .	12	820,5	1 972,0
4	1. Jan. 1793 . . .	3	853,9	2 825,9
5	1. Aug. — . . .	7	949,9	3 775,8
6	1. Mai 1794 . . .	9	2 115,6	5 891,5
7	1. Juli — . . .	2	190,6	6 082,1
8	1. Okt. — . . .	3	536,2	6 618,3
9	1. Jan. 1795 . . .	3	610,5	7 228,8
10	1. April — . . .	3	1 098,1	8 326,9
11	1. Juli — . . .	3	4 011,2	12 338,1
12	1. Okt. — . . .	3	5 541,2	17 879,3
13	1. Jan. 1796 . . .	3	9 685,9	27 565,2
14	1. April — . . .	3	9 106,5	36 671,8
15	1. Juli — . . .	3	(2 163,0)	34 508,7
16	7. Sept. — . . .	2	11 070,1	45 578,8

40] c) Wertverminderung der Assignaten.

ib. S. 81[1] in vereinfachter Form aus der Échelle de dépréciation, die dem Aufhebungsgesetz vom 5. Messidor an V = 23. Juni 1797 beigegeben wurde.

Auf 100 livres oder francs Assignaten wurde gerechnet ein Wert in Metallgeld von:

	Jan.	Febr.	März	April	Mai	Juni	Juli	Aug.	Sept.	Okt.	Nov.	Dez.
1789								98	98	97	96	95
1790	96	95	94	94	94	95	95	92	91	91	90	92
1791	91	91	90	89	85	85	87	79	82	84	82	77
1792	72	61	59	68	58	57	61	61	72	71	73	72
1793	51	52	51	43	52	36	23	22	27	28	33	48
1794	40	41	36	36	34	30	34	31	28	28	24	20
1795	18	17	13,28	10,71	6,52	3,38	3,09	2,72	2,08	1,36	0,77	0,52
1796	0,46	0,35	0,36									

[41

d) Frühstückskosten usw. des Wohlfahrtsausschusses 1794/5.

Die Rechnungen für die gemeinsamen Mahlzeiten des Wohlfahrtsausschusses geben Beispiele für die Steigerung der Preise. Der Ausschuß bestand damals aus 9—16 Mitgliedern. Wegen der wechselnden Personenzahl in den Sitzungen und aus andern Gründen sind manche Angaben unter sich nicht vergleichbar. Dennoch schien es lohnend, aus den Mitteilungen Stourms (II, S. 318/320) nach den Akten des Pariser Staatsarchivs die nachfolgende Tabelle aufzustellen. Die Preise sind in livres (ungefähr = francs). [42

		an III				an IV	
		Brumaire 1794 Okt./Nov.	1 Messidor 1795 Juni 18	Thermidor Jul./Aug.	1 Fructidor Aug. 17	1 Vendémaire Sept. 22	4 Brumaire 25. Okt.
1	2	3	4	5	6	7	8
1	1 Flasche Tischwein	2½	4	8	10	20	30
2	1 „ Branntwein	—	30	—	55	70	100
3	1 „ Mandelmilchsirup	—	—	—	100	150	—
4	1 Pfund Brot a) . .	—	—	18	20	—	—
5	Pâtisseries	—	—	—	—	—	250
6	1 Steinbutte	—	230	—	—	—	—
7	3 Barsche	—	—	—	—	400	—
8	1 Hecht	—	—	—	—	—	1000
9	1 Pastete	—	180	—	250	400	800
10	1 Kalbszunge . . .	—	—	—	—	—	650
11	1 Kalbsschulterstück	—	—	—	—	—	650
12	1 Lendenbraten . .	—	220	—	—	—	—
13	Geflügel	—	160 b)	—	200 c)	400 d)	200 e)
14	Pfeffer	—	15	—	—	—	—
15	Salz	—	—	—	—	—	120
16	Artischocken . . .	—	—	—	—	—	150
17	12 Birnen	—	—	—	—	—	120
18	Frühstück insges. .	—	1254	—	1135	1540	—
19	Mittag- und Abendessen insges. . .	—	—	—	—	—	5660

e) Gesetze. [43

(1.) Gesetz betr. Verbot des Verkaufs von Hartgeld und der Anwendung anderer Geldbezeichnungen als der Assignaten. Vom 11. April 1793.

a) Luxusgebäck. b) 1 Puter in Gelée. c) 1 Truthahn 100, 1 Poularde 100. d) 2 Poularden und 1 Pute. e) 1 Kapaun.

Lois, et Actes du Gouvernement. Paris, Imprimerie Impériale 1807, Tome VII, 13 (und danach in den gangbaren Sammlungen von Duvergnier u. a.).

Art. I. Vom Tage der Kundmachung gegenwärtigen Dekrets ist im ganzen Umfange Frankreichs und der von den französischen Armeen besetzten Gebiete der Verkauf von Hartgeld untersagt bei Strafe von 6 Jahren Kettenhaft gegen die Personen, die solches kaufen oder verkaufen.

II. Käufe, Verkäufe, Verträge, Übereinkünfte, oder Verhandlungen irgendwelcher Art dürfen in Zukunft keine Zahlungsverpflichtungen anders ausgedrückt enthalten, als in Assignaten. Wer schuldig befunden wird, zweierlei Preise festgesetzt oder vorgeschlagen zu haben, je nach Zahlung in Hartgeld oder in Assignaten, wird gleicherweise zu 6 Jahren Kettenhaft verurteilt; ohne daß jedoch damit den Besitzern von Hartgeld untersagt sein soll, sich dessen bei ihren Zahlungen al pari mit Assignaten zu bedienen.

III. Vom Tage der Kundmachung gegenwärtigen Dekrets kann ein Depositum in Hartgeld nicht mehr errichtet werden. Infolgedessen werden Scheine, Abrechnungen oder Anerkenntnisse über ein Depositum oder einen Aufbewahrungsvertrag von Hartgeld, die nach gegenwärtigem Dekret ergehen, lediglich als Verpflichtung gewöhnlicher Art betrachtet, und die Rückzahlung geschieht in Assignaten.

IV. Wer sich weigert, Assignaten in Zahlung anzunehmen, wird zur Annahme gezwungen und zu einer Buße in Höhe der verweigerten Summe verurteilt ... Gegenwärtige Bestimmung hat statt, ungeachtet jeder etwaigen gegenteiligen Abmachung ... [44

(2.) Gesetz betr. Strafen wegen Verweigerung der Annahme von Assignatengeld. Vom 1. Aug. 1793.

ib. S. 250.

Der Nationalkonvent verordnet was folgt:

Jedweder Franzose, der schuldig befunden wird, die Zahlungsannahme von Assignatengeld verweigert oder, es mit Verlust gegeben oder genommen zu haben, wird das erstemal zu einer Buße von 3000 livres und 6 Monaten Haft verurteilt; im Rückfalle wird die Buße verdoppelt, und er wird zu 20 Jahren Kettenhaft verurteilt. [45

(3.) Gesetz betr. Feststellung des Maximalpreises für Eßwaren und notwendige Lebensmittel. Vom 29. Sept. 1793.

ib. S. 4?0.

Art. I. Die Gegenstände, die der Nationalkonvent für zum Leben unbedingt notwendig erachtet, und für die er daher das Maximum, d. i. Höchstpreis festgesetzt hat, sind die folgenden:

Frisches Fleisch.
Salzfleisch und Speck.
Butter.
Speiseöl.
Wild.
Salzfisch.
Wein.
Branntwein.
Essig.
Zider.
Bier.
Brennholz.
Holzkohle.
Steinkohle.
Lichte.
Brennöl.
Salz.
Schuhe.
Raps und Rübsen.
Soda.
Zucker.
Honig.
Weißes Papier.
Leder.
Eisen.
Gußeisen.
Blei.
Stahl.
Kupfer.
Hanf.
Flachs.
Wolle.
Zeug.
Leinwand.
Rohstoffe für Fabriken.
Pantoffeln.
Seife.
Pottasche.
Tabak.

II. Unter den Gegenständen dieser Liste haben Brennholz bester Güte, Holzkohle und Steinkohle als MAXIMUM oder Höchstpreis denselben wie im Jahre 1790 nebst Zuschlag von $^1/_{20}$. Das Gesetz vom 19. Aug. über die Festsetzung der Preise für Brennholz, Kohle und Torf durch die Departements wird aufgehoben.

Das MAXIMUM oder Höchstpreis für ein Pfund Markgewicht Stangentabak beträgt 20 sous, Rauchtabak 10, Salz 2, Seife 25 sous.

III. Das MAXIMUM des Preises aller anderen in Art. I genannten Lebensmittel und Waren in der ganzen Ausdehnung der Republik ist bis zum Sept. nächsten Jahres der Preis, den jede von ihnen im Jahre 1790 hatte, d. h. der amtlich festgestellte oder der Marktpreis jedes Departements nebst $^1/_3$ Zuschlag; nach Abzug jedoch aller fiskalischen und sonstigen Abgaben, denen sie unter irgendeiner Bezeichnung damals unterworfen waren.

IV. Die MAXIMUMtafeln . . . werden von jeder Distriktsverwaltung aufgestellt und binnen 8 Tagen nach Annahme dieses Gesetzes öffentlich angeschlagen und in die Departements verschickt.

VII. Alle Personen, die die im Art. I genannten Waren höher verkaufen oder kaufen als zu dem in jedem Departement bestimmten und angeschlagenen Preise werden von Ortspolizei wegen eine solidarische Buße zahlen, die doppelt so hoch ist wie der verkaufte Gegenstand und dem Denunzianten zufällt; sie werden auf die Liste der verdächtigen Personen gesetzt und als solche behandelt. Dieser Strafe wird jedoch der Käufer nicht unterworfen, wenn er die Kontravention des Verkäufers zur Anzeige bringt. Jeder Händler soll in seinem Laden eine in die Augen fallende Tafel haben, die das MAXIMUM seiner Waren angibt.

VIII. Das MAXIMUM für Gehälter, Besoldungen, Macherlöhne und Tagelöhne an jedem Orte wird für die Zeit von Verkündigung dieses Gesetzes bis zum September nächsten Jahres durch die Generalräte der Gemeinden auf dieselbe Taxhöhe festgesetzt wie im Jahre 1790 unter Zuschlag der Hälfte.

IX. Werk- und Fabrikleute sowie Arbeitsleute verschiedener Art, die ohne gesetzliche Ursachen sich weigern, ihren gewöhnlichen Arbeiten nachzugehen, können durch die Ortsbehörden requiriert und nach Lage des Falles mit 3 Tagen Haft bestraft werden.

X. Die Verwaltungsbehörden haben darauf zu achten, daß der ordentliche und außerordentliche Holzschlag ordnungsmäßig stattfindet und verteilt wird . . .

(4.) Gesetz, betr. das Prozeßverfahren bei Anklagen wegen Verkauf oder Kauf von Hartgeld wegen Absicht, die Assignaten zu diskreditieren etc. etc. Vom 21. Floréal an II (= 10./20. Mai 1794). [46

ib. VIII, S. 474.

Der Nationalkonvent, nach Anhörung des Berichts seines Gesetzgebungsausschusses, und in Erwägung, daß es sich empfiehlt, das Verfahren gegen Personen, die in einigen Departements die Assignaten im Ansehen herabzusetzen suchen oder sich herausnehmen, höher als bum Maximum zu verkaufen, zesser auszugestalten und dem allgemeinen System der revolutionären Regierung anzupassen, verordnet was folgt:

Art. I. Die Anordnungen der Gesetze vom 7. und 30. Frimaire und 14. Germinal betr. Anklagen wegen Unterschleife bei den Nationalgütern, Verleitung zur Desertion, Herstellung, Verteilung oder Einführung falscher Assignaten oder falscher Münze werden in Zukunft in gleicher Weise das Verfahren bei Anklagen wegen folgender Vergehen regeln: Verkauf oder Kauf von Hartgeld; Festsetzung oder Vorschlagung verschiedener Preise je nach Zahlung in Hartgeld oder Assignaten; Reden zur Diskreditierung der Assignaten; Verweigerung der Zahlungsannahme von Assignaten; Geben oder Nehmen derselben unter irgendwelchem Verlust; sowie des Falles, daß vor Abschluß oder Entwerfung eines Handels eine Erklärung darüber gefordert wird, in welcher Münze die Zahlung stattfinden wird.

II. In gleicher Weise sind die Bestimmungen gegen diejenigen anwendbar, die nach Art. XI des Gesetzes vom 12. Germinal wegen Verkaufs über dem Maximum eine Strafe von 2 Jahren Haft verwirkt haben.

III. Genannte Vergehen . . . werden durch eine Spezial-Jury abgeurteilt . . .

IV. Mit Ausnahme der Verteilung oder Einführung falscher Assignaten oder falscher Münze wird der Präsident des Kriminalgerichts an die Geschworenen keine Frage über Absicht des Angeklagten richten; es sei denn, daß er durch ein öffentlich ausgesprochenes und auf Stimmenmehrheit beruhendes Votum dazu aufgefordert würde.

VI. Die Art. II und III des Gesetzes vom 11. April 1793 sind weiter anzuwenden gegen alle, die schuldig befunden werden, Hartgeld ver- oder gekauft, Assignaten unter Verlust gegeben oder empfangen, verschiedene Preise, je nach Zahlung in Hartgeld oder Assignaten festgesetzt oder vorgeschlagen sowie endlich vor Abschluß oder Entwertung eines Geschäfts gefordert zu haben, in welcher Münze die Zahlung stattfinden solle.

VII. Die Strafe des Gesetzes vom 1. Aug. 1793 bleibt auf die beschränkt, die sich weigern, Assignaten in Zahlung anzunehmen; aber niemand im ganzen Gebiete der Republik kann sich ihr unter dem Vorwande, daß er nicht Franzose sei, entziehen.

VIII. In gleicher Weise wird jede Rede bestraft, die darauf ausgeht, die Assignaten in Mißkredit zu bringen.

IX. Entsprechend Art. IV des Gesetzes vom 5. Sept. 1793 findet Todesstrafe und Güterkonfiskation statt, wenn die in den drei vorangehenden Artikeln genannten Vergehen in der Absicht begangen sind, die Unternehmungen der inneren oder äußeren Feinde der Republik zu begünstigen.

Die Frage nach solcher Absicht wird der Präsident des Kriminalgerichts jedesmal stellen, wenn die Verhandlungen einen Anlaß dazu bieten oder der öffentliche Ankläger darauf anträgt.

2. Die Suspension der Barzahlungen in England 1797—1823/5. [47

Die englische Papiergeld-Krisis hat auf die Entwicklung der Wissenschaft einen dauernden Einfluß geübt: dadurch daß Ricardo (50—53) sie zum Gegenstande der Analyse machte, seine Ergebnisse sodann in den berühmten „Bullion Report" (54—58) übergingen und sich an diese Literatur unmittelbar die Polemik für und gegen die Peelsche Bankakte (s. u. Abschn. XI) anschloß, auf deren Wirkungen nach der einen oder anderen Seite alle modernen Bankverfassungen zurückgehen. — Die vorangeschickten Abschnitte aus Thornton (48, 49) geben ein Bild von der Kreditverfassung Englands vor dem Einsetzen dieser Literatur und sind noch heute die beste Einführung in die Lehre von den volkswirtschaftlichen Funktionen des Banknoten- und Wechselverkehrs überhaupt.

a) Wechsel und Banknoten nach Thornton 1802. [48

Henry Thornton, An Enquiry into the nature and effects of the Paper Credit of Great Britain. London 1802. — Aus dem Englischen übersetzt und mit Anm. u. Zusätzen versehen von L. H. Jakob. Halle 1803.

Kap. 2. ...Es fällt in die Augen, daß der Transport des Goldes, so leicht er auch in Vergleichung mit andern Artikeln sein mag, die man zum allgemeinen Maßstab des Werts wählen möchte, doch beschwerlich wird, sobald es in großen Quantitäten in sehr entlegene Örter fortgeschafft werden soll. Man nehme an, in London wären 10 Manufakturherren, die ihre Waren an 10 Ladenhändler in York verkaufen, welche sie einzeln absetzen; nun seien in York 10 Manufakturisten von einer andern Ware, welche diese an 10 Ladenhändler in London verkaufen. Hier würde es nun ganz unnötig sein, daß die 10 Kaufleute in London jährlich ihre Guineen nach York schickten, um die von daher erhaltenen Manufakturwaren zu bezahlen, und daß die Kaufleute in York wieder ebensoviel Guineen nach London schickten, um die empfangenen Londoner Waren zu bezahlen. Die Manufakturisten in York dürfen ja nur von dem Ladenhändler, der neben ihnen wohnt, sich das Geld, was sie in London zu empfangen haben, geben lassen, und dagegen Scheine ausstellen, worin sie dessen Empfang versichern, und worin sie das Geld, das in den Händen ihrer Schuldner in London für sie bereit liegt, an die Londoner Manufakturisten zu bezahlen anweisen, so daß die Schuld in London gerade so abgemacht wird, wie in York. Auf diese Weise werden die Kosten und die Gefahren, welche mit der Übersendung des baren Geldes verknüpft sind, erspart, und die erwähnten Kaufleute sind folglich im ganzen imstande, ihre Waren proportionierlich wohlfeiler zu verkaufen, als es ihnen sonst möglich gewesen wäre. Solche Scheine nun, welche eine Übertragung der Schuld verordnen, heißen heutzutage W e c h s e l. Es sind Scheine, worin die Schuld der einen Person für die Schuld der andern ausgewechselt wird: eine Schuld an dem einen Orte für die Schuld an einem andern Orte.

Eine andere Art von Kaufmannspapieren sind die V e r s p r e c h u n g s n o t e n*).... Wenn die Güter.... abgeliefert

*) Die Engländer haben wie wir, eigentliche W e c h s e l (bills of exchange), wodurch Schulden wirklich ausgewechselt werden, und wozu 4, wenigstens 3 verschiedene Personen gehören, wie es im Texte richtig angegeben ist. Dieselbige Kraft haben bei ihnen auch diejenigen Schuldscheine, welche wir t r o k k e n e W e c h s e l nennen, und die eigentlich keine wahren Wechsel sind, wenn man diese nach ihrem Ursprunge und nach ihrer Bestimmung betrachtet. Diese stellen die Engländer in Form einer Anweisung aus, wo sie volle Wechselkraft haben, sobald die empfangene Valuta anerkannt ist, und dann heißen sie bills. Von diesen sind noch die V e r s p r e c h u n g s s c h e i n e (promissory notes) zu unterscheiden, welchen in England und Frankreich ebenfalls die Kraft der Wechsel beigelegt ist. In verschiedenen derselben wird die Zahlung einer bestimmten Summe zu einer bestimmten Zeit versprochen und der Empfang der Valuta eingestanden. Einige sind an den Vorzeiger gleich zahlbar und passieren wie Geld durch viele Hände. In den preußischen Staaten a) erhalten dergeichen Handelsbillets ebenfalls, jedoch erst nach Jahresfrist die Kraft der Wechsel. A n m. d. Ü b e r s.

a) Vgl. Allgemeines Landrecht (v. 1794), Zweiter Teil. VIII. Titel. 8. Abschnitt: Von Wechseln; 9. Abschn.: Von Handelsbillets u. Assignationen.

sind, so wünscht der Verkäufer natürlicherweise, daß er vom Käufer einen Schein dafür erhalte, worin dieser Zahlungstag und Summe ganz genau bestimmt, damit nichts von der Verabredung vergessen oder verändert werden könne. In diese Scheine wird der Ausdruck Valuta oder Wert empfangen, so wie in jeden Wechsel gesetzt, und nach den Gesetzen wird dieser Zusatz zur vollkommenen Verbindlichkeit eines solchen Schuldscheines und eines Wechsels für notwendig erachtet.

Wechsel und dergleichen kaufmännische Schuldbekenntnisse... besitzen noch eine ganz besondere Eigenschaft; ... daß sie Gegenstände des Diskonts werden können, also Artikel, die man zu jeder Zeit, nach Belieben in bares Geld verwandeln kann, wenn man nur so viel an Diskont oder Abzug von dem Belaufe des Wechsels oder wechselartigen Schuldbekenntnisses für diese Verwandlung bezahlt, als die Zinsen dieser Summe die Zeit hindurch betragen, welche der Wechsel noch bis zum Zahltermin zu laufen hat. Die Wechsel von York auf London, die wir oben beschrieben haben, und welche zur Übertragung oder Austauschung der Schulden dienen sollten, würden zu diesem Zwecke immer tauglich sein, sie möchten früh oder spät zahlbar sein...

Wenn ein Kaufmann im Lande auf Kredit verkauft, so liegt ihm vielleicht wenig daran, von dem Käufer einen Versprechungsschein oder einen akzeptierten Wechsel, welches ganz dasselbe ist, darüber zu erhalten, wenn nämlich der Grund, weshalb er einen solchen Schein oder Wechsel wünscht, bloß darauf beruht, daß er gern wegen des Belaufs der Schuldsumme oder wegen des Zahltermins Gewißheit haben will. Zwar gibt das Gesetz der Einkassierung solcher Schulden, worauf man dergleichen Scheine besitzt, größere Leichtigkeit. Wenn jedoch die Summe klein ist oder der Käufer großen Kredit hat, so würden alle jene Vorteile bei dem gegenwärtigen hohen Zustande des wechselseitigen Vertrauens in vielen Fällen kaum so viel wert geachtet werden als die geringe Ausgabe, welche der Abdruck eines solchen Scheines kostet. Die Schuld könnte eine bloße Buchschuld bleiben und würde als solche hinreichend sicher sein.

Daher muß man Papiere, welche für schon verkaufte und abgelieferte Waren ausgestellt werden, so ansehen, daß sie vorzüglich zu einer ganz andern Art von Bequemlichkeit, welche der Verkäufer dabei findet, ausgestellt sind. Nämlich diese Note ist, wie der eigentliche Wechsel, von dem wir vorher geredet haben, ein vermittelst des Diskonts verkäufliches Ding geworden. Es kann sobald es die Umstände erfordern, in Geld... verwandelt werden. Vielleicht hat man jetzt eben nicht die Absicht, sie in Geld umzusetzen, aber man nimmt sie doch gern, als ein Mittel, sich in jedem Notfalle Geld dafür zu verschaffen. Der Inhaber wird also dadurch gegen die Wirkung eines unglücklichen Zufalles gesichert indem er sich vermittelst dieser Papiere immer bare Kasse verschaffen kann. Es wird auf diese Weise sein Kredit befestigt. und er wird dadurch in den Stand gesetzt, seine Geldverbindlichkeiten auf das pünktlichste zu erfüllen....

Der Nutzen, welchen der Handelsmann dabei findet, wenn er stets im Besitz einer gewissen Anzahl von Briefen oder Wechseln sein kann, hat natürlicherweise eine große Vervielfältigung dieser Papiere verursacht und hat die Kaufleute darauf gebracht, nicht bloß die Scheine für empfangene Waren und die gewöhnlichen regelmäßigen Wechsel zu vervielfältigen, sondern man hat auch eine Menge anderer Schuldbriefe oder Wechsel geschaffen. Einige davon nennt man Hilfsbriefe oder Hilfswechsel (notes and bills of accommodation), oft belegt man sie auch mit dem Namen erdichteter Wechsel (fictitious bills)....

Der Verkäufer, der einen Schuldbrief für seine verkauften Waren verlangt, macht... bei Schließung des Handels die dem Käufer gar nicht beschwerliche Bedingung, einen verkäuflichen Schuldbrief, der dem Wert der Ware gleich ist, zu erhalten. Ein erdichteter Schuldschein aber, oder ein Hilfsbrief, ist ein solcher. der zwar auch in der Absicht ausgestellt wird, um diskontiert zu werden, bei dem aber der Umstand, daß er zufolge eines wirklichen Warenkaufs geschlossen wäre, wegfällt. Von dergleichen Hilfsbriefen gibt es in der Tat verschiedene Arten. Die nachfolgende Beschreibung von einem solchen wird indessen die Sache hinreichend erläutern.

A gebraucht 100 £ und ersucht B, einen Brief oder Wechsel 2 Monat a dato zu akzeptieren, den also B, sobald er ihm präsentiert wird, nach Verlauf des Termins bezahlen muß. Dabei ist man jedoch einverstanden, daß A dafür sorgen will, entweder daß er den Wechsel selbst zu rechter Zeit einlöse, oder daß er B sonst mit Mitteln versehe, ihn zu bezahlen. A erhält nun auf den doppelten Kredit zweier Häuser bares Geld für den Wechsel. A erfüllt auch sein Versprechen, ihn zu bezahlen, wenn er abgelaufen ist, und so ist der Handel zu Ende. Dieser Dienst, welchen A von B empfängt, wird denn auch gelegentlich dem B von A vergolten, indem dieser die Wechsel, welche B auf ihn zieht, gleichfalls honoriert und ihm dadurch das Diskontieren seiner Papiere erleichtert.

Nun wollen wir ein solches Papier mit einem reellen oder wahren Schuldbriefe vergleichen und sehen, worin sie verschieden sind oder verschieden zu sein scheinen, und worin sie übereinstimmen.

Sie stimmen darin miteinander überein, daß sie beide diskontiert werden können; beide sind zum Behuf des Diskonts geschaffen; beide werden vielleicht wirklich diskontiert. Beide dienen also, der Spekulation des Kaufmannes, Hilfsmittel zu verschaffen. Sofern also Briefe oder Wechsel, das was man Zirkulationsmittel oder Papierumlauf eines Landes nennt, ausmachen... und den Gebrauch der Guineen vermindern, sind die erdichteten den wahren Wechseln vollkommen gleichzuachten; und wenn es wahr wäre, daß der Preis der Waren nach Verhältnis der Menge der umlaufenden Papiere steigen müßte: so würden jene ebensogut dieses Steigen der Preise bewirken helfen als jene....

„Wahre oder reelle Wechsel", pflegt man oft zu sagen, „stellen ein wirkliches Eigentum vor. Es sind wirkliche Güter vorhanden, welche gleichsam die Belege zu jedem reellen Kaufmannsbriefe sind. Solche Schuldscheine aber, welche sich auf keinen Warenverkauf gründen, sind ein Schein von falschem Reichtume, wodurch eine Nation betrogen wird. Sie stellen nur ein eingebildetes Kapital vor, da die andern ein wirkliches anzeigen."

Hierauf läßt sich aber antworten, ... daß man in der Tat nicht behaupten kann, daß die Wechsel, welche zufolge eines wirklichen Warenkaufs ausgestellt werden, um deswillen allemal und **ganz gewiß** ein wirkliches Eigentum vorstellen. Denn man setze, A verkauft Waren, 100 £ wert an B, auf 6 Monat Kredit, und empfängt einen nach 6 Monat zahlbaren Schuldbrief dafür; B verkauft in Monatsfrist dieselben Waren gegen gleich langen Kredit an C und bekommt dafür ein gleiches Papier; C verkauft eben die Ware nach einem andern Monat an D gegen einen ähnlichen Kreditbrief usw. Hier können also am Ende von 6 Monaten sechs Schuldbriefe, jeder von 100 £ zu gleicher Zeit existieren, jeder von ihnen ist vielleicht diskontiert worden, und von allen diesen Wechseln stellt nur ein einziger ein wirkliches Eigentum vor....

Um die Vorausetzung zu rechtfertigen, daß ein reeller oder wahrer Wechsel, wie man ihn nennt, wirkliches Eigentum vorstelle, müßte der Besitzer des Wechsels die Macht haben, zu verhindern, daß das Eigentum, welches seinen Wechsel repräsentiert, zu irgendeinem andern Zwecke angewandt würde als zur Bezahlung seines Wechsels. Eine solche Macht findet aber nirgends statt. Weder der, welcher den wahren Wechsel hat, noch der, welcher ihn diskontiert, hat irgendein Eigentumsrecht an den bestimmten Waren, für welche er gegeben worden ist. Er verläßt sich ebensowohl bloß auf die allgemeine Zahlfähigkeit des Wechselausstellers, als es der Inhaber irgendeines bloßen Scheinwechsels tut. Der erdichtete Wechsel kann ja auch in vielen Fällen, von einem Manne ausgestellt sein, der ein ansehnliches, bekanntes Kapital besitzt, in welchem Falle man ebensogut sagen könnte, daß ein Teil davon durch den erdichteten Wechsel vorgestellt wird. Die Behauptung also, daß wahre Schuldbriefe Eigentum, erdichtete aber kein Eigentum vorstellen, läßt der einen Art Schuldbriefen zu viel und der andern Art zu wenig Gerechtigkeit widerfahren.

Wir kommen nun zu einigen Punkten, in welchen sie wirklich unterschieden sind.

Zuerst läßt sich gegen einen Schein- oder Hilfswechsel der Einwurf machen, daß er etwas vorgibt zu sein, was er nicht ist. Dieser Einwurf trifft jedoch nur diejenigen Scheinwechsel, welche für reelle ausgegeben werden. In vielen Fällen aber ist es ganz offenbar was sie sind. Zweitens ist es im allgemeinen weniger wahrscheinlich, daß ein Scheinwechsel als daß ein wahrer Wechsel bezahlt werden wird. Es herrscht die allgemeine Meinung, daß, wer sich mit Scheinwechseln hilft, sich mehr auf abenteuerliche und unsichere Spekulationen einläßt als ein Mann, der sich nie dazu versteht. Es folgt drittens, daß Scheinwechsel, außer daß sie unsicher sind, weit eher das Maß in Rücksicht auf ihre Menge überschreiten. Der Umfang der wirklichen Käufe eines Mannes hat eine gewisse Grenze, die bis zum Belauf seiner reellen Schuldbriefe geht; und da es überall im Handel sehr zu wünschen ist, daß der Kredit in einer gewissen ordentlichen und regelmäßigen Proportion unter alle Kaufleute verteilt sei; so gibt das Maß der wirklichen Käufe eines Handelshauses, die man aus der Erscheinung seiner Wechsel erkennt, die es zufolge jener Käufe ausgestellt hat, eine gewisse, obgleich in vieler Hinsicht immer sehr unvollkommene Regel ab, wenn es darauf ankommt, seinen Kredit oder sein Vermögen zu beurteilen.

Dem Wesen nach ist ein Schein- oder Hilfswechsel offenbar eben das, was ein zahlbarer Versprechungsschein ist, und in gewisser Hinsicht, nämlich darin noch besser, daß bei einem Versprechungsscheine nur eine, beim Hilfswechsel aber zwei Sicherheiten sind. Die Eifersucht unter den Kaufleuten aber, es möchten einige die Mittel, sich bares Geld zu verschaffen, zu weit treiben, ist so groß, daß ein Papier, welches seiner allgemeinen Natur nach das einzige ist, was Leute, die keine Handelsgeschäfte treiben, ausstellen können, und wenn es von diesen kommt, für gut gehalten wird, augenblicklich etwas von seinem Kredit verliert, sobald es von einem Kaufmanne kommt. Und weil ein solches Papier in des Kaufmannes Hand notwendigerweise die Gestalt desjenigen Papiers annimmt, das bei Gelegenheit eines Warenkaufs ausgestellt wird, so hat man es mit dem Beiwort e r d i c h t e t belegt; ein Beiwort, welches den verworrenen oder einem Mißverstand leicht unterworfenen Begriff unterhalten zu haben scheint, als ob etwas Falsches oder Täuschendes in einem solchen Papier sowohl als in dem dadurch sichtbar werdenden Reichtume des Landes läge....

[49

Kap. 3. ...Sobald das Zutrauen in einem Lande eine gewisse Höhe erreicht, so bemerken gewisse Personen, daß es vorteilhaft ist, wenn sie Zettel ausgeben, welche die Versicherung enthalten, daß sie sogleich in Geld ausgewechselt werden sollen, und die, wegen der Leichtigkeit, womit sie verwechselt werden können, statt des Geldes zirkulieren. Bloß ein Teil desjenigen Geldes, dessen Stelle die Zettel einnehmen, muß in Kassa behalten werden, um die laufenden Zahlungen davon zu bestreiten; mit den übrigen werden Zinsen gewonnen, und diese Zinsen machen den Profit dessen aus, der die Zettel ausgibt. Irgendeine reiche kreditvolle Gesellschaft wird wahrscheinlich dergleichen Zettel zuerst ausgeben; die zahlreichen Eigentümer, welche Mitglieder der Kompagnie sind, werden ihren Einfluß anwenden, um dem neuen Papier Umlauf und Kredit zu verschaffen. Denn sie versprechen sich Dividenden davon. Die Errichtung einer großen öffentlichen Bank wirkt auf Beförderung der Errichtung von Privatbanken hin. Denn da die öffentliche immer auf reichliche Geldvorräte wegen ihrer eignen Zahlungen bedacht sein muß, so wird sie gleichsam ein großer Goldbehälter, woraus Privatbanken ohne große Schwierigkeit, Kosten oder Aufschub sich zu jeder Zeit mit dem für ihre Bedürfnisse nötigen Golde versehen können.

Adam Smith betrachtet in dem Kapitel vom Papierkredit das Nationalkapital des Geldes in demselben Lichte und zeigt, was die Maschinen oder Instrumente des Handels kosten, um sie erst zu errichten und sie dann zu erhalten. Hierauf bemerkt er, wie sehr das Papier, wenn man es dahinbringt, daß es die Stelle der Gold- und Silbermünze ersetzt, dazu dient, ein sehr teures Handelsinstrument durch ein äußerst wohlfeiles und oft ebenso bequemes zu ersetzen....

Ob aber gleich Smith über den Papierumlauf sich sehr ausführlich verbreitet, so hat er doch den Umstand ganz aus der Acht gelassen, daß die Wechselbriefe wieder sehr auf die Ersparung des Bankpapiers hinwirken und dessen Stelle in mehreren Fällen zu ersetzen geschickt sind.... Sie ersparen nicht nur den Gebrauch des baren Geldes, sie nehmen auch in vielen Fällen dessen Stelle ein. Man setze z. E., daß ein Pächter auf dem Lande an seinen benachbarten Gewürzhändler eine Schuld von 10 £ mit einem Wechsel auf seinen Kornhändler in London, der ihm für verkauftes Korn dieses Geld schuldig ist, bezahlt; der Gewürzhändler setzt sein Giro darauf und bezahlt damit eine gleiche Schuld an seinen benachbarten Zuckerbäcker; dieser indossiert den Wechsel abermals und schickt ihn an einen Westindienhändler in einem Seehafen, und der Westindienhändler gibt ihn seinem Bankier, der ihn abermals indossiert und zur weiteren Zirkulation versendet. Der Wechsel wird also in diesem Falle fünf Zahlungen geradeso vollkommen verrichtet haben, als wenn er eine Banknote au porteur gewesen wäre. Jedoch stützte sich die Zirkulation dieses Wechsels hauptsächlich auf das Vertrauen, welches jeder Empfänger auf den letzten Indossanten, seinen eignen Korrespondenten, setzte: da hingegen die Zirkulation der Banknote auf dem Umstande beruht, daß der Name des Ausstellers so bekannt ist, daß sie dadurch einen ganz allgemeinen Kredit erhält. Eine Menge Wechsel zirkulieren auf die eben beschriebene Art unter den Kaufleuten in unserm Lande, und sie machen offenbar im ganz eigentlichen Sinne einen Teil von dem Zirkulationsmittel im Königreiche aus.

Indessen zirkulieren Wechsel, besonders solche, die auf große Summen ausgestellt sind, im allgemeinen langsamer als Gold und Silber. Der Grund davon ist folgender: Banknoten bringen zwar demjenigen Zinsen, der sie ausgibt, aber nicht dem, der sie bei sich behält; sie sind gerade so unfruchtbar für ihn als die Guineen, die er bei sich führt. Der Besitzer einer Banknote eilt also, sie los zu werden. Der Besitzer eines Wechsels hingegen besitzt etwas, das immer mehr wert wird, je länger er es bei sich behält. Im Anfange, wenn der Wechsel gezogen ist, ist er etwas weniger wert als eine Banknote von gleichem Nennwert, weil er erst nach mehreren Tagen zahlbar ist; der erste Empfänger wird sich also wegen seines etwas geringern Wertes eine Vergütung in dem Preise des Artikels, womit er den Wechsel kauft, ausbedingen. Gibt er ihn wieder an Zahlungsstatt, so muß er dem nächsten Empfänger auch wieder, nach Proportion der Zeit, welche der Wechsel noch zu laufen hat, einen Schadenersatz gewähren. Jeder Inhaber des Wechsels hat also ein Interesse dabei, wenn er ihn an sich behält, bis an den Tag, wo er zahlbar ist....

Diese Eigenschaft der Wechsel... trägt sehr viel zu ihrem Gebrauch bei. Die ganze handelnde Welt hat ein Interesse dabei, denselben zu befördern. Denn was ist richtigere Kaufmannspolitik, als einen Artikel zu besitzen, der so lange, als man ihn behält, regelmäßige Zinsen trägt, der keiner Preisveränderung ausgesetzt ist, den man nach Handelsgebrauch in gewissen Fällen als Zahlung anwenden und vermittelst der Aufopferung eines geringen Diskonts beliebig in bares Geld verwandeln kann?

Waren können diese Zwecke nicht erfüllen, weil sie durch das Innebehalten nicht teurer werden, auch Stocks oder Staatspapiere nicht, weil, ob sie schon Zinsen tragen, doch zu sehr im Preise schwanken auch überdem beim Verkauf Mäklerkosten verursachen, der Unbequemlichkeiten nicht zu gedenken, die daraus entspringen, daß sie bloß in den Büchern der Londoner Bank übertragbar sind. Da indessen Stocks zu jeder Zeit verkäuflich und daher so gut wie bares Geld sind, so beurteilt man sie in London in einem gewissen Grade wie die Wechsel. Denn sie dienen gewissermaßen wie die Wechsel, wenn man diese als Gegenstände des Diskonts betrachtet, zur Ersparung der Banknoten. Die Schatzkammerscheine sind nicht ganz so brauchbar zu diesem Zwecke, weil mit ihrem Verkauf wie mit dem Verkauf der Stocks Provisionsunkosten verknüpft sind, und weil ihr Preis, einiger anderer unbedeutenderen Einwürfe nicht zu gedenken, immer etwas schwankend ist.

Da Wechsel hauptsächlich in der Kaufmannswelt herumlaufen, so werden sie von dem übrigen Teile des Publikums wenig bemerkt. Allein der Belauf vorhandener Wechsel mag dennoch zu jeder Zeit viel größer sein, als alle Arten von Banknoten und alle umlaufende Guineen zusammen genommen.

Einige sind der Meinung, daß das, was man das Zirkulationsmittel eines Landes nennt, mit der Quantität des Handels und den Zahlungen dieses Landes in regelmäßigem Verhältnisse stehe. Unterdessen ist durch das bisherige gezeigt worden, daß derjenige Teil des Zirkulationsmittels, welcher dem Inhaber Zinsen gewährt, viel weniger Zahlungen, in Vergleich seines Betrags, leistet als derjenige Teil, welcher keine Zinsen trägt. Eine Anzahl von Banknoten, welche zusammen 100 £ betragen, werden z. E. ungefähr eine Zahlung in 3 Tagen verrichten, während ein Wechsel von 100 £ vermöge der Neigung, die jeder Inhaber hat, ihn an sich zu halten, nur etwa in 9 Tagen eine Zahlung bewirken wird.

In Adam Smith' Werken kommt eine Stelle vor, welche den Irrtum, von welchem ich geredet habe, sehr leicht befestigen kann, und es wird daher nicht unnütz sein, über diese Stelle etwas ausführlich zu reden.

Er sagt: „Alle Arten Papiergeld, welche in einem Lande mit Leichtigkeit zirkulieren können, dürfen zusammengenommen nie mehr betragen als den Wert desjenigen Goldes und Silbers, dessen Stelle das Papiergeld vertritt, oder welches, wenn der Handel gleich groß bleibt, umlaufen würde, wenn gar kein Papiergeld im Lande wäre.“ ...

Smith' Irrtum besteht darin, daß er behauptet, alles Papiergeld zusammengenommen, welches mit Leichtigkeit umlaufen könne, wenn keine Guineen vorhanden wären, müsse der Summe nach, soviel betragen als die Guineen, welche zirkulieren würden, wenn gar kein Papiergeld da wäre, da es doch nicht sowohl auf die Natur der Dinge, welche zirkulieren, d. h. der Dinge, welche der Zirkulation fähig sind, sondern auf die wirkliche Zirkulation ankommt. Diese, hätte er sagen sollen, muß in beiden Fällen dieselbe sein. Die Quantität des zirkulierenden, d. h. des der Zirkulation fähigen Papiergeldes kann groß und die Quantität des wirklich zirkulierten doch klein sein und umgekehrt. Denn dieselbe Banknote kann ebensogut in einem Tage 10 Zahlungen als in 10 Tagen eine Zahlung verrichten, und die eine Note wird also in dem einen Falle gerade eine so große Wirkung hervorbringen, wozu in dem andern 100 Noten erfordert werden würden.

Ich habe bis jetzt von den verschiedenen Graden der Schnelligkeit in der Zirkulation der verschiedenen Arten des Papiergeldes geredet und von der daraus folgenden Verschiedenheit der Quantität einer jeden Art, welche zur Bewirkung derselben Zahlungen erfordert wird. Nun will ich von den verschiedenen Graden der Schnelligkeit in der Zirkulation eines und eben desselben Zahlungsmittels zu verschiedenen Zeiten noch etwas sagen, und zwar zuerst von den Banknoten.

Die Ursachen, welche auf eine Abwechslung in der Schnelligkeit der Zirkulation der Banknoten wirken, können sehr verschieden sein. Im allgemeinen ist zu bemerken, daß ein hoher Grad des allgemeinen Vertrauens sehr dazu dient, ihren Umlauf zu beschleunigen.... Alles, was bewirkt, daß z. E. der englische Bankier seinen Vorrat von Londoner Noten vergrößert, um sich gegen Zufälle zu versehen, trägt etwas dazu bei, die Zirkulation der ganzen Masse der Londoner Banknoten weniger schnell zu machen. Nun aber trägt ein hoher Grad des allgemeinen Vertrauens sehr viel dazu bei, daß sich die Menschen weniger reichlich gegen Zufälle versehen. Sie verlassen sich dann darauf, daß, im Fall eine Anforderung wegen einer bis jetzt noch zweifelhaften und zufälligen Zahlung an sie sollte gemacht werden, sie augenblicklich werden Rat schaffen können, und sie hüten sich, einen Artikel mit Verlust zu verkaufen oder Wechsel diskontieren zu lassen, bloß um sich mit Zahlungsmitteln lange vor der Zeit zu versehen, ehe sie derselben benötigt sind. Sobald dagegen eine Zeit des Mißtrauens eintritt, so rät die Klugheit, den Verlust der Zinsen, der aus der Zurückhaltung der Bankzettel für einige Tage entspringt, nicht zu achten....

Ich rede hier insbesondere von den Noten der englischen Nationalbank, weil diese immer einen großen Kredit behalten, und daher gilt auch meine Bemerkung vielleicht nur von diesen. Sie machen das Geld aus, in welchem die großen kaufmännischen Zahlungen in London, welche Zahlungen auf Rechnung des ganzen Landes sind, gemacht werden. Wenn daher die Furcht eintritt, es möchte Schwierigkeiten machen, gegen Wechsel englische Banknoten zu erhalten, so wirkt dieses auf alle Bankiers, Kauf- und Handelsleute fast ebenso als bei geringern Leuten die Furcht, ihre Bankzettel nicht in Guineen verwandeln zu können. Die Besorgnis einer herannahenden Schwierigkeit treibt die Menschen an, das heute zu tun, was sie sonst morgen tun würden.

Die Wahrheit dieser Bemerkung in Ansehung der Nationalbanknoten von England und die Wichtigkeit, weshalb sie Aufmerksamkeit verdient, kann durch die Begebenheiten des Jahres 1793 klar gemacht werden, wo, durch den Fall mehrerer Privatbanken in den Provinzen (country-banks), fast ein allgemeines Mißtrauen entstand. Der Schreck war, weil dergleichen bedeutendes Unglück seit langer Zeit nicht vorgefallen war, außerordentlich groß. Man hat keinen Grund anzunehmen, daß damals weniger englische Banknoten im Umlaufe gewesen wären als sonst, und doch reichte die vorhandene Zahl derselben in dieser Schreckensperiode nicht hin, die Zahlungen der Hauptstadt mit Pünktlichkeit zu erfüllen. Dieser Mangel aber hatte gewiß zum Teil seinen Grund in der Langsamkeit, womit diese Noten zirkulierten, welche der eben beschriebene Lärm natürlicherweise verursachte. Jedermann fürchtete, er möchte seine Noten nicht in Bereitschaft haben, wenn der Zahltag käme, und war bemüht, sich etwas früher mit dem benötigten Vorrate zu versehen. Eine natürliche, aber schädliche Furchtsamkeit bewog auch wohl einige Kaufleute, diejenigen Noten selbst in Händen zu behalten, die sie sonst ihren Bankiers würden anvertraut haben, und durch alles dieses mußte bewirkt werden, daß mit derselbigen Quantität Bankpapier weniger Zahlungen verrichtet werden konnten, oder mit andern Worten, daß die Schnelligkeit in dem Umlaufe der Noten im ganzen vermindert und so die Zahl der fehlenden Noten vermehrt wurde. Auch mußten wahrscheinlicherweise mehrere Nationalbanknoten die Stelle der nun außer Zirkulation gesetzten Privatbanknoten vertreten.

Der glückliche Erfolg des Heilmittels, welches das Parlament anwendete, entdeckt die Natur des Übels aufs deutlichste. Es wurde nämlich verordnet, so vielen Kaufleuten, als sich dazu qualifizieren würden, gegen die gehörige Sicherheit ein Darlehn in Schatzkammerscheinen zu geben. Der Umstand, welcher hierbei die ernsthafteste Aufmerksamkeit verdient, ist, daß die Unfähigkeit zu zahlen großenteils aufgehört hatte und der Handelskredit anfing, wieder hergestellt zu werden, nicht zu der Zeit, wo die Schatzkammerscheine wirklich abgeliefert worden waren, sondern eine geraume Zeit vor dieser Periode. Es verdient ferner bemerkt zu werden, daß, obgleich die Bankerotte in einer außerordentlichen Nachfrage nach Guineen ihren Ursprung hatten, dennoch nicht Gold die Hilfe war, welche die Kur vollbrachte. Jene Furcht, daß es nicht möglich sei, Guineen zu erhalten, welche in den Provinzen entstand, hatte eine außerordentliche Nachfrage nach Londoner Banknoten zur Folge, und der Mangel an diesen Noten in London wurde nachher das Hauptübel. Die bloße Erwartung der Unterstützung mit Schatzkammerscheinen, d. h. die Erwartung, daß jeder Kaufmann einen Artikel erhalten konnte, von welchem jedermann wußte, daß er ihn verkaufen und so in

Banknoten und diese in Guineen verwandeln konnte, erschuf den Begriff einer allgemeinen Zahlungsfähigkeit wieder. Diese Erwartung hob zuerst die Not in London und verminderte dann die Nachfrage nach Guineen in den Provinzen, vermittelst der Pünktlichkeit, die sie in den Londoner Zahlungen hervorbrachte, und vermittelst des allgemeinen Vertrauens, welches sie auf diese Art einflößte. Die Summe, welche das Parlament in Schatzkammerscheinen vorzuschießen erlaubte, war 5 Mill., aber es wurde nicht ½ Mill. wirklich abgeholt. Von der geliehenen Summe ging nichts verloren...

Daß der Zustand eines allgemeinen Mißtrauens eine Langsamkeit im Umlaufe der Guineen verursacht, und daß zu einer solchen Zeit eine viel größere Quantität Geld nötig ist, um nur dieselben Geldzahlungen zu bewirken, ist ein Satz, der kaum eines Beweises bedarf. Jedoch werden einige Bemerkungen hierüber nicht ohne Nutzen sein. Wenn, sagt man gemeiniglich, eine außerordentliche, das Land beunruhigende Begebenheit eintritt und das Geld in einem gewissen Maße verschwindet, so werden die Guineen aufgehäuft und im Kasten verschlossen. Dieser Satz ist in einem gewissen Grade buchstäblich wahr. Allein die Seltenheit des Goldes rührt wahrscheinlich hauptsächlich von dem Umstande her, daß in solchem Falle sehr viele Personen, als Privatbankiers, Kaufleute und andere, die Summe Goldes mehr oder weniger vergrößern, welche sie gewöhnlich als Vorrat für unvorhergesehene Fälle an sich zu halten pflegen. Der Besitzer einer solchen vergrößerten Kasse hat nicht eben die Absicht, sie auf keinen Fall anzugreifen, sondern er ist nur immer bemüht, sie wieder anzufüllen, wenn er sie angegriffen hat. Auf diese Art wird dann der Umlauf der Guineen aufgehalten, und je langsamer derselbe ist, eine desto größere Menge derselben ist nötig, um dieselbe Zahl der Goldzahlungen zu bestreiten....

Noch eine Einwendung gegen dieselbe Bemerkung von Smith ist folgende: Ununterrichtete Personen können nämlich dadurch verleitet werden, zu glauben, daß der Handel eines Landes und insbesondere des unsrigen, so wie er jetzt beschaffen ist, sämtlich durch Guineen betrieben werden würde, wenn alle Arten von Banknoten auf irgendeine Weise vernichtet würden. Wir haben aber schon oben bemerkt, daß, wenn die Banknoten vertilgt wären, wahrscheinlich die Wechsel hierselbst in einem gewissen Grade an ihre Stelle treten würden, und daß diese wegen ihres langsameren Umlaufs in diesem Falle sich auf eine weit höhere Summe belaufen würden, als die Noten, deren Stelle sie einnehmen müßten. Aber weiter: Wenn alle Banknoten und auch alle Wechsel vertilgt wären, so würde man doch gewiß bald ein anderes Mittel als Gold und Silber an ihre Stelle setzen. Man würde zu verschiedenen

Erfindungen seine Zuflucht nehmen, wodurch man bei großen Handelsgeschäften die Beschwerlichkeit des Zahlens, Wägens und Transportierens der Guineen ersparen könnte, so daß der Belauf der gebrauchten Guineen bei weitem nicht so beträchtlich sein würde als die Summe der unterdrückten Wechsel und Banknoten. Immer würden Banken errichtet werden, wenn auch nicht solche, dergleichen jetzt existieren, doch solche und so viele, als nötig sein würde, sowohl die Beschwerlichkeit des Goldes als die Kosten zu ersparen, die aus dem Verlust der Zinsen des innebehaltenen Goldes immer entstehen müssen. Auch jetzt werden ja bloß durch die Übertragung der Schulden des einen Kaufmannes auf den andern in den Büchern der Banken eine große Menge sogenannter Kassazahlungen ohne alles Bankpapier *) bewirkt, und gewiß würde eine noch viel größere Summe auf diese oder ähnliche Art umgeschrieben werden, wenn die Guineen das einzige Umlaufsmittel im Lande wären. Es würde immer noch einen Kredit geben; man würde sich Kredit durch Bücher, durch Zeugen oder auch durch bloß mündliche Versprechungen zu schaffen wissen. Das wäre denn zwar kein Papierkredit, aber doch immer ein solcher Kredit, der mehr oder weniger den Gebrauch der Guineen ersparen würde. Es würde vielleicht eine schlimmere Art von Kredit sein, ein Kredit, der nicht so genau nach dem Verdienst der verschiedenen Personen verteilt und in manchen Fällen wenigstens noch ausgedehnter wäre; es würde dieser Kredit vielleicht weniger zur Pünktlichkeit in den Zahlungen und zur schuldigen Erfüllung der Verbindlichkeiten beitragen; er würde das Interesse des Handels und die Wohlfeilheit der Waren weniger befördern, und es würde dieser Kredit wahrscheinlich ebenso leicht unterbrochen werden, wenn

*) Die folgende jetzt unter den Bankiers in der City von London übliche Methode mag zur Erläuterung dessen, was ich sage, dienen und mag zugleich zeigen, wie eifrig diejenigen, welche keine Banknoten sebst ausgeben, bemüht sind, sowohl das Papier als die Guineen zu ersparen. Diese Bankiers nämlich pflegen zu einer bestimmten Stunde des Nachmittags in ein zu diesem Gebrauche besonders gemietetes Zimmer einen Handlungsdiener zu schicken. Jeder derselben wechselt nun die in seinem Hause eingegangenen Tratten auf andere Bankiers gegen die Tratten auf sein eignes Haus, welche in den Häusern der übrigen Bankiers abgegeben sind, aus. Die Bilanzen der verschiedenen Bankiers werden in demselben Zimmer voneinander übertragen auf eine Art, die hier im Detail zu beschreiben unnötg ist, und die verschiedenen Bilanzen endlich von jedem Diener in eine Bilanz zusammengezogen. Die Differenz zwischen der ganzen Summe, die jeder Bankier an alle übrigen Citybankiers zu bezahlen, und der ganzen Summe, die er von allen übrigen Citybankiers zu empfangen hat, ist also alles, was in Banknoten oder Geld berichtigt wird; eine Differenz, die viel weniger beträgt, als die v e r s c h i e d e n e n Differenzen zusammengenommen betragen würden. Diese Manier, den Gebrauch der Banknoten zu sparen, kann die Ausführbarkeit einer großen Verschiedenheit von Erfindungen zeigen, wozu Handelsleute, die Vertrauen zueinander haben, natürlicherweise ihre Zuflucht nehmen würden, um den Gebrauch des Goldes zu umgehen, wenn wir annehmen, daß kein Bankpapier mehr vorhanden wäre.

ein plötzlicher Lärm im Lande oder sonst eine wesentliche Veränderung in den Handelsaussichten oder in dem Zustande des Landes vorfiele.

50] b) Ricardo

The high price of bullion a proof of the depreciation of bank notes. London 1809. Nach der 4. Ausgabe v. 1911 „with an appendix" abgedruckt: The works of David Ricardo, by J. R. McCulloch. London 1888, S. 261 bis 290. — Die Anmerkungen sind weggelassen.

Die Goldteuerung als Beweis für die Entwertung der Banknoten.

[*1. Die Gesetze des internationalen Geldaustausches.*] S. 264

... Gold und Silber haben wie andere Waren einen inneren Wert, der nicht willkürlich ist, sondern abhängt: von ihrer Seltenheit, von der auf ihre Gewinnung verwendeten Arbeitsmenge und von dem Werte des Kapitals, das in den Produktions-Bergwerken angelegt ist.

Wäre die Menge Gold und Silber, die in der Welt als Münze verwendet wird, äußerst knapp oder überreichlich, so würde dies auf das Verhältnis ihrer Verteilung unter die verschiedenen Völker nicht den geringsten Einfluß ausüben; die Veränderung ihrer Menge würde vielmehr nur die eine Wirkung haben, daß die Waren, gegen die die Münzen getauscht werden, verhältnismäßig teurer oder billiger werden...

Wenn hingegen auf dem Wege zum Reichtum ein Volk schneller vorwärtsschreitet, als die anderen, dann würde dieses Volk einen größeren Anteil am Welt-Münzquantum nötig haben und erhalten. Der Handel dieses Volkes, seine Waren, seine Zahlungen würden zunehmen, und das Welt-Münzquantum würde sich entsprechend der neuen Proportion des Bedarfs neu verteilen. Zur Befriedigung dieser wirksamen Nachfrage würden also alle Länder ihren Teil beitragen | Wenn umgekehrt ein Volk einen Teil seines Besitzes vergeudete oder einen Teil seines Handels einbüßte, dann würde dieses Volk nicht mehr imstande sein, seine bisherige Menge von Umlaufsmitteln festzuhalten; ein Teil würde ausgeführt werden und sich unter die anderen Völker verteilen bis sich wieder ein Gleichgewicht[a]) hergestellt hat.

So lange in dem Verhältnis der Länder keine Änderung eintritt, werden auch bei lebhaftem Handelsverkehr Ausfuhr und Einfuhr insgesamt einander gleich sein. Zwar kann vielleicht England mehr Waren aus Frankreich einführen, als es dorthin ausführt, aber dann würde es infolgedessen nach irgendeinem andern Lande mehr aus- und Frankreich aus diesem Lande mehr einführen, so daß Aus- und Einfuhr aller Länder zusammen sich

a) Im Text: the usual proportions ?).

ausgleichen würden. Die notwendigen Zahlungen würden in Wechseln gemacht, aber Geld würde nicht über eine Grenze gebracht werden, weil es in allen Ländern den gleichen Wert hätte.

Würde in einem Lande eine neue Goldmine entdeckt, so würde, weil in diesem Lande mehr Edelmetall in Umlauf kommt, infolgedessen der Wert der Münze sinken und also niedriger stehen, als in anderen Ländern. Dem Gesetze gehorchend, das die Bewegung auch aller andern Waren regelt, würden hier sofort Gold und Silber, sei es in Münze, sei es in Barren, zu Ausfuhrartikeln werden; das Land, in dem sie billig geworden sind, würden sie verlassen, um nach den Ländern abzufließen, wo sie teuer geblieben sind; und zwar so lange, wie die Produktion der Mine dauert, und bis in jedem Lande das ehemalige Verhältnis zwischen Kapital und Münze sich wieder hergestellt hat und nunmehr Gold und Silber überall einen und denselben Wert haben. Für das ausgeführte Gold wären Waren eingeführt worden; und obgleich die sog. Handelsbilanz gegen das Land stände, das Münzen oder Barren ausgeführt hat, so würde dieses Land doch einen offenbar vorteilhaften Handel getrieben haben, indem es etwas, was es nicht brauchen konnte, exportiert und dafür Waren eingetauscht hätte, die zur Ausdehnung seiner Manufakturen und zur Hebung seines Wohlstandes verwendet werden können.

Stellen wir uns nun vor, es wäre in dem Lande nicht eine neue Mine entdeckt, sondern statt dessen wäre eine Bank errichtet worden, und zwar wie die Bank of England mit dem Rechte, ihre Noten als Umlaufsmittel auszugeben. Sobald die Bank, sei es in Gestalt von Darlehen an Kaufleute oder von Vorschüssen an die Regierung einen größeren Betrag an Noten ausgegeben und dadurch die Gesamtsumme der Umlaufsmittel im Lande erheblich vermehrt hat, würde sich dieselbe Wirkung ergeben, wie im Falle des Bergwerks. In diesem Lande würde also das Umlaufsmittel an Wert verlieren, und alle Waren würden entsprechend steigen. Nur durch Ausfuhr eines Teiles der Münzen ließe sich zwischen diesem Volke und dem andern wieder ein Gleichgewicht herstellen.

... An Stelle eines höchst kostbaren Umlaufsmittels setzt eine Zettelbank ein anderes, in dem an sich kein Wert steckt. Dadurch setzt uns die Bank in den Stand, die Edelmetalle, die zwar ein sehr notwendiger Bestandteil unseres Kapitals sind, aber doch keinen Ertrag abwerfen, gegen Kapitalsgegenstände umzutauschen, die einen Ertrag abwerfen. Die Vor eile der Zettelbank vergleicht Dr. A. Smith mit den Vorteilen, die wir erzielen würden, wenn wir unsere Chausseen in Viehweiden und Kornfelder umwandeln und die Wege durch die Luft bahnen könnten. Gewiß sind Chausseen wie Münzen höchst nützlich, aber einen Ertrag werfen sie nicht ab. Manchermann mag sich aufregen, wenn das bare Geld aus dem Lande geht, und mag einen Handel, der uns nötig, uns vom baren Gelde zu trennen, als unvorteilhaft ansehen — steht doch das Gesetz mit seinen Strafbestimmungen gegen die Geldausfuhr in der Tat auf diesem Standpunkt —, aber ein klein wenig Überlegung wird uns überzeugen, daß gar nicht Zwang, sondern freier Wille die Geldsendung ins Ausland veranlaßt, und daß es sehr vorteilhaft für uns ist, eine überflüssige Ware gegen andere zu vertauschen, die produktiv verwertet werden können.

Man kann die Geldausfuhr jederzeit ruhig dem Ermessen der Einzelnen überlassen; ebenso wie andere Ware wird auch bares Geld nur ausgeführt werden, wenn es für das Land vorteilhaft ist. Ist aber die Ausfuhr vorteilhaft, dann kann sie auch durch Gesetze nicht verhindert werden. Glücklicherweise gehen in diesem Falle, wie in den meisten Fällen im Handel unter freiem Wettbewerb, die Interessen des Einzelnen und die der Gesamtheit nicht auseinander.

Wäre es selbst möglich, das Gesetz gegen Einschmelzen und Ausführen von Münze streng durchzuführen, während die Ausfuhr von Barren frei bliebe, so würde daraus nicht einmal ein Vorteil erwachsen, sondern nur eine Schädigung für die, die Barren kaufen wollen und nun für eine Unze Barren in Münze mehr als das, sagen wir zwei Unzen, zahlen müßten. Dies würde für unsere Münze eine wirkliche Entwertung bedeuten, die die Preise aller anderen Waren in demselben Maße in die Höhe treiben würde wie den der Barren. Wer gemünztes Gold besitzt, würde in diesem Falle dieselbe Schädigung erleiden, wie ein Besitzer von Getreide, dem von einem Gesetz verboten würde, es höher als zum halben Marktpreise zu verkaufen. Das ist in der Tat die Tendenz des Gesetzes gegen die Geldausfuhr; nur ist seine Umgehung so leicht, daß tatsächlich stets Goldbarren und Goldmünze fast den gleichen Wert gehabt haben.

Daraus geht folgendes hervor: Auf die Dauer kann die Münze eines Landes niemals höher im Werte stehen als die eines andern, wenn man in ihnen dieselben Quantitäten Edelmetalles miteinander vergleicht; Überfluß an Umlaufsmitteln ist lediglich relativ zu verstehen; hat England an Umlaufsmitteln 10, Frankreich 5, Holland 4 Mill. usw. usw., so mag man das Quantum in jedem Lande selbst verdoppeln oder verdreifachen, und kein Land wird einen Überfluß an Umlaufsmitteln empfinden, wenn nur jenes Verhältnis gewahrt bleibt. Überall zwar werden wegen der Vermehrung der Umlaufsmittel die Warenpreise steigen, aber nirgends wird eine Geldausfuhr stattfinden. Wird aber das Verhältnis durch England allein gestört, indem dieses seine Umlaufsmittel verdoppelt, während Frankreich, Holland usw. unverändert bleiben, dann würden wir allerdings einen Überfluß und aus demselben Grunde die anderen Länder einen Mangel an Umlaufsmitteln empfinden, und ein Teil unseres Überflusses würde exportiert werden, bis die Proportion 10 : 5 : 4 usw. wiederhergestellt ist.

Wird in Frankreich eine Unze Gold höher bewertet als in England, würde sie also von einer Ware, die in beiden Ländern vorkommt, in Frankreich mehr kaufen, so würde sofort zu diesem Zwecke Gold aus England abfließen. Lieber als jedes andere Ding würden wir Gold dorthin schicken, weil es am englischen Markt die billigste tauschbare Ware wäre. Denn ist Gold in Frankreich teurer als in England, so müssen dort Waren billiger sein; wir würden dann nicht Waren von dem teuren nach dem billigen Markte senden, sondern umgekehrt sie vom billigen nach dem teueren Markte holen, d. h. wir würden sie gegen unser Gold eintauschen. | Die Bank mag ruhig weiter Noten ausgeben, und das Bargeld immer weiter, mit Vorteil für das Land, ausgeführt werden, so lange nur die Noten einlösbar bleiben; denn dann kann ihr Betrag niemals über den Betrag an Münze hinausgehen, der zirkulieren würde, wenn es gar keine Bank gäbe | Sollte man versuchen, über diesen Betrag hinauszugehen, so würde der Überschuß sofort zur Bar-Einlösung präsentiert werden; denn dann könnte die im Werte gesunkene Münze nunmehr mit Vorteil exportiert und also nicht in der inländischen Zirkulation zurückgehalten werden... Falls aber die Bank (z. B. weil ein gewisses Quantum im Vorjahre nötig war und sie daher annahm, es müsse auch in diesem nötig sein, oder aus irgendeinem anderen Grunde) dabei beharren sollte, die zurückfließenden Noten wieder auszugeben, so würde der Anreiz zur Geldausfuhr, der in einem Übermaße von Umlaufsmitteln liegt, sich mit der gleichen Wirkung erneuern: Gold würde wieder gefragt sein, der Wechselkurs würde ungünstig werden, und Goldbarren würden ein klein wenig über den Münzpreis steigen, da die Ausfuhr von Barren legal, die von Münze illegal ist, und die Differenz würde ungefähr einer billigen Vergütung für das Risiko entsprechen. | Bleibt die Bank dabei, ihre Noten immer wieder in Zirkulation zu bringen, so kann ihr schließlich die letzte Guinee aus den Kellern herausgeholt werden... | Schließlich würde also die Bank zu dem letzten Mittel greifen müssen, mit dem sie dem Verlangen nach Guinees Einhalt gebieten kann, sie würde einen Teil ihrer Noten aus dem Umlaufe herausziehen, bis sie den Wert des Restes mit Barrengold auf eine Höhe gehoben hätte, und infolgedessen auch mit der Valuta anderer Länder. Damit würde jeder Vorteil einer Goldausfuhr verschwinden, und es würde keine Versuchung mehr bestehen, Banknoten zur Einlösung gegen Guinees zu präsentieren...

Wenn wir für Waren Geld hergeben, so geschieht es nicht

unfreiwillig, sondern freiwillig. Wir würden nicht mehr Waren einführen, als wir ausführen, wenn wir nicht an Münze einen Überfluß hätten und daher Münze ausführen wollten. Weil die Münze billig ist, wird sie ausgeführt, und diese Ausfuhr ist die Ursache, nicht die Wirkung einer [sog.] ungünstigen Handelsbilanz: wir würden sie nicht ausführen, wenn wir sie nicht an einen besseren Markt schickten, oder wenn wir irgend eine Ware mit größerem Nutzen ausführen könnten...

So löst sich das ganze Problem in eine Interessenfrage auf. Wenn die Leute, die Getreide an England liefern, sagen wir für 1 Mill., dafür zur Einfuhr in ihre Heimat Waren erhalten können, die in England 1 Mill. kosten, aber im Auslande mehr einbringen als wenn man 1 Mill. in barem Gelde hinschickte, dann werden sie lieber Waren nehmen; andernfalls werden sie Geld verlangen.

Der Ausländer stellt immer zuerst eine Vergleichung an über den Wert von Gold und von Waren, auf seinem und auf unserem Markte; und nur, wenn er findet, daß Gold auf dem Londoner Markte billiger ist als auf seinem, nimmt er als Gegenleistung für sein Getreide am liebsten Gold. Vermindern wir die Menge unserer Umlaufsmittel, so geben wir unserer Valuta einen höheren Wert: dies veranlaßt nun den Ausländer, seine Wahl zu ändern und lieber Waren zu nehmen. Wenn ich in Hamburg 100 £ zu zahlen habe, so suche ich, die billigste Zahlungsweise herauszufinden. Betragen die Versendungskosten für Münze, sagen wir, 5 £, so würde mich die Erledigung meiner Schuld 105 £ kosten. Stellt sich nun das Verhältnis für Tuch so, daß ein Posten Tuch, der mich einschließlich der Versendungskosten 106 £ kostet, in Hamburg für 100 £ verkäuflich ist, so ist die Münzsendung augenscheinlich vorteilhafter. Wenn für Eisenwaren der Posten, der zur Deckung meiner Schuld erforderlich ist, an Einkauf und Transport 107 £ erfordert, so würde ich zwar das Tuch den Eisenwaren vorziehen, beiden aber die Münzsendung, weil unter diesen Umständen am Londoner Markte Münze die billigste Exportware wäre. Dieselben Gründe werden auf jenen Getreideexporteur einwirken, wenn die Abwickelung auf seine Rechnung geschieht. Wenn nun aber die Bank, „besorgt um die Sicherheit ihres Instituts“ und wohl wissend, daß die erforderliche Anzahl von Guinees ihr zum Münzpreis aus den Kellern herausgeholt würden, eine Verkleinerung ihres Notenumlaufs für erforderlich hält, dann würde die Proportion des Wertes von Münze, Tuch und Eisenwaren nicht mehr 105 : 106 : 107 bleiben, sondern die Münze würde jetzt von allen dreien am wertvollsten werden und deswegen zur Erledigung von Schulden im Auslande sich jetzt nur noch mit geringerem Vorteil verwerten lassen...

Es liegt also klar zutage, daß ein Überfluß an Umlaufsmitteln eine Entwertung zur notwendigen Folge hat; und daß als Gegenmittel im gewöhnlichen Zustande der inländischen Valuta eine Edelmetall-Ausfuhr stattfindet...

[2. *Wechsel-Pari. Störungen durch Metallwert-Änderungen.*] [51 S. 273

Vergleicht man zwei Länder miteinander, deren Umlaufsmittel beide aus Edelmetall bestehen oder aus einem Papiergeld, das jederzeit gegen Edelmetall einlösbar ist, so braucht man nur (solange das Metallgeld nicht etwa durch Abnutzung oder Kippen eine Wertverringerung erfahren hat) Gewicht und Feinheit der beiderseitigen Münzen zu vergleichen, um das Wechsel-Pari bestimmen zu können. So stellt man zwischen Holland und England das Wechsel-Pari auf etwa 11 fl. fest, weil in 11 fl. genau so viel reines Silber enthalten ist wie in 20 s Standard.

Dieses Pari ist zwar nicht unbedingt fest und kann es auch nicht sein, denn da in England der Handel nach Gold-, in Holland nach Silberwährung rechnet, so kann 1 £ Sterling oder $\frac{20}{21}$ eines Guineestücks zu verschiedenen Zeiten mehr oder weniger wert sein, als 20 s Standard, und also auch mehr oder weniger wert als die 11 fl., die dieser Summe entsprechen. Für unseren Zweck jedoch werden wir exakt genug sein, wenn wir das Pari nur auf eine Art anschlagen, entweder in Silber oder in Gold.

Habe ich also eine Schuld in Holland zu begleichen und ich kenne das Wechsel-Pari, so kenne ich auch den Betrag unserer Münze, den ich zur Begleichung brauche. ¦ Beträgt meine Schuld 1100 fl. (und hat sich der Goldwert nicht etwa geändert), so werden 100 £ in unserer reinen Goldmünze so viel holländisches Geld kaufen, wie zur Bezahlung meiner Schuld erforderlich ist. Ich führe also die 100 £ in Münze aus, oder (was auf dasselbe hinauskommt) ich zahle an einen Barrenhändler die 100 £ in Münze und lege noch die Versendungskosten darauf, nämlich Fracht, Versicherung und Provision. Er verkauft mir dafür einen Wechsel, der meine Schuld in Holland begleicht; gleichzeitig führt der Händler die Barren aus, um seinen Geschäftsfreund zur Bezahlung am Verfalltage instand zu setzen.

Jene Unkosten sind in diesem Falle die äußersten Grenzen für einen ungünstigen Wechselkurs. Wie groß auch meine Schuld sein mag, käme sie selbst der größten Subsidienzahlung gleich, die England jemals an einen Verbündeten geleistet hat, — so lange ich den Barrenhändler in vollwertiger Münze bezahlen kann, wird er froh sein, sie auszuführen und mir dafür Wechsel zu verkaufen. Wenn ich aber seine Wechsel in verschlechterter Münze oder minderwertigem Papiergeld bezahle, so wird er mir seine Wechsel zu diesem Kurse nicht abgeben wollen. Denn wenn die Münze verschlechtert ist, so ist in ihr die Menge reinen Goldes oder Silbers, die in 100 £ enthalten sein sollte, nicht enthalten, und er muß daher, will er seinen Geschäftsfreund instand setzen, meine Schuld von 100 £ = 1100 fl. zu begleichen, noch eine Anzahl derartiger verschlechterter Stücke mehr exportieren. Bezahle ich ihn in Papiergeld, das er überhaupt nicht nach auswärts schicken kann, so wird er überlegen, ob dieses Papiergeld im Inlande so viel Gold oder Silber kaufen kann, wie in der Münzsumme enthalten ist, für die das Papiergeld als Surrogat gelten will. Ist das der Fall, so wird das Papier für ihn so annehmbar sein wie Münze; ist es nicht der Fall, so wird er für seine Wechsel darüber hinaus noch ein Agio verlangen, genau gleich dem Betrage, um den das Papiergeld entwertet ist.

So lange also das Umlaufsmittel aus vollwichtiger Münze oder aus einem Papiergeld besteht, das jederzeit gegen vollwichtige Münze einlösbar ist, kann der Wechselkurs nie höher steigen oder tiefer sinken, als die Transportkosten der Edelmetalle betragen. Besteht das Umlaufsmittel aber aus einem entwerteten Papiergeld, dann muß der Wechselkurs nach dem Grade dieser Entwertung sinken.

Daher ist der Wechselkurs ein ziemlich genaues Kriterium für die Verschlechterung der Valuta, die aus gekippter Münze oder entwertetem Papiergeld herrührt. | James St[e]uart sagt: „Würden in England plötzlich sämtliche Zollstöcke um eine gewisse Quote verlängert oder verkürzt, so würde man das Maß der Änderung am besten feststellen, indem man den neuen englischen Fuß mit dem Pariser oder dem irgendeines anderen Landes vergliche, der unverändert geblieben ist. | Genau ebenso liegt es wenn man findet, daß das £ Sterling, die englische Einheit, sich irgendwie geändert hat, aber wegen einer Verwickelung der Umstände die Feststellung des Maßes dieser Wandlung auf Schwierigkeiten stößt; dann bekommt man es ebenso am leichtesten heraus, wenn man sowohl den früheren wie den gegenwärtigen Wert eines £ Sterling mit der Münze eines anderen Volkes vergleicht, die keine Änderung erlitten hat... Dies leistet der Wechselkurs mit größter Genauigkeit.“

[3. *Störungen durch Noten.*] [52

Zurzeit kursiert bei uns fast nur Papiergeld, und einer Entwertung der Papiervaluta müssen wir mindestens dieselbe Sorgfalt entgegenstellen, wie einer Münzentwertung.

Das haben wir nicht getan.

Indem das Parlament die Bank von der Verpflichtung der Barzahlung befreite, hat es den Leitern dieses Unternehmens die Gewalt gegeben, den Betrag der Banknoten zu vermehren oder zu vermindern. Indem so die früheren Hemmungen gegen eine Über-Ausgabe von Noten beseitigt wurden, haben die genannten

Leiter tatsächlich die Macht erhalten, den Wert unserer Papiervaluta zu steigern oder zu senken.

Ich will nunmehr die gegenwärtigen Übelstände bis zu ihrer Quelle verfolgen und an den vorhererwähnten untrüglichen Anzeichen, Wechselkurs und Barrenpreis, dartun, daß die Übelstände tatsächlich vorhanden sind. Hierbei will ich Thorntons Bericht über die Verwaltung der Bank vor der Suspension der Barzahlungen benutzen, um zu zeigen, mit welcher Klarheit die Direktoren nach dem Grundsatz handelten, den Thornton ausdrücklich anerkannt hat — daß nämlich der Wert der Banknoten von ihrem Gesamtbetrage abhängt — und daß sie die Wandlungen im Werte der Banknoten nach den beiden genannten Anzeichen feststellten.

[*Folgt die Darstellung der Verwaltung vor 1797, und sodann:*] Da aber nunmehr durch die Suspension der Barzahlungen alle Hemmungen gegen eine Über-Ausgabe von Banknoten weggefallen sind, so sehen sich jetzt die Direktoren durch keinerlei „Befürchtungen für die Sicherheit ihres Instituts“ genötigt, die Menge der Banknoten auf die Summe zu beschränken, bei der sie den Wert der repräsentierten Münze behalten. Dementsprechend sind die Goldbarren von 3 £ 17 s 7¾d, dem Durchschnittspreise vor 1797, auf 4 £ 10 s, kürzlich sogar auf 4 £ 13 s per Unze gestiegen.

Es ist also nur in Ordnung, für diese Differenz im relativen Werte, oder anders ausgedrückt, für diese Entwertung der Banknoten, die Ursache in der allzureichlichen Menge der in Umlauf gesetzten Banknoten zu erblicken. Derselbe Grund, der für Banknoten und Goldbarren eine Wertdifferenz von 15—20 % hervorgebracht hat, kann dies auch auf 50 % wachsen lassen. Für eine Entwertung von Banknoten, die aus ihrer beständigen Vermehrung hervorgeht, gibt es überhaupt keine Grenze. Der Anreiz zur Münzausfuhr, der immer in einem Übermaß von Umlaufsmitteln liegt, hat jetzt neue Kraft gewonnen und gleichzeitig die frühere Fähigkeit der Selbstregulierung eingebüßt. Wir haben jetzt nur noch Papiergeld, das der Natur der Sache nach auf das Inland beschränkt bleibt. Jede Vermehrung degradiert es unter den Wert von Gold- und Silberbarren, unter den Wert der fremden Valuta.

Die Wirkung ist dieselbe, wie die des Münzkippens.

Nimmt man von jedem Guineestück 1/5 weg, so würde der Marktpreis von Goldbarren sich um 1/5 über den Münzpreis erheben. 44½ Guineestücke (soviel gehen auf ein Gewichtspfund, was mit der Bezeichnung „Münzpreis“ ausgedrückt sein soll) würden jetzt nicht mehr ganz ein Pfund wiegen. Deswegen müßte man jetzt für ein Gewichtspfund Gold 1/5 mehr zahlen (das macht ungefähr 56 £), und die Differenz zwischen Markt- und Münzpreis, zwischen 56 £ und 46 £ 14 s 6 d, würde das genaue Maß der Entwertung sein. | Wenn man ein solches verschlechtertes Geldstück gleichwohl nach wie vor Guinee nennen und in ihr den Wert von Goldbarren und von allen anderen Waren ausdrücken würde, dann würde man auf eine Guinee, die frisch von der Münze kommt, sagen, sie sei 1 £ 5 s wert, und diese Summe würde für sie in der Tat im Handel (der übrigens gesetzlich unerlaubt ist) gegeben werden. Aber dann würde nicht das frische Guineestück im Wert gestiegen, sondern das verschlechterte gesunken sein. Dies würde sofort klar werden, wenn eine Bekanntmachung erginge mit dem Verbot, verschlechterte Guineestücke anders als nach Gewicht zum Münzpreise von 3 £ 17 s 10½ d zu geben und zu nehmen; damit würde das frische vollwichtige Guineestück als Standard-Wertmaß eingesetzt sein an Stelle des gekippten und verschlechterten Guineestückes. Letzteres würde nur noch nach seinem wirklichen Werte von Hand zu Hand gehen, und man würde es als 17- oder 18-Schillingstück bezeichnen. Ganz ebenso würden Banknoten, wenn jetzt eine entsprechende Bekanntmachung erginge, zwar nach wie vor im Umlaufe bleiben, aber man würde sie nur für den Wert von soviel Barrengold annehmen, wie man mit ihnen kaufen kann. Man würde nicht mehr dann sagen, das Guineestück sei 1 £ 5 wert, sondern die £-Note würde nur noch für 16 oder 17 s gehen. Zurzeit ist bei uns die Goldmünze nur noch eine Ware, und die Banknote ist das Standard-Wertmaß...

...Der Ausdruck, Gold habe einen hohen Preis, ist mißgriffen; nicht Gold, sondern Papier hat eine Wertänderung erfahren. Man vergleiche eine Unze Goldes oder 3 £ 17 s 10½ d mit Waren: das Verhältnis ist heute dasselbe, wie früher; (wenn nicht, dann liegt es an Erhöhung einer Steuer oder an irgendwelchen anderen Ursachen, welche unaufhörlich am Werke sind, Werte zu ändern). Wenn wir aber das Surrogat einer Unze Goldes, das sich in Banknoten im Betrage von 3 £ 17 s 10½ d darstellt, mit Waren vergleichen, so werden wir sofort sehen, daß die Banknoten jetzt weniger wert sind, als früher. Um die Menge Waren zu kaufen, die ich für das Gold erhalte, das in 3 £ 17 s 10½ d Münze steckt, muß ich heute auf jedem Markte der Welt in Banknoten 4 £ 10 s hergeben.

Man hört oft, daß ein Guineestück in Hamburg 26 oder 28 s wert sei. Man würde sich aber sehr täuschen, wenn man nun glauben wollte, daß man in Hamburg ein Guineestück für so viel Silber verkaufen könnte, als in 26 oder 28 s enthalten ist. Vor der Änderung im relativen Werte von Gold und Silber konnte man die Guinee in Hamburg nicht einmal für so viel Silbermünzen verkaufen, als in 21 s Standard enthalten ist; bei dem gegenwärtigen Marktpreise bekommt man für sie ein Quantum Silbermünzen, das, wenn nach England eingeführt und dort in unsere Münze gebracht, in unserer Standard-Silbermünze 21 s 5 d ergeben würde. | Gleichwohl ist es ganz richtig, daß dieselbe Menge Silber in Hamburg zum Ankauf eines Wechsels verwendet, der in London in Banknoten zahlbar ist, mit 26 oder 28 s angerechnet würde. Kann es für die Entwertung unserer Valuta einen besseren Beweis geben? ...

Nach Thornton ist für einen ungünstigen Wechselkurs eine ungünstige Handelsbilanz verantwortlich zu machen. Aber wie wir bereits gesehen haben, halten sich die Einwirkungen einer ungünstigen Handelsbilanz (wenn dies überhaupt ein korrekter Ausdruck ist) innerhalb gewisser Grenzen. Die Grenze liegt wahrscheinlich bei 4—5%. Folglich kann die ungünstige Handelsbilanz nicht für eine Entwertung bis 15 oder 20 % verantwortlich gemacht werden. Ich stimme mit Thornton darin überein, „daß man es als anerkannte Wahrheit bezeichnen darf, daß Aus- und Einfuhr eines Staates im natürlichen Laufe der Dinge die Tendenz zur Ausgleichung haben, und daß daher auf einen beträchtlichen Zeitraum hin die Handelsbilanz für ein Land weder besonders günstig noch besonders ungünstig sein kann". Nun ist aber unser niedriger Wechselkurs ganz und gar nichts Vorübergehendes. Er bestand schon, bevor Thornton im Jahre 1902 sein Buch schrieb, hat sich inzwischen fortwährend verschärft und steht jetzt mit 15—20 % gegen uns. Will daher Thornton seinen eigenen Grundsätzen treu bleiben, so muß er hierfür eine Ursache suchen, die andauernder ist, als eine ungünstige Handelsbilanz sein kann. Was auch immer früher seine Meinung gewesen sein mag, jetzt wird er, ich zweifle daran nicht, zugeben, daß dies allein auf die Entwertung unserer Valuta zurückgeht.

Es kann, denke ich, gar nicht bestritten werden, daß auf unseren Banknoten ein Disagio lastet. Wenn Barrengold 4 £ 10 s p. Unze steht oder mit anderen Worten, wenn jederman bereit ist, für 1 Unze Gold etwas herzugeben, was sich als Obligation über $1^1/_6$ Unze bezeichnet, dann kann nicht mehr behauptet werden, daß 4 £ 10 s in Noten und 4 £ 10 s in Goldmünze denselben Wert haben.

Aus 1 Unze Gold werden 3 £ 17 s $10\frac{1}{2}$ d ausgebracht. Besitze ich diese Summe, dann besitze ich also 1 Unze Gold und würde also für 1 Unze Gold nicht 4 £ 10 s in Goldmünze hergeben, und ebensowenig Noten, die ich jederzeit gegen 4 £ 10 s einlösen kann.

Es widerspricht dem gesunden Menschenverstande, anzunehmen, daß sich der Marktpreis für die Unze Gold so stellen könnte, wenn nicht dieser Marktpreis in einer entwerteten Valuta ausgedrückt wäre...

53] [4. *Heilmittel.*] S. 287.

Das Heilmittel, das ich gegen alle Schäden unserer Valuta vorschlage, ist: daß die Bank den Betrag ihrer im Umlauf befindlichen Noten allmählich vermindern solle, bis der Rest sich im Wert bis auf die Höhe der Münzen gehoben hat, auf die er lautet, oder in anderen Worten: bis der Preis der Gold- und Silberbarren auf den Münzpreis heruntergebracht ist.

a) Ich weiß wohl, daß das gänzliche Versagen des Papierkredits von höchst unheilvollen Folgen für Handel und Gewerbe des Landes begleitet wäre; und selbst eine bloße Begrenzung würde, wenn sie plötzlich einträte, so viel Not und Verderben im Gefolge haben, daß es übel angebracht wäre, hierzu, als dem Mittel einer Wiederherstellung unserer Valuta, seine Zuflucht zu nehmen. | Besäße die Bank selbst mehr Guineestücke als sie Noten im Umlaufe hätte, so könnte sie doch, so lange der Barrenpreis erheblich über dem Münzpreis und die Wechselkurse ungünstig gegen uns stehen, ohne großen Schaden für das Land die Barzahlungen nicht wieder aufnehmen. Der Überschuß an Umlaufsmitteln würde der Bank zur Einlösung gegen Guinees präsentiert, das erhaltene Gold außer Landes ausgeführt und also aus der inländischen Zirkulation herausgezogen werden. Bevor die Bank also die Barzahlung ohne Gefahr wieder aufnehmen kann, muß das Übermaß an Noten aus dem Verkehr gezogen werden. Bei allmählichem Vorgehen werden die Unbequemlichkeiten nur gering sein, so daß also, wenn das Prinzip erst einmal zugegeben ist, es ruhig späterer Erwägung überlassen bleiben kann, ob die Angelegenheit in einem Jahre oder in fünfen zur Abwickelung gebracht ist. Ich bin fest überzeugt, daß wir für die Wiederherstellung unserer Valuta nur die Wahl haben zwischen einem derartigen vorbereitenden Verfahren oder dem gänzlichen Umsturz unseres ganzen Papierkredits.

Hätten die Direktoren der Bank den Betrag ihrer Noten innerhalb sachgemäßer Grenzen gehalten, *hätten sie nach dem Grundsatze gehandelt, der erklärtermaßen die Notenausgabe reguliert, als sie noch zur Bareinlösung verpflichtet waren, nach dem Grundsatze nämlich, ihre Noten auf den Betrag zu beschränken, der niedrig genug war, um einem Steigen des Marktpreises des Goldes über den Münzpreis vorzubeugen —: wir wären dann gegenwärtig all den Übeln einer entwerteten und im Werte beständig schwankenden Valuta nicht ausgesetzt.*

Obgleich die Bank aus dem gegenwärtigen Zustande beträcht-

a) Im Text kein Absatz.

lichen Nutzen ziehen mag, obgleich der Kurswert ihres Aktienkapitals sich seit 1797 annähernd verdoppelt und die Dividende verhältnismäßig zugenommen hat, so gebe ich doch gern in Übereinstimmung mit Thornton zu, daß die Direktoren als Kapitalisten durch eine Entwertung der Valuta ebenso wie andere Kapitalisten Verluste erleiden, die weit ernster zu nehmen sind als irgendwelche Vorteile, die sie als Besitzer von Bankaktien einheimsen mögen. Von dem Verdachte, durch eigennützige Beweggründe beeinflußt zu sein, spreche ich sie daher los und ledig; aber ihre Fehler, wenn es solche sind, sind in ihren Wirkungen für die Allgemeinheit nicht minder verderblich.

Vermöge der ihnen verliehenen außerordentlichen Befugnisse können sie nach Belieben den Preis festsetzen, zu dem die Besitzer einer gewissen Eigentumsart, Münze genannt, darüber verfügen dürfen. Für die feste Summe von 3 £ 17 s 12½ d beliebt es ihnen heute, 4 £ 10 s weggehen zu lassen, morgen mögen sie sogar 4 £ 15 s bis auf diesen Satz heruntergehen lassen, und in einem anderen Jahr mögen 10 £ nicht mehr wert sein. Ein wie unsicherer Besitz wird heutzutage jedes Eigentum, das aus Gold oder Goldrenten besteht? Welche Sicherheit hat der Gläubiger, daß die Zinsen der öffentlichen Schuld, die heute in einer um 15 % entwerteten Valuta gezahlt werden, nicht später einmal in einer Valuta zur Zahlung gelangen, die um 50 % entwertet ist? Das Unrecht gegen private Gläubiger ist nicht weniger ernst zu nehmen. Eine Schuld, die im Jahre 1797 eingegangen wurde, kann jetzt mit 85 % ihres Betrages beglichen werden; und wer will sagen, ob die Entwertung nicht noch weiter geht? . . .

Als im Jahre 1797 der Kabinetsbefehl zur Suspension der Barzahlungen notwendig wurde, war meiner Meinung nach der Run auf die Bank nur durch politische Beunruhigung verursacht, und nicht durch ein Über- noch, wie manche meinen, durch ein Untermaß an Noten. | Einer derartigen Gefahr aber ist die Bank nach der Natur ihres Unternehmens zu allen Zeiten ausgesetzt. Wohl möglich, daß keine Klugheit von seiten ihrer Direktoren die Gefahr hatte abwenden können: aber wenn ihre Darlehen an die Regierung mehr eingeschränkt, hingegen im Diskontierungsgeschäft der Betrag der Noten, die an das Publikum gehen, unverändert aufrechterhalten worden wäre, dann hätte sie, aller Wahrscheinlichkeit nach, die Barzahlungen fortsetzen können, bis sich die Beunruhigung gelegt hätte. Sicherlich im Verlaufe von 60 Tagen (denn binnen dieser Zeit müssen alle Schuldner der Bank ihre Schulden begleichen, und diskontierte Wechsel mit längerer Lauffrist gibt es nicht) hätten die Direktoren nötigenfalls jede im Umlaufe befindliche Note wieder zurückziehen können. Notwendig wurde also die Suspension nur durch die allzu enge

Verbindung der Bank mit der Regierung; und derselben Ursache verdanken wir auch die Fortdauer der Maßregel.

Um die üblen Folgen zu vermeiden, die mit einer Fortdauer dieses Systems verbunden sind, müssen wir das Auge unverwandt auf die Zurücknahme der Restriction Bill gerichtet halten.

Gegen Unbesonnenheiten der Bank kann dem Publikum nur eine gesetzliche Sicherheit gegeben werden: die Verpflichtung zur Bareinlösung. Diese wiederum kann nur in der Art in die Wege geleitet werden, daß zunächst der Betrag der im Umlaufe befindlichen Noten so lange verringert wird, bis der Marktpreis[a]) des Goldes auf den Münzpreis gesunken ist...

54] c) „Bullion Report" v. 1810.

Wird gewöhnlich als Bestandteil der Drucksachen des Unterhauses angeführt, war aber in der Sammlung der Kgl. Bibl. Berlin nicht aufzufinden. Soll in vollständigeren Sammlungen, zusammen mit 3 anderen Kommissionsberichten enthalten sein in: Reports etc. from Committees of the House Session Jan/June 1810, Vol. III fol. — In Hansard's Parl. Debates 17 (1810), App. p. CCII—4 L XXXIV zwar Abdruck des Berichts und der Vernehmungen, aber nicht der Tabellen. — Die folgende Übersetzung nach dem in meinem Privatbesitz befindlichen Sonderdruck in 8°: „Report, together with Minutes of Evidence and Accounts, from the Select Committee appointed to inquire into the cause of the High Price of Gold Bullion, and to take into consideration the state of the cirulating medium, and of the exchanges between Great Britain and Foreign Parts. (Ordered, by the House of Commons, to be printed, 8 Juni 1810.) London: reprinted for J. Johnson and Co., St. Paul's Churchyard; and J. Ridgway, Piccadilly; by Richard Tayler and Co., Shoe Lane 1810. 78 + 237 + 115 S.

Die erste Aufgabe, die wir in Angriff nahmen, war: tatsächlich festzustellen, wie hoch der Goldbarrenpreis und wie hoch die Wechselkurse in letzter Zeit, insbesondere während des letzten Jahres, gewesen sind.

Wir fanden, daß der Goldbarrenpreis, der nach den Regulierungen der königlichen Münze 3 £ 17 s 10½ d p. Unze Standardfeinheit beträgt, während der Jahre 1806, 1807, 1808 am Markte etwa 4 £ stand. Gegen Ende 1808 begann eine schnelle Steigerung, die sich während des ganzen Jahres 1809 fortsetzte, so daß der Marktpreis von Standardgold in Barren sich zwischen 4 £ 9 s und bis 4 £ 12 s p. Unze bewegt. Ein Marktpreis von 4 £ 10 s ist etwa 15½% höher als der Münzpreis. | Während der ersten 3 Monate des laufenden Jahres blieb der Preis von Standardgold in Barren annähernd auf derselben Höhe wie im vergangenen Jahre, nämlich zwischen 4 £ 10 und 4 £ 12 s p. Unze. Im Laufe der Monate März und April ist in den Wettenhallschen Tafeln der Preis von Standardgold nur einmal notiert, nämlich am 6. April mit 4 £ 6 s, was mehr als 10 % über den Münzpreis ist. Die letzten Notierungen in diesen Tafeln am 18. und 22. Mai beziehen sich

---

a) Im Text: nominal (?) price.

auf portugiesisches Gold in Münzen mit 4 £ 11 s p. Unze; die portugiesische Goldmünze hat ungefähr dieselbe Feinheit wie unser Standardgold...

Aus den Vernehmungen geht hervor, daß der Preis der auswärtigen Goldmünzen im allgemeinen höher ist, als der von Barrengold, weil jene einen leichteren Absatz nach auswärtigen Märkten finden. Der Unterschied zwischen spanischen oder portugiesischen Goldmünzen und Goldbarren war in letzter Zeit 2 s p. Unze. Wir haben auch zu konstatieren, daß gegenwärtig eine Differenz von 3—4 s p. Unze bestehen soll zwischen dem Preise von Barrengold, das als wirklich aus dem Auslande stammendes Gold für den Export „weggeschworen" werden kann und dem Preise solchen Barrengoldes, das die Händler wegzuschwören nicht wagen würden; während jenes ca. 4 £ 10 s am Markte stand, soll dieses nur ca. 4 £ 6 s gestanden haben. Wegen dieser äußeren Unterschiede, die entweder durch die Prägungskosten oder durch gesetzliche Hindernisse veranlaßt werden, kann als der eigentliche in dieser Untersuchung im Auge zu behaltende Gegenstand nur der Preis von exportfähigen Standard-Goldbarren in Betracht kommen. . .

Die Wechselkurse auf kontinentale Plätze wurden gegen Ende des Jahres 1808 für England sehr ungünstig, und dies noch mehr im ganzen Verlaufe des Jahres 1809 sowie in den 3 ersten Monaten des gegenwärtigen Jahres. | Unsere wichtigsten Wechselplätze sind gegenwärtig Hamburg, Amsterdam und Paris. Während der letzten 6 Monate 1809 und der ersten 3 Monate des laufenden Jahres waren die Wechselkurse auf Hamburg und Amsterdam bis auf 16—20 % unter Pari gedrückt und die auf Paris noch tiefer... | Im Laufe des März, oder genauer vom 2. März bis 3. April, erholten sich diese Kurse langsam, der Wechselkurs auf Hamburg stieg allmählich von 29.4 auf 31; der auf Amsterdam von 31.8 auf 33.5; der auf Paris von 19.16 auf 21.11. Vom 3. April bis heute sind die Sätze annähernd unverändert geblieben: der Wechselkurs auf Hamburg, wie er in den gedruckten Tafeln für den kaufmännischen Verkehr notiert ist, erscheint gegen England mit 9, in Amsterdam mit mehr als 7, in Paris mit mehr als 14 % unter Pari.

Eine so außerordentliche Steigerung des Marktpreises von Gold in England, zusammen mit einem so bemerkenswerten Niedergang unserer Wechselkurse auf kontinentale Plätze lenkte schon in einem sehr frühen Stadium unser Urteil darauf hin, daß irgend etwas in dem Zustande unserer heimischen Valuta die gemeinschaftliche Ursache beider Erscheinungen sein müsse. Aber bevor wir diesen Schluß, der mit früheren Erwägungen und Erfahrungen zusammenzustimmen schien, uns zu eigen machten, hielten wir es doch für angemessen, die Umstände, die mit jeder dieser beiden Tatsachen zusammenhängen, mehr ins einzelne zu erforschen und von Personen mit kaufmännischer Erfahrung und Detailkenntnis zu hören, welche Erklärungen sie für einen so ungewöhnlichen Stand der Dinge geben könnten.

Dies war der Gesichtspunkt, unter dem wir die verschiedenen Kaufleute von ausgedehnten Handelsbeziehungen und Kenntnissen vorgeladen haben, um ihre Meinungen in bezug auf den hohen Goldpreis und den niedrigen Wechselkurs zu hören.

55] I. [*Goldteuerung.*]

Aus den beigegebenen Bemerkungen ... geht hervor, daß die meisten Zeugen den hohen Goldwert ganz und gar auf eine, von ihnen behauptete Seltenheit dieses Artikels zurückführten, die sich infolge einer ungewohnten Nachfrage auf dem europäischen Kontinent ergeben habe. Diese Nachfrage bezeichneten einige als hauptsächlich bedingt durch den Bedarf für die französischen Armeen, aber noch verstärkt durch die Panik und den Mangel an Vertrauen, welche zu Anhäufungen von Barvorräten (hoarding) führen.

Der Ausschuß ist der Meinung, daß bei gesundem und natürlichem Zustande der britischen Valuta, die auf Gold gegründet ist, keine vermehrte Nachfrage nach Gold aus anderen Ländern, wie groß sie auch sein und welchen Ursachen sie entstammen möge, die Wirkung haben kann, bei uns auf einen beträchtlichen Zeitraum hin eine wesentliche Steigerung in dem Marktpreise des Goldes hervorzubringen...

In England ist Gold selbst das Maß aller Tauschwerte, die Skala, auf welche sich alle in Geld ausgedrückten Preise beziehen. Und dies nicht bloß kraft Gewohnheit und Handelsbrauch, sondern ebenso kraft gesetzlicher Bestimmung seitdem die Akte aus dem 14. Jahre des regierenden Königs (die durch eine Akte aus dem 39. Jahre definitiv gemacht wurde) die Silbermünze als gesetzliches Zahlmittel über den Betrag von 25 £ hinaus abschaffte. Da also Gold unser Preismaßstab ist, so nennt man eine Ware teuer oder billig, je nachdem für eine gegebene Menge dieser Ware mehr oder weniger Gold im Tausch geopfert wird; aber eine gegebene Menge Goldes selbst kann niemals gegen eine größere oder geringere Menge Goldes von derselben Standardfeinheit getauscht werden... Durch Vermehrung oder Verminderung der Nachfrage nach Gold kann also der Preis des Goldes, der selbst in Gold gemessen und ausgedrückt wird, nicht erhöht und nicht erniedrigt werden. 1 Unze Gold wird weder für mehr noch für weniger als 1 Unze Gold derselben Feinheit getauscht werden (abgesehen von etwaigen Kosten für Prägung und sonstige Bearbeitung, wenn nämlich die eine Unze geprägt oder sonst bearbeitet ist, die andere nicht). 1 Unze Standardgold in Barren wird an unserem Markte nicht mehr als

3 £ 17 s 10½ d kaufen können, so lange nicht in 3 £ 17 s 10½ d unserer geltenden Währung weniger als 1 Unze Gold steckt. Eine Vermehrung oder Verminderung in der Nachfrage nach Gold, oder, was auf dasselbe hinausläuft, eine Verminderung oder Vermehrung in dem Angebot von Gold wird zweifellos einen wesentlichen Einfluß auf den in Gold ausgedrückten Preis (Goldpreis) aller anderen Artikel haben. Vermehrte Nachfrage nach Gold und die Folge davon, eine größere Seltenheit dieses Artikels, wird ihn im Verhältnis zu allen anderen Artikeln wertvoller machen; dieselbe Menge Goldes wird von jeder anderen Ware eine größere Menge als vorher kaufen; mit anderen Worten: der Realpreis des Goldes oder die Menge Waren, die im Austausch gegen Gold gegeben werden, wird steigen, und die Goldpreise aller anderen Waren werden fallen. Daß dies nicht das Bild des gegenwärtigen Zustandes in England ist, ist reichlich klar: die Preise aller Waren sind gestiegen, und nur parallel mit ihnen scheint auch Gold im Preise gestiegen zu sein. Wenn dies als gemeinsame Wirkung einer und derselben Ursache zugeschrieben werden soll, so kann diese Ursache nur in dem Zustande unserer Valuta gefunden werden.

Wir halten es für angemessen, mit noch größerer Spezialisierung festzustellen, worin wir die regulierenden Prinzipien für die relativen Preise von Gold in Barren und Gold in Münze erblicken, sowie für Papier, das an Goldes Stelle und gegen Gold eintauschbar zirkuliert. Wir können den Gegenstand nicht passender einleiten als durch Bezugnahme auf die einfachen Grundsätze und Verordnungen für die Königliche Münze.

Das Ziel ist, dem Volke einen Standard von bestimmtem Werte zu sichern, indem man unter königlicher Autorität einen Stempel auf Goldstücke drückt, an denen so ein gegebenes Gewicht und eine gegebene Feinheit beglaubigt werden. Gold in Barren ist der Standard, dem der Gesetzgeber die Münze angepaßt wissen wollte, und mit dem die Münze, soweit möglich identifiziert werden sollte. Wäre diese Absicht des Gesetzgebers vollständig erfüllt, so würde gemünztes Gold im Austausch gegen alle anderen Waren genau so viel gelten, wie es gegolten hätte, wenn es in Barrenform geblieben wäre. In Wirklichkeit aber ist es einigen unbedeutenden Schwankungen unterworfen.

Einerseits hat die Verwandlung von Barren in Münze etwas gekostet. Denn wenn auch von denen, die Barren zur Ausmünzung schicken (und jedermann darf das), kein Schlagschatz erhoben wird, so erleiden sie doch dadurch, daß ihr Gold zunächst in der Münze bleibt, einen Zinsverlust, bisher in der ungefähren Höhe von 1%...

Andererseits giebt es zwei Umstände, die die Münze unter den Barrenpreis herabdrücken können..., erstens hat die Münze, seitdem sie in Umlauf gesetzt war, durch Abnutzung an Gewicht verloren und würde daher, wenn man sie jetzt einschmölze, ein geringeres Quantum von Barrengold geben... Diese Entwertung kann jedoch jetzt höchstens bis auf 1,11 % gehen. Ein wichtigerer Grund für Herabdrückung des Münzwertes im Verhältnis zum Barrenwerte liegt in den Schwierigkeiten, die den Besitzern von Münze bereitet werden, wenn sie sie in Barren verwandeln wollen. Das englische Gesetz verbietet es, Münzen in den Schmelztiegel zu tun (es sei denn solche, die zu leicht geworden sind) und untersagt auf Grund einer Politik von zweifelhaftem Werte die Ausfuhr unserer Goldmünzen, sowie von Gold überhaupt, wenn nicht ein Eid darauf geleistet wird, daß das Gold nicht aus Landesmünze herrühre. Wie aus den Vernehmungen hervorgeht, beträgt die Differenz zwischen dem Werte von Goldbarren, das für Exportzwecke weggeschworen werden kann, und solchem Golde, das aus unserer eigenen Münze herrührt (oder als herrührend angenommen wird) und kraft Gesetzes nur für heimische Zwecke gebraucht werden darf, gegenwärtig 3—4 s p. Unze.

Diese beiden letztgenannten Umstände sind aber auch nach unserem Urteil ganz unfraglich die einzigen Ursachen für eine Herabdrückung des Münzwertes unter den Barrenwert, wie sie gelegentlich vorkam oder vorkommen konnte zu den Zeiten, als die Bank in bar zahlte, und also Gold in jeder gewünschten Menge zu haben war. Für die Erhebung des Barren-Marktpreises über den Münzpreis durch das Zusammentreffen jener beiden Umstände gibt es also eine feste Grenze, die etwa 5½% beträgt ...

Seit der Suspension der Barzahlungen jedoch im Jahre 1797 ist das Gold, selbst wenn es unser Wertmaß und Preisstandard geblieben ist, noch einer neuen Schwankungsursache ausgesetzt: dem möglichen Übermaß an uneinlöslichem Papier. Und die Grenze für diese neue Schwankung ist so unbestimmt, wie das Übermaß selbst. Aber man darf in der Tat daran zweifeln, ob seit voller Durchführung des neuen Systems bei der Bank of England Gold wirklich noch unser Wertmaßstab geblieben ist und ob wir noch irgend einen anderen Preisstandard besitzen, als jenes Umlaufsmittel, das primär durch die Bank of England und sekundär durch die Landbanken emittiert wird...

Wenn die Goldmünze des Landes jemals eine bedeutende Abnutzung und Gewichtsverminderung oder gar eine Herabsetzung ihres Feingehalts erleiden sollte, so ist klar, daß in demselben Verhältnis der Marktpreis des Goldbarrens über seinen Münzpreis steigen müßte. Denn der Münzpreis ist die in Münze ausgedrückte Summe, welche an innerem Werte einer gegebenen Menge z. B. einer Unze Barrenmetalls äquivalent ist; und wenn der innere Wert dieser Münzsumme vermindert ist, so ist er nur einer geringeren Menge äquivalent, als vorher. Dieselbe Steigerung des Marktpreises von Gold über seinen Münzpreis greift Platz, wenn das örtliche Zahlungsmittel dieses speziellen Landes nicht mehr in Gold umgewandelt werden kann und nun im Übermaß ausgegeben wird. Dieses Übermaß kann nicht in andere Länder ausgeführt werden, und da es nicht mehr einlösbar ist, so fließt es auch nicht mehr mit Notwendigkeit an seine Ausgabestelle zurück. Es verbleibt vielmehr im Umlaufskanal und wird erst nach und nach absorbiert, und zwar dadurch, daß die Preise aller Waren in die Höhe gehen. Die Vermehrung eines örtlich beschränkten Umlaufsmittels in einem speziellen Lande wird in diesem Lande die Preise genau ebenso in die Höhe treiben, wie eine Zunahme im Angebot von Edelmetall die Preise auf der ganzen Erde in die Höhe treibt. Wird das Umlaufsmittel vermehrt, so ist der Wert einer gegebenen Portion von ihm im Vergleich mit anderen Waren verringert; oder mit anderen Worten: der in Geld ausgedrückte Preis aller Waren ist gestiegen und der von Barren mit ihnen. In dieser Art wird ein Übermaß eines örtlichen Umlaufsmittels eines speziellen Landes eine Steigerung des Marktpreises von Gold über seinen Münzpreis bewirken...

II. [*Wechselkurse.*] [56

[*Nach Vernehmungen und tatsächlichen Feststellungen vgl. z. B. unten Nr. 59.*] ...Das Wechsel-Pari zwischen zwei Ländern ist diejenige Summe in der Valuta des einen Landes, die an innerem Wert einer gegebenen Summe in der Valuta des anderen genau gleich ist, d. h. genau das gleiche Gewicht an Gold oder Silber derselben Feinheit enthält. Wenn 25 Livres französisch genau die gleiche Menge reinen Silbers enthalten wie 20 s Sterling, so würde man 25 als das Wechsel-Pari zwischen London und Paris bezeichnen. Wenn das eine Land als hauptsächliches Wertmaß sich des Goldes bedient, das andere des Silbers, so kann das Pari zwischen diesen beiden Ländern für einen bestimmten Zeitraum nicht anders geschätzt werden, als unter Berücksichtigung des relativen Wertes von Gold und Silber zueinander in eben diesem Zeitraum; und da der relative Wert der beiden Edelmetalle Schwankungen unterworfen ist, so liegt das Wechsel-Pari zwischen zwei solchen Ländern nicht an einem fest bestimmten Punkte, sondern bewegt sich innerhalb gewisser Grenzen. Eine Illustration hierzu bieten unsere Vernehmungen... in der Berechnung des Pari zwischen London und Hamburg, welches geschätzt wird auf 34/3½ flämische Schillinge = 1 £ Sterling. Der jeweilige Wechselkurs, der durch die Handels- oder Zahlungsbilanz der beiden Länder und infolgedessen durch ein Mißverhältnis zwischen Angebot und Nachfrage von Wechseln herbeigeführt wird, weicht nach der einen oder anderen Seite von dem realen und festen Pari ab. — Aber dieses reale Pari ändert sich, wenn in der Valuta des einen Landes eine Änderung eintritt, mag nun die Änderung in der Abnutzung oder Verschlechterung einer Metallmünze unter ihren Standard bestehen, oder in der Diskreditierung eines Zwangspapiergeldes und in dem Übermaß eines uneinlöslichen Zahlungsmittels; ist der innere Wert der einen Valuta gesunken, so wird eine gegebene Portion dieser Valuta nicht mehr derselben Portion wie früher in der anderen Valuta äquivalent sein. Aber obgleich so das reale Pari sich geändert hat, so haben doch die Händler wenig oder gar keinen Anlaß auf dieses Pari bezug zu nehmen und bleiben daher bei der alten Benennung des Pari; in dieser Sachlage muß zwischen dem realen und dem rechnerischen Wechselkurs unterschieden werden ... ... Die realen Abweichungen des Wechselkurses, die aus dem Stande der Handels- und Zahlungsbilanz entstehen, können niemals tiefer hinuntergehen, als die Kosten für Transport und Versicherung betragen. Dieser Satz ist so einleuchtend, und ist von allen praktischen Autoritäten im Handel- und Staatsleben so übereinstimmend anerkannt, daß wir ihn als unbestreitbar zugrunde gelegt haben. Aber unter den ganz außerordentlichen Umständen, die dem Handelsverkehr zwischen England und dem Kontinent gegenwärtig im Wege stehen, kann unserer Meinung nach dieser Betrag von Transportkosten und Versicherungsprämien sehr wohl über alles hinausgegangen sein, was für gewöhnlich in Kriegszeiten sonst einzutreten pflegte ... ... Zur Zeit, wo das Risiko am größten war, würden zwar diese Kosten im Wechselverkehr auf Hamburg oder Holland etwas mehr als 7 %, in dem auf Paris sogar einen noch höheren Satz erklären können. Aber die darüber hinausgehende Senkung des Wechselkurses, wie sie tatsächlich stattgefunden hat, harrt doch einer Erklärung auf andere Art...

Wie aus den Vernehmungen ... hervorgeht, war bei einem rechnerischen Kurse auf Hamburg von 29, d. i. 16—17 % unter Pari, die reale Differenz, d. h. diejenige, die aus dem Stande der Handels- und Wechselbilanz hervorging, nicht mehr als 5½% gegen England; und ebenso mit Amsterdam und Paris bei 31.6 und 20, d. i. 15 und 20 % realiter, nur 8½% gegen England. Nachdem für die Handels- und Zahlungsbilanz diese Prozente auf unsere Wechselkurse in Anschlag gebracht sind, harren immer noch bei Hamburg, Holland und Paris 11, 8 und 11½% einer anderweiten Aufklärung...

Werden die vorstehenden Erörterungen über die Wechselkurse für sich betrachtet, so ist es uns schon schwer, der Schlußfolgerung zu widerstehen, daß mindestens ein Teil der großen Senkung der Wechselkurse in der letzten Zeit nicht auf den Stand des Handels zurückging, sondern auf eine Änderung in dem relativen Wert unserer inländischen Valuta. Wird aber diese Deduktion mit dem zusammengehalten, was wir über den Marktpreis des Goldes festgestellt haben, so muß jene Schlußfolgerung geradezu als bewiesen erscheinen.

III. [*Notenausgabe.*] [57

[*Zunächst Aussagen der Direktoren der Bank of England und sodann im Gegensatz dazu:*] Nach einer sehr genauen Erwägung dieses Teiles unserer Aufgabe können wir nicht umhin unserer Meinung dahin Ausdruck zu geben, daß es ein großer praktischer Irrtum ist, anzunehmen, Wechselkurse und Barrenpreis unterlägen nicht der Beeinflussung durch die Höhe eines papierenen Zahlungsmittels, das ohne die Verpflichtung jederzeitiger barer Einlösung ausgegeben wird. Daß im Gegenteil durch eine übermäßige Ausgabe derartigen Papieres der Wechselkurs gedrückt und der Barrenpreis gehoben wird, ist nicht nur als Grundsatz von den bedeutendsten Handels- und Finanzautoritäten aufgestellt worden, sondern auch praktisch ist die Richtigkeit dieses Grundsatzes durch die Geschichte fast aller Staaten bestätigt worden, die in neuerer Zeit sich eines papierenen Zahlungsmittels bedient haben; und in allen diesen Ländern haben die Staatsmänner schließlich zu diesem Grundsatze ihre Zuflucht genommen, als zu dem besten Unterscheidungsmittel dafür, ob das Papiergeld im Übermaß ausgegeben war, oder nicht.

In den meist bekannten Beispielen aus der Geschichte anderer Länder war das Übermaß an Papiergeld noch von einem anderen Umstande begleitet, der in unserer gegenwärtigen Lage nicht Platz greift, nämlich von einem Mangel an Zutrauen zu der Hinlänglichkeit der Fundierung. Wenn diese beiden Umstände — übermäßige Ausgabe und Mangel an Vertrauen — zusammentreffen, werden sie vereint ihre Wirkung schneller herbeiführen, als wenn diese lediglich auf das Übermaß eines (an sich guten Kredit genießenden) Papiers zurückgeht; aber gleichartig wird die Wirkung in beiden Fällen sein. Die bemerkenswertesten Beispiele der ersten Art findet man in der Geschichte der papierenen Zahlungsmittel der britischen Kolonien in Nordamerika während der ersten Zeit des vorigen Jahrhunderts und in den Assignaten der französischen Republik. Zu diesen sind wir in der Lage, noch ein anderes weniger bemerkenswertes hinzuzufügen: die Münzspekulationen der österreichischen Regierung im letzten Feldzuge. . . Der gegenwärtige Stand der portugiesischen Valuta gibt ebenfalls ein Beispiel dieser Art.

Beispiele der anderen Art, wo die Entwertung durch das Übermaß allein herbeigeführt wurde, können aus der Erfahrung des Vereinigten Königreichs zu verschiedenen Zeiten gesammelt werden. . .

So lange die Noten der Bank von England jederzeit gegen bar eingelöst werden mußten, war es für die Sicherheit der Bank und für das öffentliche Interesse am Zustande der Zahlungsmittel in gleicher Weise ausreichend, wenn die Direktoren beim Diskontierungsgeschäft lediglich Art und Güte der Wechsel beachteten: daß sie nämlich reell und in fest bestimmten kurzen Fristen zahlbar waren. Die angemessenen Grenzen in der Höhe der Diskontierung so zu überschreiten, daß sie dabei ein Übermaß papierener Zahlungsmittel in Umlauf brächten, war für sie ganz unmöglich, ohne daß sie gleichzeitig den Überschuß im Wege der Präsentation zur Bareinlösung in ihre eigene Kasse hätten zurückfließen sehen. Das private Interesse der Bank, sich vor einer derartigen unaufhörlichen Forderung nach Bareinlösung zu bewahren, war gleichzeitig für das Publikum ein ausreichender Schutz gegen ein Übermaß an Banknoten, das im Stande war, eine Senkung des relativen Wertes unserer Valuta herbeizuführen. Indem die Suspension der Barzahlungen... die Bank von der Notwendigkeit einer derartigen Präventivpolitik befreite, hat sie gleichzeitig von der Notenausgabe die Hemmung weggenommen, die für das öffentliche Interesse die Sicherung gegen ein Übermaß bildete. Wenn die Bankdirektoren der Unbequemlichkeit einer Goldabzapfung nicht mehr ausgesetzt waren, so hatten sie das natürliche Gefühl, daß jetzt in der Höhe der Diskontierung und Vorschüsse Beschränkungen als Vorbeugungsmittel gegen eine solche Unbequemlichkeit nicht mehr nötig seien; es war für sie durchaus natürlich, in der Kreditgewährung für Handelszwecke nach wie vor das liberale und kluge System weiter zu verfolgen, auf welches das Gedeihen ihres Instituts und die Handelswohlfahrt des ganzen Landes in gleich hohem Maße zurückgingen (und zwar nunmehr ohne den spezifischen Teil von Vorsicht und Selbstbeschränkung, der für die eigene Sicherheit nicht mehr nötig war). Die Bankdirektoren mußten glauben, daß dem großen Publikum nur Gutes daraus entstehen könnte, wenn sie sahen, wie die Steigerung der Bankprofite mit den Krediterleichterungen für die Kaufleute Hand in Hand ging. Von den Bankdirektoren war schwerlich zu erwarten, daß sie sich der Konsequenzen vollständig bewußt werden sollten, die daraus hervorgingen, daß sie ein bisher als sicher befundenes System auch nach der Suspension der Barzahlungen fortsetzten. Auf die Durchführung eines so neuartigen Gesetzes acht zu haben, und gegen eine etwaige Schädigung der öffentlichen Interessen Vorsorge zu treffen, war nicht sowohl Aufgabe der Bank, als der Gesetzgebung: und nach unserer Meinung muß man bedauern, daß das Hohe Haus nicht bereits früher von allen Konsequenzen dieses Gesetzes Kenntnis genommen hat.

Weitaus die wichtigste dieser Konsequenzen ist folgende:

Während mit der Einlösbarkeit der Noten zugleich die Hemmung für eine Über-Ausgabe wegfiel, ist doch den Bankdirektoren nicht zum Bewußtsein gekommen, wie mit der Beseitigung dieser Hemmung die Möglichkeit geschaffen war, daß jetzt bei der Diskontierung selbst vollkommen einwandfreier Wechsel eine solche Über-Ausgabe entstehen konnte. Sie halten vielmehr, wie wir festgestellt haben, die gegenteilige Doktrin mit äußerster Zuversicht aufrecht (wenngleich sie sie gelegentlich wohl im Ausdruck modifizieren). Daß diese Doktrin höchst trügerisch ist, ist uns ganz unzweifelhaft. Die trügerische Grundlage, auf der sie ruht, liegt darin, daß kein Unterschied gemacht wird, zwischen dem Vorschuß an Kaufleute einerseits und der Vermehrung der Umlaufsmittel andrerseits. Wenn man nur den Vorschuß ins Auge faßt, wie er an Personen gemacht wird, die ihn in wohlüberlegten und produktiven Unternehmungen verwenden wollen, so braucht hier offenbar für den Gesamtbetrag aller Vorschüsse keine andere Grenze gezogen zu werden, als die, die durch die Mittel des Darlehnsgebers und durch seine Bedachtsamkeit in der Auswahl der Darlehnsnehmer gezogen werden mag. Aber in der gegenwärtigen Lage ist nun einmal die Bank mit der Funktion betraut, das Publikum mit dem papierenen Zahlungsmittel zu versorgen, daß die Grundlage unserer Valuta bildet und ist gleichzeitig von der Verpflichtung, das Papier bar einzulösen, befreit; in dieser Lage wird jeder Vorschuß, der in Gestalt einer Diskontierung Kaufleuten gewährt wird, gleichzeitig eine Vermehrung der Umlaufsmittel. Wenn bei Diskontierung eines Wechsels ein Vorschuß in der Gestalt von Noten gegeben wird, so bedeutet dieser Vorgang zunächst unzweifelhaft, daß soviel Kapital und soviel Kaufkraft in die Hände des Kaufmannes gelegt wird, der die Noten empfängt; und sind diese Hände gesund, so ist die Operation insoweit — und in diesem ersten Stadium — nützlich und volkswirtschaftlich produktiv. Aber sobald die gezahlte Vorschußsumme in den Händen ihres Empfängers ihre erste Funktion, als Kapital zu dienen, erfüllt hat, d. h. sobald der Empfänger die Noten gegen andere Gegenstände, die volkswirtschaftliches Kapital bilden, ausgetauscht hat, fallen die Noten in den Umlaufskanal als ein gleich großer Betrag an Umlaufsmitteln und bilden nunmehr einen Zusatz zu der Masse kursierenden Geldes. Gerade diese Vermehrung der Masse muß notwendigerweise den relativen Wert jedes einzelnen Teiles der Masse im Austausch gegen Waren vermindern. Hätte der Zusatz in einlösbaren Noten bestanden, so würde diese Verminderung des relativen Wertes den Vorschuß schnell an die Bank zurückgebracht haben. Wenn aber die Einlösbarkeit durch Gesetz abgeschafft ist, so wird natürlich der Überschuß zunächst nicht zurückgebracht, sondern verbleibt noch längere Zeit im Umlaufskanal, bis er, erst bei Fälligkeit der ursprünglich diskontierten Wechsel, der Bank in Zahlung gegeben wird. Während der ganzen Zwischenzeit, in der sie draußen bleiben, erfüllen sie alle Funktionen eines Umlaufsmittels; und bevor sie dazu gelangen, schließlich zur Bezahlung jener Wechsel verwendet zu werden, ist ihnen aus Anlaß neuer Diskontierungen schon ein neuer Schub Noten gefolgt. Bei jedem neuen Vorschuß, den die Bank gewährt, wiederholt sich derselbe Vorgang. Hält sich die Summe aller Diskontierungen auf einer gegebenen Höhe, so wird der entsprechende Betrag an Noten im Umlauf bleiben; nimmt der Gesamtbetrag der Diskontierungen progressiv zu, so wird auch der Betrag an Noten, der über das sonstige Bedürfnis des Pubikums hinaus im Umlauf bleibt, ebenfalls progressiv wachsen und mit ihm werden die Geldpreise aller Waren progressiv steigen. Diese Progression kann ebenso ins Unendliche gehen, wie Spekulation und Unternehmungsgeist in einem großen Handelslande es mit sich bringen...

Die Suspension der Barzahlungen hatte zur Folge, daß dem diskretionären Ermessen der Bankdirektoren die bedeutsame Aufgabe überlassen wurde, das Land genau mit dem Quantum von Umlaufsmitteln zu versehen, das dem volkswirtschaftlichen Bedürfnis entspringt; eine Aufgabe, der man, nach unserem Urteil, die Direktoren niemals gewachsen glauben durfte. Die detailliertеste Vertrautheit mit dem augenblicklichen Zustande des Handels zusammen mit der tiefgründigsten Kenntnis aller Prinzipen des Geld- und Kreditwesens würde einen Mann oder ein Kollegium immer noch nicht befähigen, das Quantum an Umlaufsmitteln in einem Lande in richtiger Proportion dem Bedürfnisse des Verkehrs anzupassen und beständig angepaßt zu erhalten. Bestehen die Umlaufsmittel nur aus Edelmetall oder aus Papier, das jederzeit gegen Edelmetall umgetauscht werden kann, so wird im Tauschverkehr der Länder untereinander der natürliche Verlauf des Handels in jedem einzelnen Lande ganz von selbst das Quantum an Umlaufsmitteln dem jeweiligen Bedürfnis proportional anpassen, je nach der Zufuhr an Edelmetall, die von den Bergwerken auf den Weltmarkt kommt. Keine menschliche Weisheit ist imstande, diese proportionale Anpassung an das Verkehrsbedürfnis so vorzunehmen und aufrecht zu erhalten, wie es der natürliche Verlauf des Handels ganz von selbst tut. Wird das natürliche Geldsystem verlassen und an seine Stelle eine Ausgabe von Papiergeld nach diskretionärem Ermessen gesetzt, so ist es vergebliche Hoffnung, daß für die exakte Ausübung eines derartigen diskretionären Ermessen Regeln gegeben werden könnten; höchstens um die Folgen einzudämmen und unter Kontrolle zu halten ein paar Vorsichtsmaßregeln, wie sie durch den Einfluß einer Über-Ausgabe auf Wechselkurse und Goldpreis indiziert sind. Das diskretionäre

Ermessen, das, neu und außerordentlich, im Jahre 1797 den Direktoren der Bank von England übertragen wurde, haben sie — das ist unser Urteil — mit einer Integrität und einer Rücksicht auf das volkswirtschaftliche Interesse, so wie sie es verstanden, ausgeübt und haben, indem sie die Ausübung weniger auf den Profit der Bank hinlenkten, als es leicht möglich gewesen wäre, einen Grad von Selbstbeherrschung gezeigt, der in betreff der Integrität der Leitung und der unerschütterten Sicherheit und breiten Fundierung dieses großen Instituts die Fortdauer jenes Vertrauens berechtigt, wie es das Publikum so lange und so gerechterweise empfunden hat. Wir sind vollständig davon überzeugt, daß ihre neuerliche Politik große praktische Irrtümer in sich birgt, die zu korrigieren im höchsten Maße im öffentlichen Interesse liegt. Aber diese Irrtümer sind weniger den Bankdirektoren anzurechnen, sondern vielmehr als Wirkung eines neuen Systems zu konstatieren, demgegenüber — wodurch es auch verursacht oder als vorübergehendes Aushilfsmittel notwendig geworden sein mag — das Parlament jedenfalls sehr wohl getan hätte, alle Konsequenzen früher in Erwägung zu ziehen. Jene diskretionäre Gewalt, das Königreich mit Umlaufsmitteln zu versehen, ist unter der Herrschaft einer bestimmten Meinung ausgeübt worden. Diese ging dahin, daß ein Übermaß an Noten nicht möglich sei, so lange diese nur bei kaufmännischen Diskontierungen auf gute, bestimmt befristete Wechsel stattfanden, und daß man sich um Barrenpreis und Wechselkurse (als Symptome für Hinlänglichkeit oder Übermaß von Noten) gar nicht zu kümmern brauche. Wenn wir das erwägen, so nehmen wir keinen Anstand zu erklären, daß jene Meinungen der Bank in hohem Maße als wirkende Ursachen der Fortdauer des gegenwärtigen Zustandes betrachtet werden müssen.

IV. [*Umfang der Notenausgabe.*]

[*Tatsächliche Feststellungen vgl z. B. unten Nr. 59/60.*] **[58**

[*Ergebnis.*]

Auf Grund eines Überblicks über alle Tatsachen und Erwägungen, die im Laufe der Untersuchung Ihrem Ausschusse unterbreitet wurden, haben wir uns in der Sache eine Meinung gebildet und unterbreiten sie dem Hause, wie folgt: In dem Umlaufe papierener Zahlungsmittel in diesem Lande besteht ein Übermaß. Sein unzweideutigstes Symptom liegt in dem hohen Preise des Edelmetalls, ein ferneres in dem niedrigen Kursstande der Wechsel auf kontinentale Plätze. Der Grund jenes Übermaßes liegt in dem Mangel einer ausreichenden Hemmung und Kontrolle für die Notenemissionen der Bank of England und schließlich in der Suspension der Barzahlungen, die die natürliche und wahre Kontrolle beseitigte. Denn unter ganz allgemeinem Gesichtspunkte sind wir der Meinung, daß es gegen ein (sei es gelegentliches, sei es fortdauerndes) Übermaß an papierenen Zahlungsmitteln überhaupt kein sichereres, gewisseres, und andauernder wirkendes Gegenmittel gibt, als die Einlösbarkeit der Noten. Wir müssen daher notgedrungen unser Bedauern aussprechen, daß die Suspension der Barzahlungen, die, wenn man sie allenfalls günstig beurteilen will, nur als vorübergehende Maßregel aufgefaßt werden durfte, so lange andauert; und insbesondere, daß der gegenwärtigen Akte in ihrem ganzen Aufbau der Suspension der Charakter einer permanenten Kriegsmaßregel gegeben wurde.

Die Nachteile, die aus einem derartigen allgemeinen Übermaß an Zahlungsmitteln entstehen, insofern deren relativer Wert dadurch herabgesetzt wird, brauchen im einzelnen nicht dargeleg zu werden. Die Einwirkung einer dadurch bedingten Preissteiget rung auf alle Geldabmachungen für bestimmte Zeiten, die unvermeidliche Schädigung der Rentenempfänger und der Gläubiger jeder Art, sowohl im privaten als im öffentlichen Kredit, der unerwartete Gewinn für die Regierung und alle anderen Schuldner. — alles das sind Wirkungen, die zu offenkundig daliegen, als daß sie eines Beweises bedürften, und die der Gerechtigkeit zu sehr widersprechen, als daß man sie ohne Abhilfe lassen dürfte. Weitaus die wichtigste Einwirkung liegt in der auf die Landarbeiterlöhne, deren Satz bekanntermaßen sich den Änderungen des Geldwertes langsamer anpaßt als der Preis anderer Arbeitsleistungen oder Waren. Auch braucht nur auf gewisse Klassen von Beamten hingewiesen zu werden, deren Bezahlung, wenn einmal infolge der Entwertung des Geldes erhöht, schwerlich wieder auf den früheren Patz zurückgebracht werden kann, selbst wenn das Geld seinen früheren Wert wieder erlangt hat. Werden diese Ungelegenheiten und Übelstände nicht gehemmt, so schreiten sie weiter fort und müssen in kurzem selbst für alle, die heute noch daran zweifeln, als handgreiflicher Beweis dastehen. Aber selbst wenn ihre Zunahme weniger wahrscheinlich wäre, als sie dem Ausschuß scheint, so müssen wir doch der Meinung Ausdruck geben, daß es Sache der Integrität und der Ehre des Parlamentes ist, in diesem großen, handeltreibenden Lande nicht länger, als es eine gebieterische Notwendigkeit verlangt, die Fortdauer eines Systems von Zahlungsmitteln ohne jene natürliche Hemmung oder Kontrolle zu gestatten, welche den Wert des Geldes aufrecht erhält und durch diese Aufrechterhaltung des allgemeinen Wertstandards in Geldabmachungen zwischen Mann und Mann Treu und Glauben inhaltlich sichert.

Durch ein großes und lange anhaltendes Übermaß papierener Zahlungsmittel kann es schließlich so weit kommen, daß man, es sei uns gestattet auch darauf hinzuweisen, an das Parlament selbst mit der Versuchung herantritt, auch den Wert der Goldmünze durch Änderung des Feingehalts herabzusetzen. Das war unter derartigen Umständen der Ausweg vieler Regierungen und ist das nächstliegende und leichteste Gegenmittel gegen das in Frage stehende Übel. Aber man braucht nicht länger dabei zu verweilen, welcher Bruch von Treu und Glauben, welch gründliches Verlassen der elementarsten Pflichten einer Regierung sich darin offenbaren würde, daß man es vorzöge, die Münze auf das Niveau des Papiers herabzudrücken, statt das Papier wieder zu dem gesetzlichen Standard der Münze emporzuheben.

Nach ernster und eingehender Erwägung des Gegenstandes berichtete daher Ihr Ausschuß als seine Meinung an das Haus:

> daß das System der Umlaufsmittel dieses Landes so schleunig, wie es mit weiser und notwendiger Vorsicht vereinbar ist, wiederum auf den ursprünglichen Grundsatz barer Einlösung jeder präsentierten Banknote gebracht werden soll.

... Gerade wegen des neuerlichen außerordentlichen Herabgehens der Wechselkurse und des hohen Goldpreises ist eine Rückkehr zu dem ordentlichen Banksystem besonders notwendig. Sie allein kann das allgemeine Zutrauen zu dem Werte des Umlaufsmittels im Königreiche in Wirklichkeit wieder herstellen... Von einer Vorherbestimmung des Zeitpunktes, an dem die Bank die Barzahlungen wieder aufnehmen muß, darf man sich einen bessernden Einfluß auf die Wechselkurse versprechen. Umgekehrt kann die Hinausschiebung dieses Zeitpunktes in einer so unbestimmten Art wie: 6 Monate nach Beendigung des Krieges, namentlich bei fortgesetzt weiter fallenden Wechselkursen (und diese würde man in immer weiteren Kreisen als die Wirkung eines Übermaßes von Papier und seiner daraus folgenden Entwertung erkennen lernen) unter einem ungünstigen Stande der öffentlichen Angelegenheiten zu einem sehr weitgehenden Argwohn, namentlich im Auslande führen: zu dem Zweifel nämlich, ob es dem Parlament ernst damit sei, überhaupt noch einmal zu dem offiziellen Standard des Zahlungsmittel-Maßstabes zurückzukehren, dergestalt, daß durch einen solchen Verdacht das weitere Sinken der Wechselkurse noch überstürzt und Konsequenzen herbeigeführt werden, die ebenso schimpflich wie unheilvoll wären...

59] [*Aus dem Tabellen-Anhang.*]

(XLIX.) COMPARISONS of Hamburgh Exchanges with Amount of Bank Notes at various Periods.

BANK NOTES in Circulation :—See Report delivered tho the House of Commons, 18th March 1797.

1787 -	25th Feb. -	£ 8,688,570	1793 -	25th Feb. -	£ 11,493,125
1788 -	Do. -	9,370,350	1794 -	Do. -	10,699,520
1789 -	Do. -	9,905,240	1795 -	Do. -	13,539,160
1790 -	Do. -	10,217,360	1796 -	Do. -	11,030,110
1791 -	Do. -	11,699,140			
1792 -	Do. -	11,349,810			£ 107,992,385
		Average of 10 years -		-	15,799,238

From April to June 1793, the average of those three months was* - - - - - - 12,104,040

5th September 1795 † - - - - - 11,154,826

For to amount of Bank Notes from 1st January 1795, to 1st March 1797, vide Account of Weekly Totals within those periods, delivered 19th March 1810.

---

* May 3d, 1793, the highest Hambro' Exchange 37 *s.* 6 *g.* £ 11. 6 *s.* per cent. above par.
† September 1st, 1795, the lowest Do. Do. 32 *s.* 6 *g.* 8½ per cent. below par.
The par of the Hambro' Exchange is taken ad 33:—8½ being the par in common acceptation.

RESTRICTION BILL, 27th February 1797.

	Total of Bank Notes.		Rate of Hambro' Exch.	
27th February 1797 -	8½ Millions	-	35 *s.*	6 *g.*
Rose gradually in 1797 & 1798 to	13 -	-	38	0
March 1799 - -	13½ -	-	37	7
After this period, great commercial distress, large importations of corn, heavy subsidies, and the Hambro' Exchange continued falling, and on 2d Jan. 1801, was as low as -			fall 29	8
Between the end of the year 1799 to the end of 1802 an increased quantity of £ 1. and £ 2. notes were issued, swelling the sum total of *all* Notes to - -	13½ to 16½	Fluctuation	from 33 to 29	8 8
From Jan. 1803 to the end of 1807	16½ to 18	Fluctuation	from 32 to 35	10 10
From Jan. 1808 to Christmas 1809	17½ to 18	Fall -	from 34 to 28	9 6

The rate of the Hambro' Exchange is taken from Lloyd's List.

(Nr. LXXI. LXXII.) Weizenpreise in England, Schottland, Irland 1771—1809. [60

Jahr	England Quarter		Schottland Quarter		Irland Barrel of 20 stone		
	s	d	s	d	£	s	d
1771	47	2	39	6			
1780	35	8	29	8			
1785	51	10	—	—	1	3	$3\frac{3}{4}$
1790	53	2	—	—	1	8	$2\frac{1}{4}$
1795	74	2	66	3	1	14	$10\frac{1}{4}$
1796	77	1	70	8	1	18	5
1797	**53**	**1**	**44**	**3**	**1**	**6**	**$8\frac{1}{4}$**
1798	50	3	41	9	1	7	$4\frac{3}{4}$
1799	67	6	57	1	1	12	$4\frac{1}{4}$
1800	113	7	89	4	2	16	$4\frac{1}{2}$
1801	118	3	100	9	2	16	7
1802	67	5	63	7	1	11	$6\frac{3}{4}$
1803	56	6	49	9	1	9	$\frac{1}{2}$
1804	60	1	53	5	1	9	10
1805	87	10	76	4	1	16	$7\frac{1}{2}$
1806	79	—	66	5	1	19	6
1807	73	3	66	7	2	—	1
1808	79	—	71	8	2	4	$9\frac{1}{2}$
1809	95	7	85	6	2	7	$3\frac{3}{4}$

3. Das Papiergeld als Erfindung des Teufels in Goethes „Faust". [61

Zweiter Teil im Druck 1832, vorher (1827/8) Einzelnes, darunter der größte Teil des ersten Aktes (Konzeption vermutlich bedeutend früher). — Vgl. Anmerkungen in Erich Schmidts „Jubiläumsausg." 14 (Stuttg., Cotta); auch W. Cohn-Antenorid, Die Quellen des Faustischen Papiergeldes in: Goethe-Jahrbuch 24 (1903), S. 221/4.

Zur Chronologie des Papiergeldes s. u. Zeittafel.

Erster Akt. Saal des Thrones.

Kaiser (nach einigem Nachdenken zu Mephistopheles).

Sag', weißt du Narr nicht auch noch eine Not?

Mephist. Ich keineswegs. Den Glanz umher zu schauen,
Dich und die Deinen! — Mangelte Vertrauen,
Wo Majestät unweigerlich gebeut,
Bereite Macht Feindseliges zerstreut?
Wo guter Wille, kräftig durch Verstand,
Und Tätigkeit, vielfältige, zur Hand?
Was könnte da zum Unheil sich vereinen,
Zur Finsternis, wo solche Sterne scheinen?

Gemurmel. Das ist ein Schalk — Der's wohl versteht —
Er lügt sich ein — Solang es geht —
Ich weiß schon — Was dahinter steckt —
Und was denn weiter? — Ein Projekt.

Mephist. Wo fehlt's nicht irgendwo auf dieser Welt?
Dem dies, dem das, hier aber fehlt das Geld.
Vom Estrich zwar ist es nicht aufzuraffen;
Doch Weisheit weiß das Tiefste herzuschaffen.
In Bergesadern, Mauergründen
Ist Gold gemünzt und ungemünzt zu finden,
Und fragt ihr mich, wer es zutage schafft:
Begabten Manns Natur- und Geisteskraft.

Kanzler. Natur und Geist — so spricht man nicht zu Christen.
Deshalb verbrennt man Atheisten,
Weil solche Reden höchst gefährlich sind.
Natur ist Sünde, Geist ist Teufel,
Sie hegen zwischen sich den Zweifel,
Ihr mißgestaltet Zwitterkind.
Uns nicht so! — Kaisers alten Landen
Sind zwei Geschlechter nur entstanden,
Sie stützen würdig seinen Thron;
Die Heiligen sind es und die Ritter;
Sie stehen jedem Ungewitter
Und nehmen Kirch' und Staat zum Lohn.
Dem Pöbelsinn verworrner Geister
Entwickelt sich ein Widerstand:
Die Ketzer sind's! die Hexenmeister!
Und sie verderben Stadt und Land.
Die willst du nun mit frechen Scherzen
In diese hohen Kreise schwärzen;
Ihr hegt euch an verderbtem Herzen,
Dem Narren sind sie nah verwandt.

Mephistopheles. Daran erkenn' ich den gelehrten Herrn!
Was ihr nicht tastet, steht euch meilenfern,
Was ihr nicht faßt, das fehlt euch ganz und gar,
Was ihr nicht rechnet, glaubt ihr, sei nicht wahr,
Was ihr nicht wägt, hat für euch kein Gewicht,
Was ihr nicht münzt, das, meint ihr, gelte nicht.

Kaiser. Dadurch sind unsre Mängel nicht erledigt,
Was willst du jetzt mit deiner Fastenpredigt?
Ich habe satt das ewige Wie und Wenn;
Es fehlt an Geld, nun gut, so schaff' es denn.

Mephist. Ich schaffe, was ihr wollt, und schaffe mehr;
Zwar ist es leicht, doch ist das Leichte schwer;
Es liegt schon da, doch um es zu erlangen,

Das ist die Kunst, wer weiß es anzufangen?
Bedenkt doch nur: in jenen Schreckensläuften,
Wo Menschenfluten Land und Volk ersäuften,
Wie der und der, so sehr es ihn erschreckte,
Sein Liebstes da- und dortwohin versteckte.
So war's von je in mächtiger Römer Zeit,
Und so fortan, bis gestern, ja bis heut'.
Das alles liegt im Boden still begraben,
Der Boden ist des Kaisers, der soll's haben.

Schatzmeister. Für einen Narren spricht er gar nicht schlecht,
Das ist fürwahr des alten Kaisers Recht.

Kanzler. Der Satan legt euch goldgewirkte Schlingen:
Es geht nicht zu mit frommen rechten Dingen.

Marschalk. Schafft' er uns nur zu Hof willkommne Gaben,
Ich wollte gern ein bißchen Unrecht haben.

Heermeister. Der Narr ist klug, verspricht, was jedem frommt;
Fragt der Soldat doch nicht, woher es kommt.

Mephist. Und glaubt ihr euch vielleicht durch mich betrogen —
Hier steht ein Mann! da, fragt den Astrologen!
In Kreis' um Kreise kennt er Stund' und Haus;
So sage denn: wie sieht's am Himmel aus?

Gemurmel. Zwei Schelme sind's — Verstehn sich schon —
Narr und Phantast — So nah dem Thron —
Ein mattgesungen — Alt Gedicht —
Der Tor bläst ein — Der Weise spricht.

Astrolog (spricht, Mephistopheles bläst ein).
... Ja! wenn zu Sol sich Luna fein gesellt,
Zum Silber Gold, dann ist es heitre Welt;
Das übrige ist alles zu erlangen:
Paläste, Gärten, Brüstlein, rote Wangen,
Das alles schafft der hochgelahrte Mann,
Der das vermag, was unser keiner kann.

Kaiser. Ich höre doppelt, was er spricht,
Und dennoch überzeugt's mich nicht.

Gemurmel. Was soll nun das? — Gedroschner Spaß —
Kalenderei — Chymisterei —
Das hört' ich oft — Und falsch gehofft —
Und kommt er auch — So ist's ein Gauch.

Mephistopheles. Da stehen sie umher und staunen,
Vertrauen nicht dem hohen Fund...

Kaiser. Nur eilig! du entschlüpfst nicht wieder,
Erprobe deine Lügenschäume
Und zeig' uns gleich die edlen Räume.
Ich lege Schwert und Zepter nieder
Und will mit eignen hohen Händen,

Wenn du nicht lügst, das Werk vollenden,
Dich, wenn du lügst, zur Hölle senden!
Mephist. Den Weg dahin wüßt' allenfalls zu finden...
Kaiser. Nur gleich, nur gleich! Wie lange soll es währen!...
(Trompeten. Exeunt.)
Mephistopheles. Wie sich Verdienst und Glück verketten
Das fällt den Toren niemals ein;
Wenn sie den Stein der Weisen hätten,
Der Weise mangelte dem Stein....

62] Lustgarten.

Marschalk (tritt eilig auf).
Durchlauchtigster, ich dacht' in meinem Leben,
Vom schönsten Glück Verkündung nicht zu geben
Als diese, die mich hoch beglückt,
In deiner Gegenwart entzückt:
Rechnung für Rechnung ist berichtigt,
Die Wucherklauen sind beschwichtigt,
Los bin ich solcher Höllenpein;
Im Himmel kann's nicht heitrer sein.
Heermeister (folgt eilig).
Abschläglich ist der Sold entrichtet,
Das ganze Heer aufs neu' verpflichtet,
Der Lanzknecht fühlt sich frisches Blut,
Und Wirt und Dirnen haben's gut.
Kaiser. Wie atmet eure Brust erweitert!
Das faltige Gesicht erheitert!
Wie eilig tretet ihr heran!
Schatzmeister (der sich einfindet).
Befrage diese, die das Werk getan.
Faust. Dem Kanzler ziemt's, die Sache vorzutragen.
Kanzler (der langsam herankommt).
Beglückt genug in meinen alten Tagen. —
So hört und schaut das schicksalschwere Blatt,
Das alles Weh in Wohl verwandelt hat. (Er liest.)
„Zu wissen sei es jedem, der's begehrt:
Der Zettel hier ist tausend Kronen wert.
Ihm liegt gesichert, als gewisses Pfand,
Unzahl vergrabnen Guts im Kaiserland.
Nun ist gesorgt, damit der reiche Schatz,
Sogleich gehoben, diene zum Ersatz."
Kaiser. Ich ahne Frevel, ungeheuren Trug!
Wer fälschte hier des Kaisers Namenszug?
Ist solch Verbrechen ungestraft geblieben?
Schatzm. Erinnre dich! hast selbst es unterschrieben;

Erst heute nacht. Du standst als großer Pan,
Der Kanzler sprach mit uns zu dir heran:
„Gewähre dir das hohe Festvergnügen,
Des Volkes Heil, mit wenig Federzügen."
Du zogst sie rein, dann ward's in dieser Nacht
Durch Tausendkünstler schnell vertausendfacht.
Damit die Wohltat allen gleich gedeihe,
So stempelten wir gleich die ganze Reihe,
Zehn, Dreißig, Funfzig, Hundert sind parat.
Ihr denkt euch nicht, wie wohl's dem Volke tat.
Seht eure Stadt, sonst halb im Tod verschimmelt,
Wie alles lebt und lustgenießend wimmelt!
Obschon dein Name längst die Welt beglückt,
Man hat ihn nie so freundlich angeblickt.
Das Alphabet ist nun erst überzählig,
In diesem Zeichen wird nun jeder selig.
Kaiser. Und meinen Leuten gilt's für gutes Gold?
Dem Heer, dem Hofe gnügt's zu vollem Sold?
So sehr mich's wundert, muß ich's gelten lassen.
Marschalk. Unmöglich wär's, die Flüchtigen einzufassen;
Mit Blitzeswink zerstreute sich's im Lauf.
Die Wechslerbänke stehen sperrig auf:
Man honoriert daselbst ein jedes Blatt
Durch Gold und Silber, freilich mit Rabatt.
Nun geht's von da zum Fleischer, Bäcker, Schenken;
Die halbe Welt scheint nur an Schmaus zu denken,
Wenn sich die andre neu in Kleidern bläht.
Der Krämer schneidet aus, der Schneider näht.
Bei „Hoch dem Kaiser!" sprudelt's in den Kellern,
Dort kocht's und brät's und klappert mit den Tellern.
Mephistopheles. Wer die Terrassen einsam abspaziert,
Gewahrt die Schönste, herrlich aufgeziert,
Ein Aug' verdeckt vom stolzen Pfauenwedel,
Sie schmunzelt uns und blickt nach solcher Schedel;
Und hurtiger als durch Witz und Redekunst
Vermittelt sich die reichste Liebesgunst.
Man wird sich nicht mit Börs' und Beutel plagen,
Ein Blättchen ist im Busen leicht zu tragen,
Mit Liebesbrieflein paart's bequem sich hier.
Der Priester trägt's andächtig im Brevier,
Und der Soldat, um rascher sich zu wenden
Erleichtert schnell den Gürtel seiner Lenden.
Die Majestät verzeihe, wenn ins Kleine
Das hohe Werk ich zu erniedern scheine.
Faust. Das Übermaß der Schätze, das, erstarrt,

In deinen Landen tief im Boden harrt,
Liegt ungenutzt. Der weiteste Gedanke
Ist solchen Reichtums kümmerlichste Schranke;
Die Phantasie, in ihrem höchsten Flug,
Sie strengt sich an und tut sich nie genug.
Doch fassen Geister, würdig, tief zu schauen,
Zum Grenzenlosen grenzenlos Vertrauen.

Mephist. Ein solch Papier, an Gold und Perlen Statt,
Ist so bequem, man weiß doch, was man hat;
Man braucht nicht erst zu markten noch zu tauschen,
Kann sich nach Lust in Lieb' und Wein berauschen.
Will man Metall, ein Wechsler ist bereit,
Und fehlt es da, so gräbt man eine Zeit.
Pokal und Kette wird verauktioniert,
Und das Papier, sogleich amortisiert,
Beschämt den Zweifler, der uns frech verhöhnt.
Man will nichts anders, ist daran gewöhnt.
So bleibt von nun an allen Kaiserlanden
An Kleinod, Gold, Papier genug vorhanden.

Kaiser. Das hohe Wohl verdankt euch unser Reich;
Womöglich sei der Lohn dem Dienste gleich.
Vertraut sei euch des Reiches innrer Boden,
Ihr seid der Schätze würdigste Kustoden.
Ihr kennt den weiten, wohlverwahrten Hort,
Und wenn man gräbt, so sei's auf euer Wort.
Vereint euch nun, ihr Meister unsres Schatzes,
Erfüllt mit Lust die Würden eures Platzes,
Wo mit der obern sich die Unterwelt,
In Einigkeit beglückt, zusammenstellt.

Schatzm. Soll zwischen uns kein fernster Zwist sich regen,
Ich liebe mir den Zaubrer zum Kollegen. (Ab mit Faust.)

Kaiser. Beschenk' ich nun bei Hofe Mann für Mann,
Gesteh' er mir, wozu er's brauchen kann.

Page (empfangend),
Ich lebe lustig, heiter, guter Dinge.

Ein andrer (gleichfalls).
Ich schaffe gleich dem Liebchen Kett' und Ringe.

Kämmerer (annehmend).
Von nun an trink' ich doppelt beßre Flasche.

Ein andrer (gleichfalls).
Die Würfel jucken mich schon in der Tasche.

Bannerherr (mit Bedacht).
Mein Schloß und Feld, ich mach' es schuldenfrei.

Ein andrer (gleichfalls).
Es ist ein Schatz, den leg' ich Schätzen bei.

Kaiser. Ich hoffte Lust und Mut zu neuen Taten;
Doch wer euch kennt, der wird euch leicht erraten.
Ich merk' es wohl: bei aller Schätze Flor,
Wie ihr gewesen, bleibt ihr nach wie vor.
Narr (herbeikommend). Ihr spendet Gnaden, gönnt auch mir davon!
Kaiser. Und lebst du wieder, du vertrinkst sie schon.
Narr. Die Zauberblätter! ich versteh's nicht recht.
Kaiser. Das glaub' ich wohl, denn du gebrauchst sie schlecht.
Narr. Da fallen andere; weiß nicht, was ich tu'.
Kaiser. Nimm sie nur hin, sie fielen dir ja zu. (Ab.)
Narr. Fünftausend Kronen wären mir zuhanden!
Mephist. Zweibeiniger Schlauch, bist wieder auferstanden?
Narr. Geschieht mir oft, doch nicht so gut als jetzt.
Mephist. Du freust dich so, daß dich's in Schweiß versetzt.
Narr. Da seht nur her, ist das wohl Geldes wert?
Mephist. Da hast dafür, was Schlund und Bauch begehrt.
Narr. Und kaufen kann ich Acker, Haus und Vieh?
Mephist. Versteht sich! Biete nur, das fehlt dir nie.
Narr. Und Schloß, mit Wald und Jagd und Fischbach?
Mephistopheles. Traun!
Ich möchte dich gestrengen Herrn wohl schaun!
Narr. Heut abend wieg' ich mich im Grundbesitz! — (Ab.)
Mephistopheles (solus).
Wer zweifelt noch an unsres Narren Witz! . .

Vierter Akt. Hochgebirg. [63

Mephist. Auf meinem Zuge blieb mir nicht verborgen:
Der gute Kaiser schwebt in großen Sorgen;
Du kennst ihn ja. Als wir ihn unterhielten,
Ihm falschen Reichtum in die Hände spielten,
Da war die ganze Welt ihm feil.
Denn jung ward ihm der Thron zuteil,
Und ihm beliebt' es, falsch zu schließen,
Es könne wohl zusammengehn
Und sei recht wünschenswert und schön:
Regieren und zugleich genießen.
Faust. Ein großer Irrtum. Wer befehlen soll,
Muß im Befehlen Seligkeit empfinden.
Ihm ist die Brust von hohem Willen voll,
Doch was er will, es darf's kein Mensch ergründen.
Was er den Treusten in das Ohr geraunt,
Es ist getan, und alle Welt erstaunt,
So wird er stets der Allerhöchste sein,
Der Würdigste, — Genießen macht gemein.
Mephist. So ist er nicht. Er selbst genoß, und wie!
Indes zerfiel das Reich in Anarchie...

X. Der Gegensatz alter und moderner Münzverfassungen.

64] *Die Ideen vom Wesen des Geldes sind zwar begrifflich von der äußeren Gestaltung der Münzen unabhängig. Tatsächlich aber kann zum mindesten die Verbreitung jener Ideen sehr stark durch den Zustand des Münzwesens beeinflußt, insbesondere erschwert oder gar unmöglich gemacht werden. Die Kompliziertheit der älteren Münzverfassungen in ganz Europa wird im folgenden durch einige Auszüge (65—67) aus einer Anleitung veranschaulicht, wie sie im 18. Jh. am Hamburger Geldmarkt üblich und unerläßlich war; die tatsächlichen sich beständig steigernden Abweichungen durch zwei Münzverschlechterungsreihen (68, 69). In bewußtem Gegensatze zu dieser ganzen vorangegangenen Entwicklung hat die französische Revolution mit einem Schlage Klarheit geschaffen, indem sie streng logisch die Münze in die Maß- und Gewichts-Gesetzgebung vom 1. Aug. 1793 aufnahm und durch eine Reihe von Einzelgesetzen ausgestaltete, aus denen unten das abschließende (70) ausgewählt ist.*

Für die Weiterentwicklung des Münzwesens wurde bestimmend, daß ungefähr gleichzeitig mit Frankreich, aber unabhängig von ihm und beinahe auf entgegengesetztem Wege England dazu gelangte, einen zweiten Typ aufzustellen (71—73).

65] a) Vom Hamburger Geldmarkt im 18. Jh.

Jürgen Elert Kruse (Verordn. Schulhalter zu St. Nicolai), Kurzgefaßte Abhandlung von den Münzen u. deren Verwechselung in Hamburg. 1762. Kl. 8⁰. — Sehr ausführlich über sämtliche Länder der Erde: dess. ‚Hamb. Kontorist'. 4. A. 1782.

Von der Beschaffenheit des Münzwesens.

Von dem Werthe des Goldes und Silbers, als der Materie der Münzen.

Das Gold hat, so wohl seiner mehrern Vollkommenheit, als Seltenheit wegen, einen viel höhern Werth als das Silber; die Preisen beyder Metallen aber sind, wie anderer Kaufmanns-Waaren, bald höher bald niedriger, und mithin ist auch die Proportion, oder die Verhältniß des Goldes zum Silber in Barren, dem Gewigte nach zu rechnen, veränderlich: Jedoch richten sich die Metallenpreise vornehmlich nach dem Werth, so dem Golde und Silber in den geprägten Münzsorten, womit der Einkauf bezahlet wird, beygeleget ist, und nach der Proportion, die zwischen beyderley Arten Münzen sich findet. Solche Proportion aber, in den geprägten Geldsorten, ist nicht an allen Orten gleich: Denn da wird z. E. eine *M.* fein Gold vorjetzo in Portugal gleich 13.48, in Spanien gleich 14.88, in Frankreich gleich 14.44, in England gleich 15.20, in Brabant gleich 14.29, in Holland gleich 14.74, und in Österreich gleich 14.15 *M.* fein Silber am Werthe, und fast in jedem Staate anders, ausgepräget.

Von der Proportion zwischen Gold und Silber.

Weil die Proportion, wie aus vorigem erhellet, nicht an allen Orten einerley ist, so muß jedes Land auf seine Nachbaren, womit es am meisten umzusetzen hat, sehen, was bey ihnen in den geprägten göldenen und silbernen Münzen für eine Proportion im Gebrauch sey. Denn wenn man eine höhere Proportion erwählet, so ist die Folge davon gemeiniglich diese, daß die silbernen Münzen aus dem Lande dahin, wo sie mehr im Golde gelten, ausgeführet, und die göldenen Münzen dagegen hereingebracht werden; wobey sonderlich ein Land, das selbst ergiebige Silber-Bergwerke hat, viel einbüssen muß, weil es so dann sein Silber wohlfeiler hingiebt, als es an andern Orten wieder zu haben ist. Erwählet man aber eine niedrigere Proportion, so folget das Gegentheil von vorgesagtem. Allein eine jede Veränderung, die mit der Proportion vorgenommen wird, verursachet auch in dem Münzwesen eine grosse Alteration: Denn will man die Proportion erhöhen, und dem Golde einen höhern Preis geben, so müssen von den bishergehabten silbernen Münzen mehrere Stücke für eine göldene Münze gegeben werden; soll aber die göldene Münze nur eben so viele Stücke Silber-Geld wie zuvor gelten, so müssen die silbernen Münzen entweder, um so viel als die Veränderung erfordert, schwerer oder feiner; oder auch die göldene Münze um so viel leichter, oder geringhaltiger ausgepräget werden.

Wie d. Feinheit d. Goldes, und d. Korn d. göldenen Münzen angezeiget werde.

Wenn eine Maße Gold, oder eine göldene Münzsorte, ganz fein und unvermischt ist, so sagt man fast in ganz Europa, das Gold sey 24 Grad fein vom Gehalt, und diese Grade der Feine nennet man insgemein Karate: Ist aber z. E. der 8te Theil, oder 3 Karate davon Zusatz, so wird sie von 21 Karate fein zu seyn angegeben: Und damit man den Gehalt noch genauer anzeigen könne, so theilet man in den Niederlanden, in Deutschland, Dännemark und Schweden jeden Karat ferner in 12 Theile, die man Gräne nennet, ab, so daß man solchergestalt, aus 24 Karaten, 288 Gräne bekommt, und mithin auch den 288sten Theil des Gehaltes oder Zusatzes andeuten kann. In Spanien, Portugal und England aber rechnet man den Karat nur zu 4 Gräne, und den Gran zu halbe, viertel und achtel Theile desselben. In Frankreich und Italien hergegen wird der Karat nur in halbe, viertel, achtel, sechszehntel und zwey und dreyßigstel Theile abgetheilet.

Wie d. Gehalt d. Silbers, und d. Korn d. silbernen Münzen angedeutet werde.

Die Feinheit des Silbers, und der silbernen Münzsorten, wird auf eine andere Art angegeben. In Deutschland, Dännemark und Schweden nimmt man die Eintheilung dazu von einer Mark Gewigt, und das ganz feine Silber wird nur auf 16 Grad der Feine, welche Loth heissen, angesetzet, jedes Loth aber wird wiederum in 18 Gräne vertheilet, daß demnach eine Quantität oder Mark ganz feinen Silbers zu 16 mal 18, mithin eben wie das Gold, zu 288 Gräne fein gerechnet wird. In Portugal, Spanien, Frankreich, Italien und den Niederlanden schätzet man den Gehalt des Silbers nach Dineros, Deniers, Denari oder Pfenningen, und zwar daß das Silber, so ganz fein ist, 12 Pfenninge habe: Da aber jeder Pfenning wiederum in 24 Gräne vertheilet wird, so betragen die 12 Pfenninge gleichfalls 288 Gräne. In England hergegen, allwo man das Silber nach Pfunden von 12 Unzen abwieget, giebt man das ganz feine Silber zu 12 Unzen fein an; ob aber gleich diese 12 Unzen mit vorigen 12 Pfenningen den Graden nach übereinkommen, so haben sie dagegen eine andere Vertheilung; denn man theilet die Unze in 20 Pfenninggewigt, (Pennyweights) daß mithin die 12 Unzen, nur 240 Pfenninggewigt ausmachen.

Von den Gewigten, wornach Gold und Silber, und die daraus geprägten Münzsorten gewogen werden.

Man bedienet sich, bey Abwägung und Probirung des Goldes und Silbers, und der daraus geprägten Münzsorten, vornehmlich des so genannten Markgewigts, welches eigentlich davon, daß es, um mehrerer Zuverläßigkeit halber, von jedes Ortes Obrigkeit gemarket oder bezeichnet ist, den Namen hat. Es ist aber solches von der Schwere und Eintheilung nicht an allen Orten einerley: Die Gewigte, so an folgenden Orten im Gebrauch sind, sind die merkwürdigsten derselben, nemlich:

In Holland und den Niederlanden bedienet man sich einer so genannten Troys-Mark; es hat aber 1 *M.* Troys allda 8 Oncen, 160 Engels, oder 5120 Aasen [a]).

In Frankreich wäget man auch nach Marken: Eine solche Marc wird eingetheilet in 8 Onces, 64 Gros oder Drachmes, 160 Estelins, 192 Deniers, 320 Mailles, 640 Felins, oder 4608 Grains, und ist so schwer als 5096 Asen des Holl. Troy-Gewigts.

In England wird gewogen nach Pfunden, wie auch nach Unzen Troys; es hat aber 1 *Lb.* Troys [b]) allda 12 Ounces, 240 Pennyweights, 5760 Grains, oder 115 200 Mites, und ist so schwer als 7766 Asen des Holl. Troys-Gewigts.

In Spanien wird das Silber nach Marcos, das Gold aber nach Castellanos gewogen. 1 *M.* Silber hat 8 Onças, 64 Ochavas, 384 Tomines, oder 4608 Granos, und ist so schwer als 4790 Holl. Asen. Beym Golde hergegen hat die *M.* 50 Castellanos, 400 Tomines, oder 4800 Granos.

---

a) 1 As = 0,048 g. b) Dies das übliche „Troygewicht" = 373,5 g.

In Deutschland haben zwar einige Städte ihr besonderes Silbergewigt, aber bey dem Münzwesen bedienet sich ganz Deutschland, und folglich auch Hamburg des Cölnischen Markgewigts:

Diese Cölnische *M.*[a]), welche die Helfte eines Cölnischen Pfundes ist, hat 8 Unzen, 16 Loth, 64 Quintlein, 256 Pfenninge, 512 Heller, oder 4352 Eschen, und ist 4864 Holländische Asen schwer.

Weil Hamburg und Deutschland von vorbenannten Orten viel Gold und Silber an sich ziehet, so ist der Rechnung wegen folgende Vergleichung, gegen das Cölnische Gewigt, wohl zu merken, nemlich:

20 M. Cölnisch, sind 19 *M.* Troys in Holland und den Niederlanden.
22 *M.* Cölnisch, sind 21 *M.* in Frankreich.
190 *M.* Cölnisch, sind 119 *Lb.* Troy-Gewigt in England, oder
1000 *M.* Cölnisch, sind 7516 Ounces Troy-Gewigt allda.
65 *M.* Cölnisch, sind 66 *M.* Silber in Spanien.
13 *M.* Cölnisch, sind 660 Castellanos Gold in Spanien.
57 *M.* Cölnisch, sind 58 *M.* in Portugal, oder
100 *M.* Cölnisch, sind 814 Portug. Onças schwer.

Ferner merke man, daß

101 *M.* Cölnisch, gleich seyn 100 *M.* in Augspurg.
501 *M.* Cölnisch, gleich seyn 500 *M.* in Berlin.
102 *M.* Cölnisch, gleich seyn 100 *M.* in Nürnberg.
38 *M.* Cölnisch, gleich seyn 35 *M.* in Prag.
269 *M.* Cölnisch, gleich seyn 256 *M.* in Regenspurg, und
721 *M.* Cölnisch, gleich seyn 600 *M.* in Wien.

Von dem Cours der Gelder in Hamburg[b]).

[*Im Kurszettel.*]

Banco-Reichsthaler. [66

Darunter werden die gerechten Constitutions-mäßigen Species-Reichsthaler verstanden, davon ein Stück der besten 2 Lot schwer, oder 8 Stücke derselben eine Cölnische *M.* von 14 Loth 4 Grän gehaltigem Silber wiegen müssen. Man hat davon ganze, halbe, viertel und achtel Stücke: In solcher Art Species-Reichsthalern, die a 3 *M.*, 1½ *M.*, 12 ß und 6 ß Species gerechnet werden, bestehet das Geld in der Hamburger Banco, worunter der leichteste nach dem Banco-Gewigt 590 Asen wenigstens schwer seyn muß. Die Banco thut dem Einbringer die kleine Banco-Agio, welche 1‰ ist, gut, und schreibet für eingebrachte 1000 Reichsthaler

a) = 233,8 g. b) Im Ganzen 75 Münzsorten, aus denen (wie im vorhergehenden) nur Beispiele ausgewählt sind.

Species, 1001 Reichsthaler, oder eigentlich 3003 *M.* Banco-Valuta auf desselben Rechnung. Will aber jemand Species wieder aus der Banco holen, oder auch eine Forderung in Species an jemanden mit Banco-Zahlung vergüten, so muß er 1⁵/₈ ⁰/₀₀, so die grosse Banco-Agio heisset, rechnen, und mithin für 1000 *M.* Species, 1001 *M.* 10 ß Banco-Valuta abschreiben lassen.

Weil nun selbst in der Banco die Species in Banco-Valuta höher geschätzet werden, so kann man auch, ausser derselben, Banco-mäßige Species, oder Banco-Reichsthaler mit ½ ⁰/₀ w. o. m. Avanzo gegen Banco-Valuta verwechseln, und also für

100 *M.* an Banco-Reichsthaler, oder Species, 100½ *M.* w. o. m. in Banco-Valuta erhalten.

Die Species-Reichsthaler aber, die alle 2 Loth wiegen, und das gesetzmäßige Korn haben, so wie sie noch von Chur-Sachsen, und Chur-Hannover auf ihren Bergwerken, wie auch von dieser Stadt ausgepräget werden, sind mit 2 ⁰/₀ w. o. m. höherem Gewinn gegen Banco zu verwechseln.

Wenn die Species-Reichsthaler in Zahlungen gegeben, oder in kleiner Anzahl verwechselt werden, so paßiret das Stück in Courant für 3 *M.* 10 ß w. o. m., und in schlechtern Geldsorten für höhere Preise. | Wenn solche Verwechselung aber in beträchtlicher Anzahl gegen Courant, Neue ⅔tel, und andere leichte Geldsorten geschicht, so wird der Spec. Rthlr. dabey zu 4 *M.* leicht Geld in Spec. gerechnet, zu welchem Werth die Spec. alsdann 33 ⁰/₀ w. o. m. schlechter zu achten sind als Banco, und folglich

100 *M.* Banco, gleich 133 *M.* w. o. m. an Spec. Rthlr. a 4 *M.* leicht Geld zu rechnen.

Ordinaire Ducaten.

Von den Reichsgesetzmäßigen Ducaten müssen 67 Stücke eine Cölnische *M.* wiegen, die 23 Karat 8 Grän fein Gold hält; mithin ist ein solcher Ducat 72½ Asen schwer, und enthält 1.007 Ducaten-Gold. Allein derselben sind am wenigsten im Cours, am meisten siehet man Holländische Ducaten roulieren, deren gerändelte neue zwar 72½ Asen schwer sind, aber höchstens nur 23 Karat 7 Grän halten; die alten Holländischen, Deutschen, und vieler anderer Nationen Ducaten aber, die durch den langen Umlauf leichter geworden, auch zumtheil nur 23 Karat 6. 5 und noch wenigere Gräne Gold haben, sind die ordinair meistens vorkommende Sorten, wovon gleichwohl nur diejenigen für Cours-mäßig geachtet werden, die noch 71½ a 71 Asen schwer sind.

Man hat doppelte, ganze und halbe Ducaten, die man bey der Verwechselung zu 4. und 1 Rthlr., oder zu 12. 6 und 3 *M.* Ducaten-Valuta rechnet; zu solchem Werthe sind sie zuweilen um 1 ⁰/₀ w. o. m. besser als Banco, alsdann sind

100 *M.* an Ducaten a 6 *M.*, gleich 101 *M.* Banco w. o. m.
Zuweilen sind sie mit Banco pari, und also
100 *M.* an Ducaten a 6 *M.*, gleich 100 *M.* Banco.
Auch werden sie wohl zu 1 % w. o. m. schlechter als Banco verwechselt, sodann sind
100 *M.* Banco, gleich 101 *M.* w. o. m. an Ducaten a 6 *M.* zu rechnen.

Hamburger-Courant.

Ist seit Ao. 1726 ausgepräget worden, und bestehet in 2 und 1 *M.*, von 12 Loth, wie auch in 8. 4 und 2 ßstücken, von 10. 9 und 7 Loth fein die *M.*; in allen diesen Sorten ist die Cölnische *M.* fein Silber zu 34 *M.* ausgepräget worden, mithin 1 *M.* Hamb. Courant 143 Asen feines Silbers in sich halten muß.

Dieses Courant wird zu 20 % w. o. m. schlechter als Banco verwechselt; mithin
100 *M.* Banco, gleich 120 *M.* w. o. m. Hamb. Courant sind.

[Nicht im Kurszettel.] [67

Goldgulden Rheinische, davon wiegt ein gesetzmäßiges Stück 67½ Asen von 18 Karat 6 Grän fein Gold, und 3 Karat 8 Grän fein Silber, sein Inhalt aber ist auf .742 Ducaten Gold zu schätzen, und ist 4 *M.* 7 ß Banco w. o. m., oder 5 *M.* 4 ß Courant w. o. m. werth.

Guineen sind Englische Münzen, davon ein gesetzmäßiges Stück 174 Asen wieget, von 22karatigem Golde ist, oder 2.236 Ducaten Gold in sich hält: Und eine solche Guinea wird zu 13 *M.* 7 ß Banco w. o. m., oder zu 16 *M.* Cour. w. o. m. verwechselt; man hat aber nicht nur ganze, halbe und viertel, sondern auch doppelte und fünffache Guineas.

Conventions-Reichsthaler sind seit Ao. 1750. von Oesterreich, Bayern, Salzburg, Regenspurg, Augspurg, Nürnberg etc. ausgepräget worden; das Stück wiegt 583 Asen von 13 Loth 6 Grän fein, enthält demnach 486 Asen fein Silber, und ist 3 *M.* 6 ß 4 ₰ Hamburger Courant werth: Man hat davon ganze, halbe und viertel Reichsthaler ausgeschlagen, die zu 3 *M.*, 1½ *M.*, und 12 ß gerechnet mit 8 % w. o. m. Disconto gegen Banco verwechselt werden.

Französische Kronenthaler wurden Ao. 1709. zuerst ausgeschlagen; ein gesetzmäßiger solcher Thaler muß wenigstens 632 Asen wiegen, von 14½ Loth fein seyn, und 573 Asen fein Silber enthalten, so ist er 4 *M.* — ß 1 ₰ Hamburger Courant-Geld werth.

Französische Laubthaler sind seit Ao. 1726. ausgepräget worden, bestehen in ganzen und halben Stücken, die zu

(6 und 3 Livres anjetzo in Frankreich Cours haben: Der ganze Laubthaler muß nach dem Gesetz wenigstens 609 Asen wiegen, 14½ Loth fein seyn, und 552 Asen fein Silber enthalten; ein solcher Thaler ist 3 *M.* 13 ß 9 ₰ Hamburger Courant-Geld werth: Bey Parteyen wird das Stück zu 3 *M.* gerechnet, und a 4 % w. o. m. besser als Banco verwechselt...

Diese sind die groben und guten Münzsorten, die vorkommen; von den jetzigen schlechten deutschen Geldsorten aber, womit auch hier ein grosser Umwechsel geschicht, ist, wegen öfter Veränderung des Münzfusses, nichts gewisses zu bestimmen und zu vergleichen möglich: Um aber einige Kenntniß von ihrer schlechten Beschaffenheit zu nehmen, so will hier den Cours dieser Sorten hersetzen, wozu sie Ao. 1762. d. 13 Febr. auf der Hamb. Börse gegen Banco verwechselt worden sind, nemlich: Preußische 1/3 und 1/6 zu 122½ %; Braunschw. 1/3 und 1/6 mit C zu 134 %; Bernburgische 1/3 und 1/6 zu 199 %; neue detti zu 230 %; Sächsische 1/3 zu 218½ %; Mecklenb. 1/3 und 1/6 zu 236 %; Stralsunder 1/6 zu 245 %; detti 1/3 zu 248 %; Zerbstische 1/3 zu 270 % schlechter als Banco.

68] **b) Münzverschlechterungs-Reihen.**

(1.) Silbergulden und Taler.

Nach Grote, Münzstudien 2 (1862), 1011; m. Umrechnung.

Nr.	Münze		Schrot 1 ℳ a) =	Korn ℔:	Gewicht in gr. rauh	Gewicht in gr. fein	heutige Reichsmark
1	2		3	4	5	6	7
1	Güldiner	1524	8	15	29,2	27,4	4,93
2	—	1551	7½	14,2	31,2	27,5	4,95
3	—	1559	9½	14,16	24,6	22,9	4,12
4	Zinnaische	1667	14	14,4	16,7	14,8	2,67
5	Convent.gulden	1753	16⅔	13,6	14,0	11,7	2,10
6	Reichstaler	1566	8	14,4	29,2	26,0	4,68
7	Albertustaler	1659	8⅓	13,16	28,1	24,4	4,39
8	Conventionstaler	1753	8⅓	13,6	28,1	23,4	4,21
9	Preuß. Taler	1764	10½	12	22,3	16,7	3,01

69] (2.) „Häller“ von Schwäb.-Hall (in Gramm).

ib. 6 (1865), S. 124.

	1356	1374	1385	1393	1395	1396	1404	1413	1458	1478	1501
rauh	0,63	0,44	0,40	0,55	0,41	0,47	0,42	0,40	0,29	0,23	0,20
fein	0,21	0,15	0,13	0,21	0,16	0,12	0,11	0,08	0,07	0,06	0,05

a) Cölnisch.

c) Französische Revolution. Doppelwährung. [70

Gesetz betr. Herstellung und Prüfung der Münzen. Vom 7. Germinal an XI [= 28. März 1803].

Bulletin des lois de la République Française. 3e Série, t. 8e (2e sém. de l'an XI). — Beste Zusammenstellung des gesamten franz. Materials: M. Block, Dict. de l'adm. franç. 5e Éd. Paris 1905, s. v. Monnaies et médailles. Für die ältere Zeit auch Dalloz, Répert. de législ. (Paris 1855), vol. 32, s. v. Monnaies, u. die Registerbände zu den Gesetzsammlungswerken (z. B. Duvergnier).

Allgemeine Bestimmung.

5 g Silber in 9/10 Feinheit bilden die Münzeinheit, die den Namen „franc" beibehält.

Tit. I. Von der Herstellung der Münzen.

Art. I. An Silberstücken werden ausgeprägt: ¼, ½, ¾, 1, 2 und 5 Franken.

II. Ihr Korn wird auf 9/10 fein und 1/10 Legierung festgesetzt.

III. Das [Rauh-]Gewicht des ¼frankstückes beträgt 1 g 25 cg ... das des 5frankstücks 25 g.

IV. Das Remedium im Korn beträgt für die Silbermünze 3/1000 nach oben oder unten.

V. Das Remedium im [Rauh-] Gewicht beträgt für das ¼frankstück 9/1000 ... für das 5frankstück 3/1000 nach oben oder unten.

VI. An Goldstücken werden ausgeprägt: 20 Franken und 40 Franken.

VII. Ihr Korn wird auf 9/10 fein und 1/10 Legierung festgesetzt.

VIII. 20frankstücke werden 155 aus 1 kg ausgebracht, 40frankstücke 77½.

IX. Das Remedium im Korn wird für die Goldmünze auf 2/1000 nach oben oder unten festgesetzt.

X. Das Remedium im [Rauh-] Gewicht wird auf 2/1000 nach oben oder unten festgesetzt.

XI. Von denen, die Gold oder Silber zur Münze bringen, dürfen nur die Herstellungskosten erhoben werden. | Diese werden auf 9 fr. für 1 kg Gold und auf 3 fr. für 1 kg Silber festgesetzt.

XIII. An reinen Kupfermünzen werden ausgeprägt 1/100, 2/100 und 5/100frankstücke.

XIV. Das 1/100 Stück wiegt 4 g | das 2/100 Stück 6 g | das 5/100Stück 10 g.

d) Der Abschluß der englischen Goldwährung 1774—1816[a]).

Gesetz v. 1774 (14 Georg III c. 42.) [71

The Statutes at Large of England and of Great Britain: from Magna Carta to the Union of the Kingdoms of Great Britain and Ireland. VII, 349. — Dazu X, 439 (39 Georg III c. 75 = 1798): für dauernd erklärt.

---

a) Die praktisch schon vorher erfolgte Durchführung der Zahlungen in Gold behandelt Kalkmann, Englands Übergang zur Goldwährung im 18. Jh. (= Abh. d. Staatswiss. Seminars Str.) Straßburg 1895. — Das heutige Münzrecht ist kodifiziert im G. v. 4. April 1870 (woselbst 'Appendix' der aufgehobenen Gesetze seit 1678), mit Novellen v. 1889 u. 1891.

II. Ein Zahlungs-Angebot, das in Silbermünze des Königreichs über eine Summe von mehr als 25 £ gemacht wird, soll niemals als gesetzliches Zahlungs-Angebot angesehen; auch soll der Betrag als gesetzliches Zahlungsmittel innerhalb Großbritanniens und Irlands nur bis zu seinem Gewichtswert nach dem Satze von 5 s 2 d für die Unze Silber anerkannt werden. Wem solches angeboten wird, der soll in keiner Weise verpflichtet sein, es anders als nach obiger Bestimmung in Zahlung zu nehmen.

72] Gesetz v. 1797 (38 Georg III c. 59.)

ib. X, 330.

II. ...Da infolge des durch die Zeitumstände veranlaßten niedrigen Silberpreises bereits ein kleiner Betrag Silberbarren zur Ausprägung in die Münze gebracht worden ist, weitere Beträge zu erwarten sind, und deswegen zunächst die Silberprägung zu suspendieren ist, so soll hiermit verordnet sein: daß vom Tage der Kundmachung dieses Gesetzes an Silber in der Münze nicht mehr ausgeprägt ...werden soll.

73] Gesetz, betr. eine neue Silberprägung und Regelung des Umlaufs der Gold- u. Silbermünze des Königreichs. Vom 22. Juni 1816 (56 Georg III c. 68).

The Statutes of the United Kingdom of Great Britain and Ireland. XVI, 914.

XI. Da zu verschiedenen Zeiten hierzuvor die Gold- und Silbermünzen des Königreichs in gleicher Weise gesetzliches Zahlungsmittel bis zu beliebiger Höhe gewesen sind, und da große Ungelegenheiten sich daraus ergaben, daß beide Edelmetalle nebeneinander als Wertmaß fungierten..., und da es fördersam erscheint, daß die Goldmünze...fortan das einzige Wertmaß und gesetzliche Zahlungsmittel in unbeschränkter Höhe sei, die Silbermünze aber nur bis zu einem bestimmten Betrage, zur Erleichterung von Handel und Wandel, so soll verordnet sein: Vom Tage der Kundmachung dieses Gesetzes an soll die Goldmünze des Königreichs sein, erachtet und hierdurch kundgetan werden als das einzige gesetzliche Zahlungsmittel (vorbehaltlich der nachfolgenden Ausnahmen) innerhalb des Vereinigten Königreichs von Großbritannien und Irland. Besagte Goldmünze soll Gewicht und Einheit so behalten, wie sie in der gegenwärtigen Satzung mit S. M. Münzwerkmeister für die Kgl. Münze in London vorgeschrieben sind; und zwar mit der erlaubten Abweichung, gen. Remedium, wie sie besagtem Meister in besagter Satzung angegeben wird...

XII. Da es fördersam ist, daß bis zum Betrage von 40 s die

Silbermünze des Königreichs gesetzliches Zahlungsmittel nach Stückbenennung sei, so soll verordnet sein: Von einem. . .zu bestimmenden Tage an sind die Gesetze . . . über Annahme nach Gewicht . . . aufgehoben, und gilt ein Angebot oder eine Zahlung in Silbermünze über 40 s nicht als in gesetzlichem Zahlungsmittel erfolgt, weder nach Stück, noch nach Gewicht, noch sonstwie.

XVIII. Vorbehalten allemal, daß nichts in diesem Gesetze darauf ausgedehnt werde, daß es ein . . . Gesetz abändere oder aufhebe, wonach auf die Dauer eines gewissen Zeitraumes die Versprechungsnoten der Bank of England zahlbar an den Inhaber (gen. Banknoten) in Zahlung genommen werden müssen, für alle Geldsummen, die als öffentliche Einkünfte zu entrichten sind, und wonach sie von Kollektoren, Einnehmern und anderen Beamteten . . . anzunehmen sind, Bruchteile von 20 s ausgenommen . . .

XI. Die Peelsche Bankakte und ihre Gegner. „Currency principle“ und „Banking principle“.

a) Die Peelsche Bankakte vom 19. Juli 1844. [74

Sonderabdruck (S. 329—342, 4⁰) von Eyre & Spottiswood, London 1875, aus der (s. o. Nr. 73) amtlichen Gesetzsammlung. — In umfangreichem Auszuge in: Andréadès (= Athen), Hist. of the Bank of England; transl. by Meredith, London 1909, S. 411—416.

. . . Vom 31. Aug. 1844 an soll die Ausgabe von Versprechungsnoten des Generaldirektors und der Bank of England, zahlbar auf Sicht, getrennt und hinfort gänzlich geschieden gehalten werden von dem allgemeinen Bankgeschäft besagten Generaldirektors und Gesellschaft. Das Geschäft der Emission und alles was sich darauf bezieht, soll hinfort in einer besonderen Abteilung verwaltet und betrieben werden, die den Namen Emissionsabteilung der Bank of England erhält und den in folgendem enthaltenen Vorschriften und Regelungen unterworfen ist. . .

II. Am 31. Aug. 1844 sollen durch besagten Generaldirektor und Gesellschaft an die Emissionsabteilung der Bank of England übertragen, zugeeignet und abgesondert werden Wertpapiere im Werte von 14 Mill. £ [a]), wovon die Staatsschuld an besagte Bank einen Teil bilden und als solcher erachtet werden soll; ingleichen so viel Goldmünzen sowie Gold- und Silberbarren wie in der Bankabteilung entbehrlich sind. Daraufhin sollen von der Emissionsabteilung an die Bankabteilung Bank-of-England-Noten in solchem Betrage ausgehändigt werden, daß sie zusammen mit den in diesem Zeitpunkt im Umlauf befindlichen dem übergebenen Gesamtbetrage an Wertpapieren, Münzen und Bar-

a) Auf Grund von Art. V ist das „Kontingent“ inzwischen auf 18,45 Mill. £ angewachsen.

ren gleichkommen... Von dann ab[a]) soll es besagtem Generaldirektor und Gesellschaft nicht mehr erlaubt sein, Bank-of-England-Noten auszugeben, weder an ihre Bankabteilung noch an irgendwelche Personen, wer auch immer es sei; ausgenommen im Tausch für andere Bank-of-England-Noten oder für Goldmünzen oder Gold- und Silberbarren, die sie für die Emissionsabteilung nach den Vorschriften dieses Gesetzes empfangen oder eingekauft haben, oder im Tausch für Wertpapiere, die sie ebenso in der Emissionsabteilung erworben und empfangen haben: vorbehalten allezeit, daß besagter Generaldirektor und Gesellschaft befugt sein sollen, in ihrer Bankabteilung alle Bank-of-England-Noten, die sie zu irgendeiner Zeit von der Emissionsabteilung oder sonst empfangen, in jeder Beziehung ebenso zu verausgaben, wie zu solcher Verausgabung jede andere Person befugt wäre.

III. ... Die Bank of England soll in ihrer Emissionsabteilung an Silberbarren niemals mehr haben als ¼ des Betrages, den die Bank in dieser Abteilung an Goldmünzen und -Barren liegen hat.

IV. Vom 31. Aug. 1844 an kann jedermann von der Bankabteilung Bank-of-England-Noten im Austausch gegen Goldbarren verlangen zum Satze von 3 £ 17 s 9 d per Unze Standardgold: so jedoch, daß die Bank in allen Fällen Einschmelzung und Probierung der Goldbarren durch von ihnen beglaubigte Personen auf Kosten der Parteien verlangen kann.

V. Wenn ein Bankier, der am 6. Mai 1844 eigene Banknoten ausgab, die Emission aufgibt, so soll in jedem darauf folgenden Zeitpunkte der König im Einvernehmen mit dem Kabinett besagten Generaldirektor und Gesellschaft auf deren Antrag ermächtigen können, den Betrag der Wertpapiere in der Emissionsabteilung über die Gesamtsumme von 14 Mill. £ hinaus zu vermehren[b]) und daraufhin weitere Bank-of-England-Noten bis zu einem in der Kabinettsorder zu benennenden Höherbetrage auszugeben und in derselben Art weiter von Zeit zu Zeit: vorbehalten jedoch, daß der in der Kabinettsorder zu benennende Höherbetrag in keinem Falle mehr sein darf, als ⅔ der Banknoten, die jener Bankier unter der Herrschaft dieses Gesetzes auszugeben befugt war...

IX. Wenn die Wertpapiere in der Emissionsabteilung den Gesamtbetrag von 14 Mill. £ übersteigen, so sollen besagter Generaldirektor und Gesellschaft ... alljährlich an die Staatskasse einen Betrag zahlen, der dem Reingewinn aus dem überschießenden Teil der Wertpapiere gleichkommt, nach Abzug der Unkosten, einschließlich der Zahlungen an Bankiers wegen Aufgabe ihres Notenemissionsrechtes...

a) Currency principle. b) s. o. S. 120a.

b) Tookes Gegenschrift. 1844. [75

Th. Tooke, An Inquiry into the Currency principle. London 1844. — Die im folgenden abgedruckten Endergebnisse = Anh. XV in: Tooke & Newmarch, Gesch. u. Bestimmung der Preise; deutsch mit Zusätzen von C. W. Asher, Bd. 2 (Dresden 1862), S. 621/4.

1. Wenn ein Land wie das unserige eine rein metallene Landesvaluta besäße, so könnten und würden Sendungen edler Metalle mitunter von beträchtlichem Belaufe (5—6 Mill. wenigstens) zwischen diesem und anderen Ländern stattfinden, ohne daß dadurch der Betrag oder Wert der Landesvaluta desjenigen Staates, von welchem die Sendungen kämen, oder nach welchem sie gingen, berührt würde, oder daß darin eine Ursache oder Folge einer Veränderung in den Preisen im allgemeinen läge.

2. Die Lehre also, laut welcher bei einem reinen Metallgelde jede Ein- oder Ausfuhr edler Metalle die im Umlauf befindliche Geldmenge entsprechend vermehren oder vermindern und dergestalt die Preise steigern oder drücken müsse, ist in sich hohl und unrichtig.

3. Die von der Currency-Theorie zwischen Banknoten und anderen Arten von Kreditpapier aufgestellte Unterscheidung gründet sich auf keine wesentliche Verschiedenheit, ausgenommen soweit die kleinsten Arten von Noten in Betracht kommen, die im Detailhandel und bei Lohnzahlungen gebraucht werden.

4. Bei allen Käufen und Verkäufen von Zwischenhändlern könnten, wenn nicht die Stempelabgabe wäre, sehr füglich Wechsel anstatt der Noten von 10 £ und darüber gebraucht werden; wie sie denn in der Tat auch stark im Gebrauch waren, bis eine für die kleinen Wechsel unverhältnismäßig schwere Abgabe darauf gelegt wurde.

5. In den meisten Fällen verrichten Schecks ebensogut die Dienste von Geld wie Banknoten, und in vielen noch besser.

6. Banknoten der größeren Klassen werden zu besonderen Zwecken gebraucht; die der Bank von England vornehmlich bei Abmachungen im Clearing house und bei Ankäufen von Grund- und unbeweglichem Eigentum; die der Provinzialbanken auf den Lebensmittel- und Viehmärkten. Für solche Zwecke würden nun, im Fall einer Beseitigung der Banknoten, leicht Wechsel eintreten; Bankiers aber würden ihre Abrechnungen durch Schatzkammerscheine oder durch andere, neuerdings sogenannte ökonomische Hilfsmittel ausgleichen können.

7. Der Betrag der Banknoten in den Händen des Publikums richtet sich nach den Zwecken, zu denen sie gebraucht werden; sei es nun, das Kapital in Umlauf zu setzen, oder, um das Einkommen der verschiedenen Klassen der Gesellschaft, in Gold berechnet, zu verteilen.

8. Es liegt nicht in der Macht von Zettelbanken, die Bank von England mit inbegriffen, den Betrag der in ihren resp. Bezirken umlaufenden Noten unmittelbar zu vergrößern, wenn sie auch noch so sehr dazu geneigt sein sollten. Bei der Konkurrenz, welche die Zettelbanken in der Ausbringung ihrer Noten einander machen, kann es den einen oder den anderen gelingen, in gewissen Distrikten einen größeren Absatz zu erlangen; das geschicht aber dann nur durch Verdrängung anderer.

9. Ebensowenig liegt es in der Macht einer Zettelbank, unmittelbar eine Verminderung im gesamten Notenumlauf hervorzubringen. Einzelne Banken können mit ihren Darlehen und Diskontierungen zurückhalten und sich weigern, eigne Noten ferner auszugeben; aber es werden dann die Noten anderer Banken oder andere Auskunftsmittel an die Stelle treten und dieselben Zwecke erfüllen.

10. Es ist folglich ein Irrtum zu glauben, daß Provinzialbanken, mögen sie von dem Stande der fremden Wechselkurse noch so gut unterrichtet und noch so geneigt sein, sich danach zu richten, imstande sein sollten, ihren Notenumlauf dementsprechend zu regeln. Ebenso irrig ist es, zu glauben, die Bank von England sei imstande, mittels ihres Notenumlaufs unmittelbar auf die Wechselkurse einzuwirken.

11. Weder die Provinzialbanken noch die Bank von England vermögen, durch eine Vermehrung ihrer Notenemissionen, ihr Betriebskapital zu vergrößern. Sobald die Zirkulation gesättigt ist, kann eine Zettelbank, ebenso wie eine Nichtzettelbank, nur aus ihrem eigenen Kapital oder dem ihrer Deponenten noch Vorschüsse leisten oder diskontieren.

12. Die Warenpreise sind nicht von der Geldmenge, die in dem Betrage der Noten oder der Umlaufsmittel überhaupt liegt, abhängig; vielmehr ist der Betrag der Umlaufsmittel eine Folge des Standes der Preise.

13. Die Begrenzung der Preise in Geld liegt im ganzen lediglich in der Menge Geldes, welche die Einnahmen der verschiedenen Klassen im Staate bildet und die als Rente, Gewinnst, Gehalt oder Lohn für die täglichen Bedürfnisse ausgegeben wird. Gleich wie die Produktionskosten die Begrenzung für die Versorgung bilden, also liegt das bestimmende und begrenzende Prinzip für die Nachfrage in der Gesamtgeldeinnahme, die den Konsum bestreiten soll.

14. Ein ermäßigter Zinsfuß führt nicht notwendig zu einer Steigerung der Warenpreise; es kann vielmehr der Grund zu einer Verminderung der Produktionskosten und folglich zu größerer Wohlfeilheit darin liegen.

15. Nur vermittelst des Zinsfußes und der Lage des Kredits

vermag die Bank von England einen unmittelbaren Einfluß auf die fremden Wechselkurse zu üben.

16. Die größere oder geringere Empfänglichkeit für Schwankungen im Zinsfuße ist dasjenige, was, neben der steten Einlösbarkeit der Noten und der Zahlungsfähigkeit der Banken[a]), bei einer Regelung unseres Banksystemes zunächst in Betracht kommen muß.

17. Eine völlige Sonderung der Notenemission vom Bankgeschäft führt zu größeren und schrofferen Veränderungen im Zinsfuß und in den Kreditverhältnissen, als das gegenwärtige System der Vereinigung beider Departements.

c) John Stuart Mill vor der Bankenquete 1857. [76

Report on Bank Acts in den Reports from Committees 1857, Sess. II, Vol. VI[1], S. 177. 179. Danach in Auszügen deutsch bei Adolph Wagner, Die Geld- u. Kredittheorie der Peel'schen Bankakte. Wien 1862, S. 160—164 180—181. — Ausführliche Behandlung ders. Fragen in Mill's Principles of political economy, London 1848 u. ö., Kap. 24 (deutsche Übers. v. Soetbeer, 3. A. Lpz. 1869, haupts. S. 358).

Frage 2011. „Zunächst: Was ist Ihre Meinung über die Politik, den Direktoren der Bank of England in der Notenausgabe eine gesetzliche Beschränkung irgendwelcher Art aufzuerlegen?" — Meine Meinung ist: daß keinerlei gesetzliche Beschränkung stattfinden sollte, ausgenommen die eine, die in der Verpflichtung jederzeitiger Einlösung liegt[a]); diese scheint mir für alle Zwecke, um derenwillen Beschränkungen verlangt werden, ausreichend zu sein.

Frage 2026. „Sie sprachen sich dahin aus, daß die Akte von 1844 sich schädlich erwies, weil sie die Bank veranlaßte, in der Bankabteilung einen unnötig großen Betrag an Edelmetall zu halten?" — Nicht dadurch. Hätte die Akte die Bank wirklich dazu veranlaßt, sie wäre, glaube ich, weniger nachteilig gewesen... Die Urheber der Akte scheinen nicht genügend beachtet zu haben, was man die Doppelwirkung der Goldentziehungen nennen könnte. ... Als eine geschichtliche Tatsache steht es fest, daß das spekulative Steigen der Preise oftmals durch Darlehen aufrecht erhalten wurde, welche die Bank von England und andere Banken an Kaufleute und Warenlagerhalter gewährt hat, wodurch letztere der Notwendigkeit entschlagen wurden, ihre Waren sobald, wie sie es sonst hätten tun müssen, zu verkaufen. Infolgedessen wird der Fall der Preise verzögert, der Abfluß des Goldes dauert länger, und die Reserve der Bank kommt daher der Erschöpfung näher; und wenn die Zeit kommt, wo die Bank wirklich wegen ihrer Reserve besorgt wird, ist sie genötigt, eine plötzlichere und größere Reduktion der Diskontierung und umfänglichere Verkäufe von

a) Banking principle.

Effekten vorzunehmen, als sonst der Fall gewesen sein würde. Hierdurch verursacht sie einen größeren Alarm, mitunter eine eigentliche Panik, und eine größere Destruktion des Kredits, und überhaupt wird alles schlimmer, wie sonst. Insofern sind die Bestimmungen der Akte gut. Denn ohne Zweifel war die Bank früher gewöhnt, in solchen Fällen Darlehen mittels der Wiederhinausgabe von Noten zu gewähren, welche zu ihr auf dem Wege der Umwechslung gegen Metall gelangt waren. Dies ist der große Vorteil der Akte, dem nur gewichtige Nachteile gegenüberstehen.

Diejenigen, welche die Akte entworfen, scheinen die doppelte Wirkung der Metallausfuhren (drains) nicht beachtet zu haben. Sie trafen in einer solchen Weise Vorsorge gegen Metallausfuhren (oder eigentlich: Abzüge des Metalls aus dem Barfonds zum Zwecke der Ausfuhr), gerade als ob diese allein auf das Emissionsdepartement wirkten. Als allgemeine Regel kann es aber gelten, daß jeder Metallabzug aus den Depositen stattfindet. Wenn daher die beiden Departements getrennt sind, wirkt der Metallabfluß zuerst auf die Depositen. Noten werden aus den Depositen gezogen und dem Emissionsdepartement präsentiert, um Metall für die Ausfuhr zu erhalten. Die Folge ist, daß, unter Voraussetzung eines Abflusses von bloß 3 Mill. Pf. St., die Wirkung auf die Bank die eines Abflusses von 3 Mill. Pf. St. gewesen wäre vor der Bankakte. Jetzt aber, wo beide Abteilungen getrennt sind und keine von beiden auch im äußersten Falle der andern helfen kann, ist die Wirkung auf die Bank dieselbe, als wenn der Metallabfluß 6 Mill. Pf. St. betrüge, weil sowohl die Bankreserve um 3 Mill. vermindert ist als auch das Emissionsdepartement ebenfalls 3 Mill. Gold verloren hat. Das eine auf dem Grundsatze der Einlösbarkeit basierte Geldwesen unterscheidet sich von dem anderen hauptsächlich durch den Grad des Strebens, häufige und heftige Erschütterungen des Kredits zu bewirken. Insofern nun alle Umstände, welche zu Erschütterungen des Kredits führen, auf das Bankdepartement der englischen Bank wirken, bevor sie auf die Emissionsabteilung einen Einfluß ausüben, wird die Heftigkeit des Stoßes fast immer zuerst von der Notenreserve, dem für die Anforderungen der Geschäftswelt verfügbaren Kapitale des Bankdepartements, empfunden. Wenn daher die Bank dem letzteren weder durch Zusendung von Gold noch von Noten aus ihrem Emissionsdepartement Hilfe leisten kann, so muß sie entweder im Bankdepartement eine so große Reserve halten, wie sonst für beide Abteilungen zusammen erforderlich gewesen wäre, oder, da sie eine viel schwächere Reserve für die Anforderungen an das Bankdepartement verfügbar hat, so muß sie notwendig beim Eintritt des geringsten Metallabflusses ihre Diskontierungen reduzieren und ihren Zinsfuß erhöhen. Die Wirkung der Akte scheint daher darin zu bestehen, daß die Bank beim Beginn jedes wenn auch noch so schwachen und vorübergehenden Metallabflusses vermutlich mit ihrer gegenwärtigen Reserve im Bankdepartement sofort ihre Diskontierung wird zusammenziehen und Sicherheiten in einem Umfange verkaufen müssen, in welchem sie es ohne die Akte nur im Falle eines sehr beträchtlichen Metallabflusses tun würde.

d) Suspension der Bankakte. Vom 12. Nov. 1857. [77

Tooke-Newmarch-Asher (s. o.) II, 634.

Ihrer Majestät Regierung hat mit großem Bedauern gesehen welche traurigen Folgen aus den neuerlichen Zahlungs-Einstellungen mehrerer Aktienbanken in England und Schottland sowie einiger großer, besonders mit Amerika in Verbindung stehender Handlungshäuser hervorgegangen sind. Bei dem Mißkredit und dem Mißtrauen, die hieraus entstanden sind, sowie bei dem Verschwinden eines großen Teils des gesetzlich autorisierten Geldpapieres aus dem Umlauf, erscheint es dem Ministerium geboten, die Direktion der Bank von England zu benachrichtigen, daß, wenn diese unter jetzigen Umständen es unmöglich finden sollte, dem Verlangen nach Diskontierungen und Vorschüssen gegen unzweifelhafte Sicherheit zu genügen, ohne die durch das Gesetz von 1844 für Notenemission gezogenen Grenzen zu überschreiten, die Regierung bereit sei, dem Parlament bei dessen Zusammentritt eine Indemnitätsbill für jede Überschreitung in dieser Beziehung vorzuschlagen. — Damit dieser zeitweise Nachlaß im Gesetze nicht über das wirkliche Bedürfnis des Augenblickes ausgedehnt werde, sollte, nach der Ansicht der Regierung, der Diskonto der Bank nicht unter seinen gegenwärtigen Stand heruntergesetzt werden. — Die Verwendung eines etwa aus der jetzigen größern Emission sich ergebenden Gewinnes behält die Regierung weiterer Erwägung vor. — Die Regierung ist vollkommen davon durchdrungen, wie wichtig es sei, den Buchstaben des Gesetzes aufrecht zu halten, selbst in Zeiten großer Handelswirren; aber sie glaubt auch, daß, um die Besorgnisse zu beseitigen, die jetzt die Geldgeschäfte hemmen, eine solche Maßregel wie die beabsichtigte, notwendig sei und sie verläßt sich auf die Umsicht und Besonnenheit der Direktion, daß sie sich bei dieser Operation streng innerhalb der Grenzen des Notwendigen halten werde.

unterz.: Palmerston. G. C. Lewis.

XII. Die lateinische Münzkonvention. Ende der Doppelwährung. [78

A. E. Janssen, Les conventions monétaires. Ouvr. couronné par l'Ac. de Belgique. (= École d. sc. pol. et soc. de l'Université de Louvain

48). Paris u. Brüssel 1911, S. 514. 525. 538. — Der Vertrag v. 1865 deutsch in: Gschwendner, Zur allg. Münzeinheit. Die Intern. Münzkonferenz Paris 1867, S. 184.

(1.) Münzvertrag, geschlossen am 23. Dez. 1865, zwischen Frankreich, Belgien, Italien und der Schweiz.[a]

Art. 2. Die hohen Vertragschließer verpflichten sich, keine Goldmünze mit ihrem Gepräge in andern Grundformen anzufertigen oder anfertigen zu lassen, als zu 100, 50, 20, 10 und 5 Franken, nach Schrot, Korn, Fehlergrenze und Durchmesser beschaffen, wie folgt:

Gewicht		Feingehalt	
rechtm.	Erlaubte Abweich.	rechtm.	Erlaubte Abweich.
Gramme	Tausendel	Tausendel	Tausendel
32,258 06	1	900	2
16,129 03	1	900	2
6,451 61	2	900	2
3,225 80	2	900	2
1,612 90	3	900	2

Sie werden in ihren öffentlichen Kassen ohne Unterschied die Goldmünzen, welche nach obigen Bestimmungen in dem einen oder andern der vier Staaten gefertigt wurden, zulassen, vorbehalten jedoch, jene Münzen auszuschließen, deren Gewicht durch Abnützung um ½ Prozent unter die bezeichnete Gewichtsabweichung herabgekommen, oder deren Gepräge nicht mehr kenntlich sein wird.

3. Die vertragschließenden Regierungen verpflichten sich, Fünffrankenstücke aus Silber zu machen oder machen zu lassen nur nach folgenden Schrot-, Korn-, Remediums- und Durchmesserbestimmungen:

Gewicht		Feingehalt	
rechtm.	Erlaubte Abweich.	rechtm.	Erlaubte Abweich.
Gramme	Tausendel	Tausendel	Tausendel
25	3	900	2

Sie werden die bezeichneten Münzen in ihren öffentlichen Kassen gegenseitig annehmen unter dem Vorbehalte, jene auszuschließen, deren Gewicht durch die Abnützung 1% unter die als äußerste bestimmte Fehlergrenze herabgekommen wäre, oder deren Gepräge unkenntlich wäre.

4. Die hohen Vertragsparteien werden von nun an nur mehr Silbermünzen zu 2 Franken, zu 1 Frank, zu 50 Centimen und zu 20 Centimen in Hinsicht auf Schrot, Korn, Remedium und Durchmesser nach folgenden Bestimmungen prägen:

Gewicht		Feingehalt	
rechtm.	Erlaubte Abweich.	rechtm.	Erlaubte Abweich.
Gramme	Tausendel	Tausendel	Tausendel
10,00	5	835	3
5,00	5	835	3
2,50	7	835	3
1,00	10	835	3

Diese Münzen müssen von den Regierungen, von welchen sie ausgegeben wurden, umgeprägt werden, sobald sie durch die Abnützung um 5 % unter den angezeigten Remedien vermindert

a) Seit 1868 auch Griechenland.

oder wenn die Gepräge unkenntlich sind.

5. Die nach andern als den im vorigen Artikel angegebenen Vorschriften geprägten Silbermünzen zu 2 und 1 Fr., zu 50 und 20 Cent. müssen vor dem 1. Januar 1869 aus dem Umlaufe gezogen werden...

6. Die Silbermünzen, welche nach den Bestimmungen des 4. Artikels verfertigt sind, haben gesetzlichen Kurs für die Privaten des Staates, welcher sie geprägt hat, bis zum Betrage von 50 Franken für jede Zahlung.

Der Staat, welcher sie ausgab, hat sie von seinen Angehörigen ohne Beschränkung des Betrages in Empfang zu nehmen.

7. Die öffentlichen Kassen eines jeden der 4 Länder haben die von einem oder mehrer der andern kontrahierenden Staaten nach Vorschrift des 4. Art. geprägten Münzen anzunehmen bis zu 100 Fr. für jede an die besagten Kassen zu machende Zahlung...

8. Jede der kontrahierenden Regierungen verpflichtet sich, von den Privaten und öffentlichen Kassen der andern Staaten die Silberscheidemünzen, welche sie ausgegeben hat, zurückzunehmen und sie gegen einen gleichen Wert von Kurantmünzen (Goldstücke oder Fünffranken in Silber) auszuwechseln, vorausgesetzt daß die Wechselsumme nicht unter 100 Fr. beträgt. Diese Verbindlichkeit wird noch auf zwei Jahre nach dem Erlöschen des gegenwärtigen Vertrages verlängert.

9. Die hohen Vertragsteile dürfen nicht mehr Silbermünzen zu 2 und 1 Fr., 50 und 20 Cent., geprägt nach Vorschrift des Art. 4, in Umlauf setzen, als zu einem Betrage, daß auf jeden Einwohner 6 Franken treffen...

(2.) Vertrag vom 5. Nov. 1878. [79

Art. 9. Die Ausmünzung der Goldmünzen gemäß Art. 2... ist frei für jeden der vertragschließenden Staaten.

Die Ausmünzung silberner 5frankstücke wird einstweilen suspendiert. Sie kann wieder aufgenommen werden, sobald unter den vertragschließenden Staaten darüber Einstimmigkeit besteht.

(3.) Vertrag vom 6. Nov. 1885. [80

Art. 14 [a]) Wird die gegenwärtige Konvention gekündigt, so ist jeder der vertragschließenden Staaten verpflichtet, die silbernen 5frankstücke seiner Prägung, die sich in andern Staaten im Umlauf oder in öffentlichen Kassen befinden, gegen Zahlung der dem Nennwert entsprechenden Summe zurückzunehmen, und zwar unter Zahlungsbedingungen des hierüber getroffenen besonderen Abkommens, das der gegenwärtigen Konvention beigegeben wird.

a) „Liquidationsklausel".

81]

XIII. Begründung der deutschen Goldwährung 1871/3.

Die Einführung der Goldwährung in Deutschland erfolgte in zwei Etappen: durch Gesetze von 1871 u. 1873. Beide sind heute in das Münzgesetz von 1909 (s. u. Nr. 86) aufgegangen u. auch ausdrücklich aufgehoben. Aber sie gewähren ein anschauliches Beispiel von der Art, wie an Stelle bestehender Währungen eine andere gesetzt wird.

a) Gesetz betr. die Ausprägung von Reichsgoldmünzen.

82] Vom 4. Dez. 1871 (RGBl. S. 404).

§ 1. Es wird eine Reichsgoldmünze ausgeprägt, von welcher aus 1 Pfunde feinen Goldes 139½ Stück ausgebracht werden.

§ 2. Der 10. Teil dieser Goldmünze wird Mark genannt und in 100 Pf. eingeteilt.

§ 3. Außer der Reichsgoldmünze zu 10 M. (§ 1) sollen ferner ausgeprägt werden: Reichsgoldmünzen zu 20 M., von welchen aus 1 Pfunde feinen Goldes 69¾ Stück ausgebracht werden.

§ 4. Das Mischungsverhältnis der Reichsgoldmünzen wird auf 900 Tausendteile Gold und 100 Tausendteile Kupfer festgestellt

Es werden demnach

125,55 10markstücke,
62,775 20markstücke

je 1 Pfund wiegen.

§ 6. Bis zum Erlaß eines Gesetzes über die Einziehung der groben Silbermünzen erfolgt die Ausprägung der Goldmünzen auf Kosten des Reichs für sämtliche Bundesstaaten auf den Münzstätten derjenigen Bundesstaaten, welche sich dazu bereit erklärt haben.

Der Reichskanzler bestimmt... [*s. Ges. v. 1909, § 7, Abs. 3*].

§ 8. Alle Zahlungen, welche gesetzlich in Silbermünzen der Talerwährung, der süddeutschen Währung, der lübischen oder hamburgischen Kourantwährung oder in Talern Gold bremer Rechnung zu leisten sind, oder geleistet werden dürfen, können in Reichsgoldmünzen (§§ 1 und 3) dergestalt geleistet werden, daß gerechnet wird:

das 10markstück zum Werte von $3^1/_3$ Talern oder 5 Fl. 50 Kr. süddeutscher Währung, 8 M. $5^1/_3$ Schilling lübischer u. hamburgischer Kourantwährung, $3^1/_{93}$ Taler Gold bremer Rechnung;

das 20markstück zum Werte von $6^2/_3$ Talern oder 11 Fl. 40 Kr.. süddeutscher Währung, 16 M. $10^2/_3$ Schilling lübischer und hamburgischer Kourantwährung, $6^2/_{93}$ Taler Gold bremer Rechnung. .

§ 11. Die zur Zeit umlaufenden Goldmünzen der deutschen Bundesstaaten sind von Reichs wegen und auf Kosten des Reichs nach Maßgabe der Ausprägung der neuen Goldmünzen (§ 6) einzuziehen.

Der Reichskanzler wird ermächtigt, in gleicher Weise die Einziehung der bisherigen groben Silbermünzen der deutschen Bundesstaaten anzuordnen und die zu diesem Behufe erforderlichen Mittel aus den bereitesten Beständen der Reichskasse zu entnehmen...

[83

b) **Münzgesetz. Vom 9. Juli 1873.** (RGBl. S. 233.)

Art. 1. An die Stelle der in Deutschland geltenden Landeswährungen tritt die Reichsgoldwährung. Ihre Rechnungseinheit bildet die Mark, wie solche durch § 2 des Gesetzes vom 4. Dezember 1871, betreffend die Ausprägung von Reichsgoldmünzen (Reichs-Gesetzbl. S. 404), festgestellt worden ist.

Der Zeitpunkt, an welchem die Reichswährung im gesamten Reichsgebiete in Kraft treten soll, wird durch eine mit Zustimmung des Bundesrates zu erlassende, mindestens 3 Monate vor dem Eintritte dieses Zeitpunktes zu verkündende Verordnung des Kaisers bestimmt. Die Landesregierungen sind ermächtigt, auch vor diesem Zeitpunkte für ihr Gebiet die Reichsmarkrechnung im Verordnungswege einzuführen ...

Art. 3 *[betr. Silber-, Nickel- u. Kupferstücke, ähnlich der Regelung im Ges. v. 1909, §§ 2 ff.].*

Art. 4. Der Gesamtbetrag der Reichssilbermünzen soll bis auf weiteres 10 M.[a] für den Kopf der Bevölkerung des Reichs nicht übersteigen.

Bei jeder Ausgabe dieser Münzen ist eine dem Werte nach gleiche Menge der umlaufenden groben Landessilbermünzen und zwar zunächst der nicht dem 30talerfuße angehörenden einzuziehen. Der Wert wird nach der Vorschrift im Art. 14 § 2 berechnet.

Art. 5. Der Gesamtbetrag der Nickel- und Kupfermünzen soll 2½ M. für den Kopf der Bevölkerung des Reichs nicht übersteigen.

Art. 6. Von den Landesscheidemünzen sind:

1. die auf andere als Talerwährung lautenden, mit Ausschluß der bayerischen Heller und der mecklenburgischen nach dem Marksysteme ausgeprägten 5-, 2- und 1pfennigstücke,
2. die auf der 12teilung des Groschens beruhenden Scheidemünzen zu 2 und 4 Pf.,
3. die Scheidemünzen der Talerwährung, welche auf einer anderen Einteilung des Talers, als der in 30 Groschen beruhen, mit Ausnahme der Stücke im Werte von 1/12 Taler,

bis zu dem Zeitpunkte des Eintritts der Reichswährung (Art. 1) einzuziehen.

Nach diesem Zeitpunkte ist niemand verpflichtet, diese Scheidemünzen in Zahlung zu nehmen, als die mit der Einlösung derselben beauftragten Kassen...

Art. 8. Die Anordnung der Außerkurssetzung von Landesmünzen und Feststellung der für dieselbe erforderlichen Vorschriften erfolgt durch den Bundesrat...

a) 15 (1900), 20 (1909); dazu: unten Nr. 87.

Art. 9. Niemand ist verpflichtet, Reichssilbermünzen . . . [*s. Ges. v. 1909, § 9*].

Art. 12. . . . Privatpersonen haben das Recht, . . . 20markstücke auf ihre Rechnung prägen zu lassen. . . [*s. Ges. v. 1909, § 7, Abs. 2*].

Art. 13. Der Bundesrat ist befugt:

1. den Wert zu bestimmen, über welchen hinaus fremde Gold- und Silbermünzen nicht in Zahlung angeboten und gegeben werden dürfen, sowie den Umlauf fremder Münzen gänzlich zu untersagen;
2. zu bestimmen, ob ausländische Münzen von Reichs- oder Landeskassen zu einem öffentlich bekannt zu machenden Kurse im inländischen Verkehr in Zahlung genommen werden dürfen, auch in solchem Falle den Kurs festzusetzen.

Gewohnheitsmäßige oder gewerbsmäßige Zuwiderhandlungen gegen die vom Bundesrate in Gemäßheit der Bestimmungen unter 1 getroffenen Anordnungen werden bestraft mit Geldstrafe bis zu 150 M. oder mit Haft bis zu 6 Wochen.

Art. 14. Von dem Eintritt der Reichswährung an gelten folgende Vorschriften:

§ 1. Alle Zahlungen, welche bis dahin in Münzen einer inländischen Währung oder in landesgesetzlich den inländischen Münzen gleichgestellten ausländischen Münzen zu leisten waren, sind vorbehaltlich der Vorschriften Art. 9, 15 und 16 in Reichsmünzen zu leisten.

§ 2. Die Umrechnung solcher Goldmünzen, für welche ein bestimmtes Verhältnis zu Silbermünzen gesetzlich nicht feststeht, erfolgt nach Maßgabe des Verhältnisses des gesetzlichen Feingehalts derjenigen Münzen, auf welche die Zahlungsverpflichtung lautet, zu dem gesetzlichen Feingehalte der Reichsgoldmünzen.

Bei der Umrechnung anderer Münzen werden

der Taler zum Werte von 3 M.,

der Gulden süddeutscher Währung zum Werte von $1\frac{5}{7}$ M.,

die Mark lübischer oder hamburgischer Kurantwährung zum Werte von $1\frac{1}{5}$ M.,

die übrigen Münzen derselben Währungen zu entsprechenden Werten nach ihrem Verhältnis zu den genannten berechnet. . .

§ 3. Werden Zahlungsverpflichtungen nach Eintritt der Reichswährung unter Zugrundelegung vormaliger inländischer Geld- oder Rechnungswährungen begründet, so ist die Zahlung vorbehaltlich der Vorschriften Art. 9, 15 und 16 in Reichsmünzen unter Anwendung der Vorschriften des § 2 zu leisten.

§ 4. In allen gerichtlich oder notariell aufgenommenen Urkunden, welche auf einen Geldbetrag lauten, desgleichen in allen zu einem Geldbetrag verurteilenden gerichtlichen Entscheidungen ist dieser Geldbetrag, wenn für denselben ein bestimmtes

Verhältnis zur Reichswährung gesetzlich feststeht, in Reichswährung auszudrücken; woneben jedoch dessen gleichzeitige Bezeichnung nach derjenigen Währung, in welcher ursprünglich die Verbindlichkeit begründet war, gestattet bleibt.

Art. 15. An Stelle der Reichsmünzen sind bei allen Zahlungen bis zur Außerkurssetzung anzunehmen:

1. im gesamten Bundesgebiete an Stelle aller Reichsmünzen die 1- und 2talerstücke deutschen Gepräges unter Berechnung des Talers zu 3 M.[b]:
2. im gesamten Bundesgebiete an Stelle der Reichssilbermünzen, Silberkurantmünzen deutschen Gepräges zu 1/3 und 1/6 Taler unter Berechnung des 1/3 Talerstücks zu 1 M. und des 1/6 Talerstücks zu ½ M.;
3. in denjenigen Ländern, in welchen gegenwärtig die Talerwährung gilt, an Stelle der Reichs-, Nickel- und Kupfermünzen die nachbezeichneten Münzen der Talerwährung zu den daneben bezeichneten Werten:
   1/12 Talerst. z. W. v. 25 Pf.,
   1/15 „ „ „ „ 20 „
   1/30 „ „ „ „ 10 „
   1/2 Groschenst. z. W. v. 5 Pf.
   1/5 „ „ „ „ 2 „
   1/10 u. 1/12 „ „ „ „ 1 „
4. in denjenigen Ländern, in welchen die 12teilung des Groschens besteht, an Stelle der Reichs-, Nickel- und Kupfermünzen die auf der 12teilung des Groschens beruhenden 3pfennigstücke zum Werte von 2½ Pf.;
5. in Bayern an Stelle der Reichskupfermünzen die Hellerstücke zum Werte von ½ Pf.;
6. in Mecklenburg an Stelle der Reichskupfermünzen die nach dem Marksystem ausgeprägten 5pfennigstücke, 2pfennigstücke und 1pfennigstücke zum Werte von 5, 2 und 1 Pf.

Die sämtlichen sub 3 und 4 verzeichneten Münzen sind an allen öffentlichen Kassen des gesamten Bundesgebietes zu den angegebenen Werten bis zur Außerkurssetzung in Zahlung anzunehmen . . .

Art. 18. Bis zum 1. Januar 1876 sind sämtliche nicht auf Reichswährung lautende Noten der Banken einzuziehen. Von diesem Termine an dürfen nur solche Banknoten, welche auf Reichswährung in Beträgen von nicht weniger als 100 M. lauten, in Umlauf bleiben oder ausgegeben weredn.

Dieselben Bestimmungen gelten für die bis jetzt von Korporationen ausgegebenen Scheine.

Das von den einzelnen Bundesstaaten ausgegebene Papiergeld ist spätestens bis zum 1. Januar 1876 einzuziehen und spätestens 6 Monate vor diesem Termine öffentlich aufzurufen. Dagegen wird nach Maßgabe eines zu er-

b) „Hinkende Währung". Letzter Rest erst 1907/8 beseitigt (Bek. v. 27. Juni 1907, RGBl. S. 401).

lassenden Reichsgesetzes eine Ausgabe von Reichspapiergeld stattfinden. Das Reichsgesetz wird über die Ausgabe und den Umlauf des Reichspapiergeldes, sowie über die den einzelnen Bundesstaaten zum Zweck der Einziehung ihres Papiergeldes zu gewährenden Erleichterungen die näheren Bestimmungen treffen.[c)]

XIV. Verdrängung des Trade-Dollars aus Japan 1873.

Rathgen, Japans Volkswirtschaft und Staatshaushalt, Leipzig 1891 (= Schmollers Staats- und sozialwissenschaftliche Forschungen 45), S. 167. [84

... In den Vereinigten Staaten hatte man 1873 angefangen, eine silberne Handelsmünze zu schlagen, den Trade-Dollar, der mit einem Gewicht von 420 grains eine Kleinigkeit schwerer als der mexikanische Piaster ausgeprägt wurde. In Japan faßte man den kühnen Plan, diesem Beispiel zu folgen (März 1875). Vollzog sich in den offenen Häfen aller Handelsverkehr ausschließlich auf der Basis von Silber, so wollte man doch den mexikanischen Piaster, dessen Vorherrschen man als eine Art Demütigung ansah, verdrängen, indem man eine bessere, schwerere Münze an seine Stelle setzte, den Trade-Dollar von 420 grains. Der Erfolg war so, wie alle Sachverständigen vorhersagten. Der Trade-Dollar wurde von den chinesischen Geldwechslern schleunigst aufgekauft und eingeschmolzen, während der mexikanische Piaster ungestört seine Herrschaft behauptete. Noch im Mai 1878 (Gesetze 12 und 13 vom 27. Mai) machte man einen letzten Versuch, den neuen Trade-Dollar zur Herrschaft zu bringen, indem man ihn zum gesetzlichen Zahlungsmittel gleich dem Gold-Yen erhob, obgleich er durch die fortschreitende Entwertung des Silbers auf dem Weltmarkte damals bereits einen geringeren internationalen Wert hatte als der Gold-Yen. Da im Lande weder Gold-Yen noch Trade-Dollars umliefen, sondern ausschließlich Papier, welches gerade damals anfing sich zu entwerten, so half die Maßregel dem Trade-Dollar weiter nichts, und bereits am 26. November 1878 (Gesetz Nr. 35) gab man den fremden Ratschlägen nach und nahm die Prägung des dem Mexikaner gleichen Silber-Yen wieder auf. Von den, übrigens spurlos verschwundenen, Trade-Dollars hatte man zusammen nur 3 056 638 Stück in Umlauf gebracht.

XV. Zeittafel. [85

deutsch = Deutschland, *kursiv* = *England*. [1] = Erste derart. Einrichtung (allg. oder in Deutschland.)

Geld u. Kredit.	Literatur.
1252 Goldgulden in Florenz („florin“).	13.—15. Jh. Geldtheorien der Scholastiker. Thomas v. Aquino † 1274; Buridan † c. 1358; Oresmius † 1382.
gg. 1300 Ducaten (Zechinen) in Venedig.	

c) Gesetze, s. u. Nr. 102.

Geld u. Kredit.	Literatur.
Um 1400 Depositenbanken.	

Ta(b)ula de cambi, Barcelona 1401; Casa di S. Giorgio, Genua 1407.

Geld u. Kredit.	Literatur.
15. Jh. (Neuere) Kölnische Mark.	
1517 Joachimstaler („Taler“).	1522—27 Kopernikus' Denkschrift.
1524 Eßlinger Münzordnung Karls V.	1524 Luther, Von Kaufshandl.
1545 Silberminen von Potosi	c. 1530 Flugschriften zum sächsischen Münzstreit.
1559 Reichsmünzordnung.	
1560 *Münzreform Elisabeths (Gresham).*	1568 Bodin, Réponse.
	1582 Scaruffi, Alitinonfo.
Um 1600 Öffentl. Girobanken,	1588 Davanzati, Lezione d. mon.

Banco di Rialto Venedig 1587 (ersetzt durch Banco del Giro 1619—1806): Amsterdamsche Wisselbank (1609—1790); Hamburg 1619(—1875).

Geld u. Kredit.	Literatur.
1621—23 Kipper u. Wipper.	
1663 *Guineestücke (bis 1816).*	
1667 Zinnaer Münzvertr., Sachsen-Brandenburg.	
1690 Leipziger Talerfuß (Sachsen-Brandb.-Braunschw.).	1691 *Locke, Considerations.*
1694 *Bank of England.*	
1696 *Re-Coinage Act.*	
1716—20 Law. Papiergeld in Frankreich.	
1717 *1 Guinee = 21s.*	1717 Marperger, Beschreibung d. Banken. — *Newton, State of coinage.*
1726 Écu in Frankr. (Laubtaler, Kronentaler).	
1738 „Reichsfuß“.	1742 *Hume, Essays.*
1750 Graumannscher Fuß in Preußen (14 T. = 21 fl.).	1748 Montesquieu, Esprit des lois.
1753 „Konventionsfuß“ (Österr.-Bayern).	1755 Cantillon, Nature du commerce.
1756—63 7j. Krieg. Amtl. Münzfälschungen.	1758 Justi, Staatswirtschaft.
1765 Kgl. Bank Berlin.	1767 *Steuart, Inquiry.*
1770 [1]Schlesische Landschaft.	
1772 [1]Kgl. Seehandlung Berlin.	
1775 [1]*Clearing House, London.*	1776 ***Adam Smith, Wealth of Nations.***
1778 [1]Sparkasse Hamburg.	1780/4 Büsch, Vom Geldumlauf.
1793—1803 Französische Münzgesetzgebung.	
1800 Banque de France.	

Geld u. Kredit.	Literatur.
Um 1800 Papiergeld-Periode.	1802 *Thornton, Paper Credit.*

Bank Restriction: 1797 Febr. 27—1821/3; Assignaten in Frankreich: 1790—1796; „Kontinentalgeld“ im amerik. Unabhängigkeitskriege: 1775 ff.; „Assignaten-Rubel“: 1810—1839; Dänemark-Norw.: 1736—1818; Schweden (erneut): 1789 ff.; Österr. 1793—1816; Tresorscheine in Preußen: 1806—1824; Papiergeld-Szene in Goethes „Faust“: vor 1832.

Geld u. Kredit.	Literatur.
	1809/10 *Ricardo, High price of bullion.*
1810 *Bullion Report.*	
1816 *Abschluß der Goldwährung i. England.*	**1817 *Ricardo, Principles.***
	1819 Hufeland, Lehre v. Gelde.
	1820 Nebenius, Öffentl. Kredit.
	1826 *Tooke, State of Currency.*
	1830 *Senior, Cost of obtain. money.*
1834 *Bank-of-England-Noten gesetzl. Zahlmittel.*	1832 v. Hermann, Staatsw. Untersuchungen.
1835 [1]Bayer. Hypothekenbank.	
1837 Süddtsch. Münzkonvention.	
1838 Dresdener Konvention. — Preuß. Sparkassen-Reglem.	1838 *Tooke & Newmarch, Hist. of prices (bis 1857).* — Alex. v. Humboldt, Goldproduktion.
1846 Reorganisation der „Preußischen Bank“ (bis 1875).	
1847 *I. Suspension der Peel's Akte.*	1843 J.A.R. v. Helferich, Wert d. edlen Metalle.
1848 Allg. dtsch. Wechselordnung. — Papierwährung i. Österr. (bis 1892). — Monopol der Banque de France u. (bis 1850) Suspension der Barzahlungen. — Kaliforn. Goldfunde.	1848 *Mill, Principles.*
um 1850 Bankgründungen.	

Comptoir d'Escompte 1848; Crédit mobilier (Péreire) 1852. Schaaffhausenscher B.-Verein Köln 1848; B. des Berliner Kassenvereins 1850; Diskontogesellsch. 1851; B. für Handel u. Industrie (Darmstädter) 1853; Frankfurter B. 1854; Österr. Kreditanstalt 1855; Berliner Handelsgesellschaft, Allg. dtsche. Kreditanstalt Leipzig, Mitteldeutsche Kreditbank 1856.

Geld u. Kredit.	Literatur.
1851 Austral. Goldminen.	
1855 Verbot fremd. Papiergeldes in Preußen, Bayern usw.	1855 J.G. Hoffmann, Natur d. Geldes.
1857 Wiener Münzvertrag[a]). — *II. Suspens. d. Peel's Akte.*	1859 Marx, Kritik d. polit. Ök.
1860 Russ. Staatsbank.	1860 Mommsen, Röm. Münzwes.

a) Aus 1 Zollpf. v. 500 gr.: 30 Taler = 45 österr. fl. = 52½ südd. fl

Gold u. Kredit.	Literatur.
1861 [1]*Postsparkassen in Engl.* — [1]Sächs. Landeskult.-Rentenb.	
1861—65 Amerikan. Bürgerkrieg. Zinspapiergeld u. Legal-Tender-Noten.	1862 Ad. Wagner, Geld- u. Kredittheorie der Peel'schen Bankakte.
1863 Amer. Bankgesetz. Bankfreiheit. (Nov. 1874.)	
1865 Latein. Münzbund.	
1866 *III. Suspension d. Peel's Akte.* — Papiergeld in Ital.	
1867 Weltausstell. Paris: Weltmünzkongreß.	1867 Marx, Kapital I.
1868 Genossenschaftsgesetz (Fass. v. 1889). — Frankenfuß in Spanien.	1868 Wolowski, L'or et l'argent. — Rodbertus, Kreditnot.
1870 Suspension der Barzahlungen bei der Banque de France (bis 1878).	
1870 ff. Bankgründungen.	

Deutsche B., Kommerz- u. Diskonto-B. 1870; Dresdener B. 1872. — — National-B. für Deutschland 1881. Crédit lyonnais 1872.

1871—1900 Goldwährungen.	1873/6 Knies, Geld u. Kredit.

Deutsches Reich 1871/3 (Michaelis, Bamberger, Soetbeer); Skandinavien 1872/3; Niederlande 1875—77; Rußland (1876), 1896; Lat. Münzbd. s. u.; Italien 1881/3(?); Rumänien 1890; Österr.-Ung. 1892; Japan 1897; Indien 1893/9; Verein. Staaten 1873/1900.

1874 Reichskassenscheine. — Beschränkung der 5fr.-Taler im latein. Münzbund.	1874/83 Endemann, Kanonistische Wirtschaftslehre.
1875 „Bankgesetz" (Nov.: 1889, 1899, 1909): Reichsbank.	1875 *Jevons, Money.*
1878 Suspension der 5fr.-Prägungen im latein. Münzbund. — Bland Bill i. Amer.: Silberzertifikate (fortges. d. Shermann Bill 1890—93). — Österr.-ung. Bank.	1876 Cernuschi, Monnaie bimétallique. 1877 Süß, Zukunft d. Goldes.
1878—97 Silberkonferenzen.	

Paris 1878—1881; Brüssel 1892; Amerik. Unterhdlr. in Paris u. London 1897. — *Engl. Enqueten:* 1876, 1885/6; Deutsche Silberkommiss. 1894. — Freie (bimet.) Kongresse: Köln 1882; Paris 1889.

Geld u. Kredit.	Literatur.
1879 Einstellung der Talerverkäufe. — Einlösung der Greenbacks.	1879 Soetbeer, Edelmetallprod. usw. seit Entdeck. Amerikas.
1880 Wuchergesetz (Nov.: 1893).	1880 Arendt, Vertragsm. Doppelwährung.
1881 Schweiz. Bankgesetz: Bankfreiheit.	1884 *Jevons, Invest. in Currency.*
1885 Kontingentierung d. Silberprägungen im latein. Münzbund, Liquidationsklausel.	
c. 1888 Quarzgold in Transvaal.	1888 L. v. Stein, Handb. d. Verwaltungslehre II.
1890 Amerik. Schatznoten.	1890 Handwörterb. d. Staatswissensch. (Lexis, Menger, Nasse u. a.).
1891 Reichsschuldbuch (Nov.: 1910)	
1893 Preissturz in Silber. — Einstellung der freien Silberprägung in Indien. — Banca d' Italia.	
1895 Preußische Zentralgenossenschaftskasse.	
1896 Goldfelder von Klondike (Kanada).	1898 Wicksell, Geldzins u. Güterpreise.
1899 Hypothekenbankgesetz.	
1900 Reichsschuldenordnung. — Vermehrung d. Silbermünz.	1900 Simmel, Philosophie des Geldes (2. A. 1907).
1900/01 Bankbrüche (Hypothekenbanken; Leipzig. Bank).	1903 K. Helfferich, Das Geld (2. A. 1912). — Laughlin (Chicago), Princ. of Money.
1906 Kleine Banknoten.	1905 Knapp, Staatl. Theorie d. Geldes. — Riesser, Großbanken (4. A. 1912).
1907 Taler außer Kurs. — Schweiz. Nationalbank.	
1908 Scheckgesetz. — Wechselordn.	1908 Schmoller-Festschr. (darin: Altmann, Geldlehre des 19. Jh.).
1909 Postscheckverkehr. — Nochm. Vermehr. d. Silbermünze.	1909 Verhandl. d. Vereins f. Sozialpolitik in Wien (v. Wieser, Geldwert). — Wagner, Sozialök. Theorie d. Geldes.
1910 Reichsbanknoten gesetzliches Zahlungsmittel.	
1913 Preuß. Gesetz betr. Sparkassen-Bestände.	
1913/4 Owen-Glass-Act in Amerika: Bankreform.	1914 Publ. d. Vereins f. Sozialpolitik betr. Preisentwicklg.

Zweiter Teil: Geltendes Deutsches Recht

(nebst internationalen Übersichten).

I. Geld.

a) Münzgesetz. Vom 1. Juni 1909. [86

RGBl. S. 507. — Heilfron, Gesetzg. üb. Geld-, Bank- u. Börsenwesen (Berlin 1911), S. 3—6. — Kleiner Komm.: R. Koch, Münz- u. Notenbankwesen etc. 6. A. Berlin 1910 (= Guttentagsche Samml. Nr. 26), S. 51—81.

§ 1. Im Deutschen Reiche gilt die Goldwährung. Ihre Rechnungseinheit bildet die Mark, welche in 100 Pf. eingeteilt wird.

§ 2. Als Reichsmünzen sollen ausgeprägt werden, und zwar

1. als Goldmünzen:
   20markstücke und
   10markstücke;
2. als Silbermünzen:
   5markstücke,
   3markstücke,
   2markstücke,
   1markstücke und
   50pfennigstücke;
3. als Nickelmünzen:
   25pfennigstücke,
   10pfennigstücke und
   5pfennigstücke;
4. als Kupfermünzen:
   2pfennigstücke und
   1pfennigstücke.

§ 3. Bei Ausprägung der Goldmünzen werden aus 1 kg[a]) feinen Goldes

139½ 20markstücke und
279 10markstücke,

bei Ausprägung der Silbermünzen aus 1 kg feinen Silbers

40 5markstücke,
66²/₃ 3markstücke,
100 2markstücke,
200 1markstücke,
400 50pfennigstücke

ausgebracht.

Das Mischungsverhältnis[b]) beträgt bei den Goldmünzen 900 Teile Gold und 100 Teile Kupfer, bei den Silbermünzen 900 Teile Silber und 100 Teile Kupfer.

§ 4. Das Verfahren bei den Ausprägungen wird vom Bundesrate geregelt. Es soll die vollständige Genauigkeit der Münzen nach Gehalt und Gewicht sicherstellen. Soweit diese Genauigkeit bei dem einzelnen Stücke nicht innegehalten werden kann, soll die Abweichung[c]) in Mehr oder Weniger bei den Goldmünzen im Gewichte[d]) nicht mehr als 2½ Tausendteile, im Feingehalte[e]) nicht mehr als 2 Tausendteile, bei den Silbermünzen **im Gewichte nicht mehr als 10 Tausendteile**, im Feingehalte nicht

a) „Münzgewicht" (vgl. § 13). b) „Feinheit". c) „Remedium" (Passiergewicht, s. § 11). d) „Rauhgewicht", „Schrot". e) „Feingewicht", „Korn".

mehr als 3 Tausendteile betragen. In der Masse aber müssen Gewicht und Gehalt der Gold- und Silbermünzen den Vorschriften des § 3 entsprechen...

§ 7. Die Münzen werden für Rechnung des Reichs auf den Münzstätten derjenigen Bundesstaaten, welche sich dazu be eit erklären, ausgeprägt. Das Verfahren bei der Ausprägung und die Ausgabe der Münzen unterliegen der Aufsicht des Reichs. Privatpersonen haben das Recht[f]), auf diesen Münzstätten 20markstücke für ihre Rechnung ausprägen zu lassen, soweit die Münzstätten nicht für das Reich beschäftigt sind. Die für solche Ausprägungen zu erhebende Gebühr[g]) wird vom Reichskanzler mit Zustimmung des Bundesrats festgestellt, darf aber den Betrag von 14 M. auf das Kilogramm feinen Goldes nicht übersteigen. Der Unterschied zwischen dieser Gebühr und der Vergütung, welche die Münzstätte für die Ausprägung in Anspruch nimmt, fließt in die Reichskasse; er muß für alle deutschen Münzstätten derselbe sein. Die Münzstätten dürfen für die Ausprägung keine höhere Vergütung in Anspruch nehmen, als die Reichskasse für die Ausprägung von 20markstücken gewährt.

Im übrigen bestimmt der Reichskanzler unter Zustimmung des Bundesrats die auszuprägenden Beträge, die Verteilung dieser Beträge auf die einzelnen Münzstätten und die den letzteren für die Prägung jeder einzelnen Münzgattung gleichmäßig zu gewährende Vergütung. Die Beschaffung der Münzmetalle für die Münzstätten erfolgt auf Anordnung des Reichskanzlers.

§ 8. Der Gesamtbetrag der Silbermünzen soll bis auf weiteres 20 M., derjenige der Nickel- und Kupfermünzen 2½ M. für den Kopf der Bevölkerung des Reichs nicht übersteigen.

§ 9. Niemand ist verpflichtet, Silbermünzen im Betrage von mehr als 20 M., Nickel- und Kupfermünzen im Betrage von mehr als 1 M. in Zahlung zu nehmen[h]).

Von den Reichs- und Landeskassen werden Silbermünzen in jedem Betrag in Zahlung genommen[i]). Der Bundesrat bezeichnet diejenigen Kassen, welche Goldmünzen gegen Einzahlung von Silbermünzen in Beträgen von mindestens 200 M. oder von Nickel- und Kupfermünzen in Beträgen von mindestens 50 M. auf Verlangen verabfolgen. Er setzt zugleich die näheren Bedingungen des Umtausches fest.

§ 11. Goldmünzen, deren Gewicht um nicht mehr als 5 Tausendteile hinter dem Sollgewichte (§ 3) zurückbleibt (Passiergewicht) und die nicht durch gewaltsame oder gesetzwidrige Beschädigung im Gewichte verringert sind, sollen bei allen Zahlungen als vollwichtig gelten.

Goldmünzen, die das Passiergewicht nicht erreichen und an Zahlungs Statt von den Reichs-, Staats-, Provinzial- oder Kommunalkassen sowie von Geld- und

f) „Freie Prägung". g) „Schlagschatz". h) „Scheidemünze". i) „Kassenkurs".

Kreditanstalten und Banken angenommen worden sind, dürfen von diesen Kassen und Anstalten nicht wieder ausgegeben werden.

Die Goldmünzen werden, wenn sie infolge längeren Umlaufs und Abnutzung am Gewichte so viel eingebüßt haben, daß sie das Passiergewicht nicht mehr erreichen, für Rechnung des Reichs eingezogen. Auch werden dergleichen abgenutzte Goldmünzen bei allen Kassen des Reichs und der Bundesstaaten stets voll zu demjenigen Werte, zu welchem sie ausgegeben sind, angenommen.

§ 12. Silber-, Nickel- und Kupfermünzen, die infolge längeren Umlaufs und Abnutzung an Gewicht oder Erkennbarkeit erheblich eingebüßt haben, werden zwar noch von allen Reichs- und Landeskassen angenommen, sind aber auf Rechnung des Reichs einzuziehen.

§ 13. Zur Eichung und Stempelung sollen Gewichtsstücke zugelassen werden, die das Sollgewicht und das Passiergewicht der nach Maßgabe dieses Gesetzes auszuprägenden Goldmünzen sowie ein Vielfaches dieser Gewichte angeben. Auf die Eichung und Stempelung dieser Gewichtsstücke finden die Vorschriften der Maß- und Gewichtsordnung entsprechende Anwendung.

§ 14. Der Bundesrat ist befugt:

1. einzuziehende Münzen außer Kurs zu setzen,
2. die zur Aufrechterhaltung eines geregelten Geldumlaufs erforderlichen polizeilichen Vorschriften zu erlassen,
3. den Wert zu bestimmen, über welchen hinaus fremde Gold- und Silbermünzen nicht in Zahlung angeboten und gegeben werden dürfen, sowie den Umlauf fremder Münzen gänzlich zu untersagen,
4. zu bestimmen, ob ausländische Münzen von Reichs- oder Landeskassen zu einem öffentlich bekannt zu machenden Kurse im inländischen Verkehr in Zahlung genommen werden dürfen, in solchem Falle auch den Kurs festzusetzen...

§ 15. 1. Alle Zahlungen, die vor Eintritt der Reichswährung in Münzen einer inländischen Währung oder in landesgesetzlich den inländischen Münzen gleichgestellten ausländischen Münzen zu leisten waren, sind vorbehaltlich der Vorschriften des § 9 in Reichsmünzen zu leisten.

2. Die Umrechnung solcher Goldmünzen, für welche ein bestimmtes Verhältnis zu Silbermünzen gesetzlich nicht feststeht, erfolgt nach Maßgabe des Verhältnisses des gesetzlichen Feingehalts derjenigen Münzen, auf welche die Zahlungsverpflichtung lautet, zu dem gesetzlichen Feingehalte der Reichsgoldmünzen.

Bei der Umrechnung anderer Münzen werden der Taler zum Werte von 3 M., der Gulden süddeutscher Währung zum Werte von $1^5/_7$ M., die Mark lübischer oder hamburgischer Kurantwährung zum Werte von $1^1/_5$ M., die übrigen Münzen derselben Währungen zu entsprechenden Werten nach ihrem Verhältnisse zu den genannten berechnet.

Bei der Umrechnung werden Bruchteile von Pfennigen der Reichswährung zu einem Pfennig berechnet, wenn sie ½ Pf. oder mehr betragen, Bruchteile unter ½ Pf. werden nicht gerechnet.

3. Werden Zahlungsverpflichtungen nach Eintritt der Reichswährung unter Zugrundelegung vormaliger inländischer Geld- oder Rechnungswährungen begründet, so ist die Zahlung ... in Reichsmünzen unter Anwendung der Vorschriften der Nr. 2 zu leisten.

4. In allen gerichtlich oder notariell aufgenommenen Urkunden, welche auf einen Geldbetrag lauten, desgleichen in allen zu einem Geldbetrage verurteilenden gerichtlichen Entscheidungen ist dieser Geldbetrag, wenn für ihn ein bestimmtes Verhältnis zur Reichswährung gesetzlich feststeht, in Reichswährung auszudrücken, woneben jedoch dessen gleichzeitige Bezeichnung nach derjenigen Währung, in welcher ursprünglich die Verbindlichkeit begründet war, gestattet bleibt.

b) Geldrechtliches in der Reichs-Finanzreform v. 1913.

Gesetz über Änderungen im Finanzwesen. Vom 3. Juli 1913 (RGBl. S. 521). [87

§ 6. Der Reichskanzler wird ermächtigt, bis zur Höhe von 120 Mill. M. einen zur Befriedigung eines außerordentlichen Bedarfs dienenden Bestand an Silbermünzen zu beschaffen und hierfür in gleichem Betrage Prägungen außerhalb der im § 8 des Münzgesetzes ... bestimmten Grenze von 20 M. für den Kopf der Bevölkerung vorzunehmen.

Die zur Beschaffung dieses Silberbestandes erforderlichen Mittel sind nach näherer Bestimmung des Reichshaushaltsetats bereitzustellen. Zu diesem Zwecke kann auch der aus den Prägungen im Münzwesen sich ergebende Überschuß verwendet werden, für das Rechnungsjahr 1913 jedoch nur insoweit, als er den Betrag von 10 750 000 M. übersteigen wird...

§ 7. Der Reichskanzler wird ermächtigt, bis zur Höhe von 120 Mill. M. weitere Reichskassenscheine in Abschnitten zu 5 und zu 10M. ausfertigen zu lassen. Der Erlös ... ist zur Beschaffung eines gleichen Betrags in gemünztem Golde mit der Zweckbestimmung des Reichskriegsschatzes ... zu verwenden.

§ 8. Die in den §§ 6, 7 bezeichneten Bestände werden nach den vom Bundesrate zu treffenden näheren Bestimmungen von dem Reichskanzler unter Aufsicht der Reichsschuldenkommission ... verwaltet...

c) Funktion des Geldes für Wertkonstanz. Entscheidung des Reichs-Oberhandelsgerichts. Vom 19. Februar 1878.

Entscheidungen des Reichs-Oberhandelsgerichts, hrsg. von den Räten des Gerichtshofes. Bd. 23 (Stuttgart 1878), S. 205. Senat I i. S. Kaiserin-Elisabeth-Bahn (Bekl.) c. Kamm (Klgr). [88

... Das Anlehen, dessen Verzinsung gefordert wird, ist aufgenommen, als in Deutschland und Österreich die Silberwährung bestand. Wie schon erwähnt, haben die Schuldverschreibungen wie die Kupons den Besitzern der letzteren freigestellt, nach ihrer Wahl Einlösung eines jeden Kupons in Wien mit 5 österr. Silbergulden, in Süddeutschland mit 5 fl. 50 kr. südd. Währung, an den Talerplätzen mit 3 Taler 10 Sgr. zu fordern. Ausdrücklich also hat sich die Beklagte verpflichtet, in dem jedesmaligen vom Kuponbesitzer erwählten Länder- resp. Währungsgebiet eine festbestimmte Summe der dortigen Landeswährung zu zahlen. Weshalb sie diese Verpflichtung übernommen, ist zweifellos. Es kam ihr darauf an, auch außerhalb Österreichs in Deutschland für ihre Obligationen willige Abnehmer zu finden. Sie würde sie schwerlich gefunden haben, wenn sie den Käufern Verzinsung nur in österr. Silbermünze oder wenn sie ihnen nicht in Landeswährung festbestimmte, sondern von dem Silberkurse abhängige, also unbestimmte Silbersummen zugesichert hätte. Sie entschloß sich also, um ihren Zweck zu erreichen, zur Promission fester Summen der genannten Landeswährungen — unabhängig von dem jedesmaligen Silberkurse.

Es mag richtig sein, daß die Summen südd. Währung, welche sie promittierte, damals dem Werte des österr. Silberguldens genau entsprachen. Aber es ist unrichtig, daß in den Obligationen und Kupons jene Summen (und die Talerbeträge) nur der Vergleichung wegen — informationis causa — neben die entsprechenden Summen der österr. Silbergulden gestellt waren, und daß die Verpflichtung zu ihrer Vollzahlung mit dem Wegfallen jener Gleichwertigkeit aufgehört hatte. Vielmehr hatte die von der Beklagten übernommene Leistung derart örtliche resp. gebietliche Bestimmtheit, daß die Beklagte für jeden Kupon in Süddeutschland 5 fl. 50 kr. südd. Währung schuldete, gleich als ob sie nur diese einfache Obligation eingegangen wäre.

Allein seit dem 1. Januar 1876 hat der Gulden südd. Währung aufgehört, in Deutschland gesetzliches Zahlungsmittel zu sein (Bekanntm. v. 10. Dzbr. 1875; Reichsges.-Bl. S. 315); und mit demselben Tage ist die Reichs-Goldwährung im Deutschen Reichsgebiet in Kraft getreten. (Bekanntm. v. 22. Sept. 1875; ebend. S. 303.)

Fortan also war die Beklagte gehindert, ihre Silberschuld in der alten Landeswährung oder (abgesehen von dem noch kursierenden Taler) überhaupt in Silbermünze zu tilgen; und der Gläubiger war nunmehr berechtigt, Zahlung in der neuen Währung zu fordern. Art. 14 des Ges. v. 9. Juli 1873.

Daraus folgt, daß nunmehr für das Maß der Verpflichtung der Beklagten die Relation von Silber zu Gold entscheidend wurde:

die Beklagte muß dem Kuponinhaber soviel in Gold zahlen als demjenigen Werte in Silber entspricht, welchen der Inhaber fordern dürfte, wenn Zahlung in Silber noch zulässig wäre.

Bekanntlich herrscht Streit über den Zeitpunkt, nach welchem diese Wertsrelation zu bestimmen. Die einen halten das Verhältnis von Silber zu Gold zur Zeit der Entstehung der Obligation, die andern das zur Zeit der Solution, noch andere die Relation zur Zeit der Ersetzung der Silberwährung durch die Goldwährung für entscheidend.

Goldschmidt, Handbuch des Handelsr. S. 1175; G. Hartmann, Über den Begriff des Geldes und den Inhalt der Geldschulden S. 83, 84: Knies, Geld und Kredit S. 341.

Alle aber stimmen darin überein, daß die Schwierigkeit, aus Rechtsgründen den richtigen Zeitpunkt zu bestimmen, die aus dieser Schwierigkeit unausbleiblich hervorgehenden Verwirrungen, insbesondere aber die Notwendigkeit, den Verkehr gegen die Einbußen und Schwankungen zu schützen, welche aus der Veränderlichkeit des Kurses namentlich für die während langer Zeiten ratenweise zu solvierenden Geldschulden entspringen müßten, — die Gesetzgebung berechtigen und verpflichten, legislativ durchzugreifen, nämlich die Wertrelation von Silber zu Gold betreffs aller schon bestehenden Silberschulden mit möglichster Schonung aller Interessen unabänderlich festzustellen und demgemäß die Umrechnung der alten Silberschulden in Goldwährung zu normieren.

Soetbeer, Deutsche Münzverfassung S. 26; Goldschmidt, a. a. O. S. 1176; Hartmann, S. 84, Knies, a. a. O. S. 337 etc.

Diese Norm hat der Art. 14 des Münzges. v. 9. Juli 1873 gegeben (Reichsges.-Bl. S. 233). Er bestimmt:

„Von dem Eintritt der Reichswährung an gelten folgende Vorschriften: § 1. Alle Zahlungen, welche bis dahin in Münzen einer inländischen Währung ... zu leisten waren, sind .., in Reichsmünzen zu leisten. § 2 al. 2. Bei der Umrechnung werden
der Taler zum Werte von 3 Mark,
der Gulden süddeutscher Währung zum Werte von $1^5/_7$ Mark etc. gerechnet."

Diese Umrechnung hat der Kläger seinem Klagebegehren zugrunde gelegt. Die Beklagte indes glaubt sich als Ausländerin durch dies deutsche Gesetz nicht gebunden, und dieser ihr Standpunkt ist nicht unvertreten... Aber die Beklagte irrt.

Zunächst: der Sitz der hier in Frage stehenden Obligation ist nicht in Wien, wenn auch die Schuldverschreibungen von Wien datiert sind. Die Beklagte hat sich vielmehr vertragsmäßig verpflichtet, die Zinsen an besonders zu bestimmenden Plätzen Süddeutschlands in der dortigen Landeswährung zu zahlen; und nach dem oben Ausgeführten war es gerade auf „diese örtliche Bestimmtheit der geschuldeten Leistung" abgesehen; es ist also für diese Pflicht zur Zinszahlung Frankfurt Erfüllungsort, das dortige

Recht betreffs dieses Solutions-Geschäfts maßgebend, und zwar der Regel zufolge nach allen Richtungen...

Daß diese Obligation in Ansehung der Erfüllung nach Wahl der Kuponsbesitzer vertragsmäßig auch anderem örtlichen Recht (Wien, Berlin) unterstehen kann, ändert an der Anwendbarkeit der Regel nichts... Aber sie hat ihre Beschränkung an dem Rechtssatz, daß das Recht eines Vertrags nach dem zur Zeit seines Abschlusses bestandenen Gesetz beurteilt werden muß, und daß das neuere Gesetz auf die früher entstandenen Rechtsverhältnisse nur dann anzuwenden, wenn es sich dieselben nach seinem Inhalt und Willen unterwirft.

Ein neues Gesetz dieses Inhalts und Willens ist die Umrechnungsvorschrift des Art. 14 al. 2 cit.: ausdrücklich unterwirft sie sich grade die Geldschulden, die vor dem Eintritt der Reichswährung auf Silberwährung kontrahiert sind und in ihr zu bezahlen wären, wenn die Silberwährung noch bestünde und nicht durch die Goldwährung ersetzt wäre. Sie ist also gültige Norm für alle älteren Obligationen auf Zahlung einer Geldschuld, die vermöge ihres Sitzes nach deutschem Recht zu beurteilen sind; folglich ist sie auch bindende Norm für die Zinsenschuld der Beklagten...

d) Ausprägung von Reichsmünzen (in Mill. M.). [89

Statistisches Jahrbuch für das Deutsche Reich 1913, S. 267.

Nr.	Sorten	in den Rechnungsjahren					insgesamt 1871 bis März 1913		
		1908	1909	1910	1911	1912	geprägt	eingezogen	bleiben
1	2	3	4	5	6	7	8	9	10
	Gold								
1	Doppelkronen	64,8	143,5	156,1	132,0	118,4	4359,3	92,7	4266,5
2	Kronen	3,4	16,2	10,3	4,3	5,9	772,3	63,7	708,6
	Silber								
3	5 Mark-Stücke	8,9	0,3	0,5	0,3	—	254,2	0,2	254,0
4	3 " "	29,5	34,9	30,3	29,3	17,7	141,7	0,0	141,7
5	2 " "	8,5	0,2	0,8	4,6	6,0	312,7	0,3	312,4
6	1 " "	8,0	12,0	11,8	4,0	5,0	313,3	0,7	312,6
7	½ " "	3,5	1,6	—	2,7	2,3	90,0	0,0	90,0
	Nickel								
8	25 Pfg.-Stücke	—	2,4	2,6	2,3	0,2	7,5	0,0	7,5
9	10 " "	3,5	—	1,0	2,8	4,0	68,0	3,8	64,3
10	5 " "	2,0	0,5	0,5	1,5	2,0	34,3	0,4	33,0
	Kupfer								
11	2 Pfg.-Stücke	0,2	—	0,2	0,4	0,5	8,7	0,0	8,7
12	1 " "	0,5	0,2	0,3	0,7	0,8	14,9	0,0	14,9
13	im ganzen	132,8	211,8	214,4	184,9	162,8	6376,9	161,8	6215,1

90]

e) Edelmetallgewinnung der Welt seit 1493 (in 1000 kg).

Nach Soetbeer (Edelmetallproduktion, Gotha 1879; Materialien z. Erläut. etc. der Edelmetallverhältnisse 2. A. Berlin 1886; Litteraturnachweis Berlin 1892) und den 'Annual Reports of the Director of the mint' (Washington, seit 1878) aufgestellt in der Statistischen Abteilung der Reichsbank u. gedruckt im „Statistischen Jahrbuch für das Deutsche Reich“ 1913, S. 35*.

Periode	Gold	p. Jahr	%[1])	Silber	p. Jahr	%[1])	Wertrelation[2])
1	2	3	4	5	6	7	8
1493—1520	162,4	5,8	11,0	1316,0	47,0	89,0	10,5-11,1
1521—44	171,8	7,2	7,4	2164,8	90,2	92,6	11,3
1545—60	136,2	8,5	2,7	4985,6	311,6	97,3	11,3
1561—80	136,8	6,8	2,2	5990,0	299,5	97,8	11,5
1581—1600	147,6	7,4	1,7	8378,0	418,9	98,3	11,8
1601—20	170,4	8,5	2,0	8458,0	422,9	98,0	12,3
1621—40	166,0	8,3	2,1	7872,0	393,6	97,9	14,0
1641—60	175,4	8,8	2,3	7326,0	366,3	97,7	14,5
1661—80	185,2	9,3	2,7	6740,0	337,0	97,3	15,0
1681—1700	215,3	10,8	3,1	6838,0	341,9	96,9	15,0
1701—20	256,4	12,8	3,5	7112,0	355,6	96,5	15,2
1721—40	381,6	19,1	4,2	8624,0	431,2	95,8	15,1
1741—60	492,2	24,6	4,4	10662,9	533,1	95,6	14,8
1761—80	414,1	20,7	3,1	13054,8	652,7	96,9	14,7
1781—1800	355,8	17,8	2,0	17581,2	879,1	98,0	15,1
1801—10	177,8	17,8	1,9	8941,5	894,2	98,1	15,6
1811—20	114,5	11,4	2,1	5407,7	540,8	97,9	15,5
1821—30	142,2	14,2	3,0	4605,6	460,6	97,0	15,8
1831—40	202,9	20,3	3,3	5964,5	596,5	96,7	15,8
1841—50	547,6	54,8	6,6	7804,2	780,4	93,4	15,8
1851—55	996,0	199,4	18,4	4430,6	886,1	81,6	15,4
1856—60	1008,8	201,8	18,2	4525,0	905,0	81,8	15,3
1861—65	925,3	185,1	14,4	5505,8	1101,2	85,6	15,4
1866—70	975,1	195,0	12,7	6695,4	1339,1	87,3	15,6
1871—75	869,5	173,9	8,1	9847,1	1969,4	91,9	16,0
1876—80	862,1	172,4	6,6	12251,3	2450,3	93,4	17,8
1881—85	774,8	155,0	5,3	14042,0	2808,4	94,7	18,6
1886—90	849,3	169,9	4,8	16937,7	3387,5	95,2	21,2
1891—95	1225,9	245,2	4,8	24506,7	4901,3	95,2	26,3
1896—1900	1936,3	387,3	7,0	25772,8	5154,6	93,0	33,5
1901—05	2423,2	484,6	8,5	26046,6	5209,3	91,5	36,2
1906—10[3])	3260,8	652,2	9,6	30660,2	6132,0	90,4	35,7
1911[3])	692,0	692,0	9,0	6984,0	6984,0	91,0	38,2
1912[3])	707,0	707,0	9,1	7108,0	7108,0	90,9	33,6

[1]) D. h. prozentualer Anteil des Goldes (Silbers) an der Gesamtproduktion. — [2]) Beispiel. Wertrelation 1:15,5 bedeutet: für 1 kg Gold erhielt man 15,5 kg Silber. — [3]) 1910, 11, 12: vorläufige Zahlen.

f) Münzprägungen in 6 Großstaaten 1911. [91

ib. S. 75*.

Nr.	Land		Gold	Silber	Nickel, Bronze, Kupfer
1	2		3	4	5
1	Deutsches Reich	Mill. M. a)	107,1	40,6	6,4
2	Frankreich	„ Fr.	128,7	6,2	1,7
3	Österr.-Ungarn	„ Kr.	33,7	0,0	5,1
4	Rußland	„ Rub.	1,0	5,5	1,4
5	Großbritannien	„ £	33,1	2,3	0,1
6	Verein. Staaten	„ Doll.	56,2	6,5	3,2

g) Industrieller Weltverbrauch von Edelmetallen 1911 [92

Annual Report on the production of the precious metals 1911, im Anhang zu: Annual Report of the Director of the Mint 1912 (Washington), S. 241

meist in roher Schätzung

Nr.	Land	Gold Mill. Doll.	Silber Mill. Unze fein
1	2	3	4
1	Verein. St. v. Amerika	31,4	30,0
2	Deutschland	15,5	10,0
3	Frankreich	17,5	7,5
4	Großbritannien	18,0	12,0
5	Schweiz	7,5	1,8
6	Italien	3,0	2,0
7	Österreich-Ungarn	5,8	2,1
8	Rußland	5,6	4,3
9	Belgien	0,7	4,0
10	Portugal und Spanien	2,3	0,4
11	Australasien	1,4	0,0
12	Kanada	2,0	0,7
13	Mexiko, Mittel- und Südamerika	1,0	1,0
14	Asien	50,0	66,4
15	Andere Länder	2,6	1,6
	zus. Mill. Doll.	164,3	143,8
	in ungefährer Umrechnung Mill. Mark	*657,2*	*287,6*
		c. 1 Milliarde Mark.	

a) Abweichungen gegen vorangehende Tabelle; vermutlich weil Kalenderjahre.

II. Reichsbank und Kreditverkehr.

a) Bankgesetz. Vom 14. März 1875/1. Juni 1909. [93

Heilfron; R. Koch: s. o. Nr. 86. — Größerer Kommentar von Breit: Berlin 1911 (aus: 'Handelsgesetze des Erdballs').

Die Änderungen durch die Novellen vom 18. Dez. 1889, 7. Juni 1899, 1. Juni 1909, sowie durch das Gesetz vom 20. Febr. 1906 sind entweder ohne weiteres im Text berücksichtigt oder mit Angabe der Jahreszahl in kleiner Schrift hinzugesetzt.

Der Entwurf eines „Bankgesetzes", den die Reichsregierung Ende 1874 vorlegte, behandelte die gleichmäßige Regelung der Zettelbanken im Deutschen Reiche, deren es damals 33 gab. Erst der Reichstag verlangte in der Generaldebatte vom 16.—18. November die Errichtung einer „Reichsbank". Infolgedessen ersetzte die Regierung (in einer geschäftsordnungsmäßig nicht vorgesehenen und auch nie wieder vorgekommenen Art) ihren Entwurf durch einen anderen, der eine Reichsbank vorsah. Dieser war von vornherein als für den gesamten deutschen Geldmarkt maßgebend gedacht (§ 12) und wurde es vollends, da die daneben bestehenden Zettelbanken als solche fast sämtlich verschwanden (§ 9, Abs. 2), so daß heute nur noch 4 mit räumlich begrenzter Tätigkeit (in den 3 Königreichen und Baden) bestehen. Wirtschaftlich muß man heute das Deutsche Reich zu den Ländern mit einheitlichem Zentral-Noteninstitut rechnen, neben dem nur noch einige kleinere Noteninstitute fortbestehen; seine rechtliche Grundlage aber hat dieses Verhältnis in einem Gesetz, das umgekehrt von dem Bestehen zahlreicher Noteninstitute ausgeht und neben ihnen der Reichsbank eine Stellung verschaffen will. Unter Berücksichtigung dieser Gesichtspunkte will das Gesetz heute gelesen sein.

[94

Titel I. Allgemeine Bestimmungen.

§ 1. Die Befugnis zur Ausgabe von Banknoten kann nur durch Reichsgesetz erworben oder über den bei Erlaß des gegenwärtigen Gesetzes zulässigen Betrag der Notenausgabe hinaus erweitert werden.

Den Banknoten im Sinne dieses Gesetzes wird dasjenige Staatspapiergeld gleich geachtet, dessen Ausgabe einem Bankinstitute zur Verstärkung seiner Betriebsmittel übertragen ist.

§ 2. Eine Verpflichtung zur Annahme von Banknoten bei Zahlungen, welche gesetzlich in Geld zu leisten sind, findet nicht statt und kann auch für Staatskassen durch Landesgesetz nicht begründet werden.

1909, Art. 8. Die Noten der Reichsbank sind gesetzliches Zahlungsmittel. Im übrigen bleiben die Vorschriften des § 2 des Bankgesetzes unberührt.

§ 3. Banknoten dürfen nur auf Beträge von 100, 200, 500 und 1000 M. oder von einem Vielfachen von 1000 M. ausgefertigt werden.

1906. Die Reichsbank wird ermächtigt, Banknoten auf Beträge von 50 und 20 M. auszufertigen und auszugeben.

§ 4. Jede Bank ist verpflichtet, ihre Noten sofort auf Präsentation zum vollen Nennwerte einzulösen, auch solche nicht nur an ihrem Hauptsitz, sondern auch bei ihren Zweiganstalten jederzeit zum vollen Nennwerte in Zahlung anzunehmen.

Für beschädigte Noten hat sie Ersatz zu leisten, sofern der Inhaber entweder einen Teil der Note präsentiert, welcher größer ist, als die Hälfte, oder den Nachweis führt, daß der Rest der Note, von welcher er nur die Hälfte oder einen geringeren Teil als die Hälfte präsentiert, vernichtet sei.

Für vernichtete oder verlorene Noten Ersatz zu leisten, ist sie nicht verpflichtet.

§ 5. Banknoten, welche in die Kasse der Bank oder einer ihrer Zweiganstalten oder in eine von ihr bestellte Einlösungskasse in beschädigtem oder beschmutztem Zustande zurückkehren, dürfen nicht wieder ausgegeben werden.

§ 6. Der Aufruf und die Einziehung der Noten einer Bank oder einer Gattung von Banknoten darf nur auf Anordnung oder mit Genehmigung des Bundesrats erfolgen.

Die Anordnung erfolgt, wenn ein größerer Teil des Umlaufs sich in beschädigtem oder beschmutztem Zustande befindet, oder wenn die Bank die Befugnis zur Notenausgabe verloren hat.

Die Genehmigung darf nur erteilt werden, wenn nachgewiesen wird, daß Nachahmungen der aufzurufenden Noten in den Verkehr gebracht sind...

§ 7. Den Banken, welche Noten ausgeben, ist nicht gestattet:
1. Wechsel zu akzeptieren;
2. Waren oder kurshabende Papiere für eigene oder für fremde Rechnung auf Zeit zu kaufen oder auf Zeit zu verkaufen, oder für die Erfüllung solcher Kaufs- oder Verkaufsgeschäfte Bürgschaft zu übernehmen.

§ 8. Banken, welche Noten ausgeben, haben
1. den Stand ihrer Aktiva und Passiva vom 7., 15., 23. und letzten jedes Monats, spätestens am 5. Tage nach diesen Terminen und
2. spätestens 3 Monate nach dem Schlusse jedes Geschäftsjahres eine genaue Bilanz ihrer Aktiva und Passiva, sowie den Jahresabschluß des Gewinn- und Verlustkontos

durch den Reichsanzeiger auf ihre Kosten zu veröffentlichen.

Die wöchentliche Veröffentlichung muß angeben
1. auf seiten der Passiva: das Grundkapital, den Reservefonds, den Betrag der umlaufenden Noten, die sonstigen täglich fälligen Verbindlichkeiten, die an eine Kündigungsfrist gebundenen Verbindlichkeiten, die sonstigen Passiva;
2. auf seiten der Aktiva: den Metallbestand (den Bestand an kursfähigem deutschem Gelde und an Gold in Barren oder ausländischen Münzen, das Pfund fein zu 1392 M. berechnet), den Bestand: an Reichskassenscheinen, an Noten anderer Banken, an Wechseln

und Schecks, an Lombardforderungen, an Effekten, an sonstigen Aktiven.

Welche Kategorien der Aktiva und Passiva in der Jahresbilanz gesondert nachzuweisen sind, bestimmt der Bundesrat.

Außerdem sind in beiden Veröffentlichungen die aus weiterbegebenen im Inlande zahlbaren Wechseln entsprungenen eventuellen Verbindlichkeiten ersichtlich zu machen

§ 9. Banken, deren Notenumlauf ihren Barvorrat und den ihnen nach Maßgabe der Anlage zugewiesenen Betrag übersteigt, haben vom 1. Januar 1876 ab von dem Überschusse eine Steuer von jährlich 5 v. H. an die Reichskasse zu entrichten. Als Barvorrat gilt bei Feststellung der Steuer der in den Kassen der Bank befindliche Betrag an kursfähigem deutschen Gelde, an Reichskassenscheinen, an Noten anderer deutscher Banken und an Gold in Barren oder ausländischen Münzen, das Pfund fein zu 1392 M. berechnet.

Erlischt die Befugnis einer Bank zur Notenausgabe (§ 49), so wächst der derselben zustehende Anteil an dem Gesamtbetrage des der Steuer nicht unterliegenden ungedeckten Notenumlaufs dem Anteile der Reichsbank zu...

Titel II. Reichsbank.

§ 12. Unter dem Namen „Reichsbank“ wird eine unter Aufsicht und Leitung des Reichs stehende Bank errichtet, welche die Eigenschaft einer juristischen Person besitzt und die Aufgabe hat, den Geldumlauf im gesamten Reichsgebiete zu regeln, die Zahlungsausgleichungen zu erleichtern und für die Nutzbarmachung verfügbaren Kapitals zu sorgen.

Die Reichsbank hat ihren Hauptsitz in Berlin. Sie ist berechtigt, aller Orten im Reichsgebiete Zweiganstalten zu errichten...

§ 13. Die Reichsbank ist befugt, folgende Geschäfte zu betreiben:

1. Gold und Silber in Barren und Münzen zu kaufen und zu verkaufen;
2. Wechsel, welche eine Verfallzeit von höchstens 3 Monaten haben und aus welchen in der Regel drei, mindestens aber zwei als zahlungsfähig bekannte Verpflichtete haften, ebenso Schecks, aus welchen mindestens zwei als zahlungsfähig bekannte Verpflichtete haften, ferner Schuldverschreibungen des Reichs, eines deutschen Staats oder inländischer kommunaler Korporationen, welche nach spätenstens 3 Monaten mit ihrem Nennwerte fällig sind, zu diskontieren, zu kaufen und zu verkaufen;
3. zinsbare Darlehen auf nicht länger als 3 Monate gegen bewegliche Pfänder zu erteilen (Lombardverkehr), und zwar:
   a) gegen Gold und Silber, gemünzt und ungemünzt,
   b) gegen zinstragende oder spätenstens nach 1 Jahre fällige und auf den Inhaber lautende Schuldverschreibungen des Reichs, eines

deutschen Staats oder inländischer kommunaler Korporationen, oder gegen zinstragende, auf den Inhaber lautende Schuldverschreibungen, deren Zinsen vom Reiche oder von einem Bundesstaate garantiert sind, gegen voll eingezahlte Stamm- und Stammprioritätsaktien und Prioritätsobligationen deutscher Eisenbahngesellschaften, deren Bahnen in Betrieb befindlich sind, sowie gegen Pfandbriefe landschaftlicher, kommunaler oder anderer unter staatlicher Aufsicht stehender Bodenkreditinstitute Deutschlands und deutscher Hypothekenbanken auf Aktien, zu höchstens ¾ des Kurswertes; diesen Pfandbriefen stehen gleich die auf den Inhaber lautenden Schuldverschreibungen öffentlich-rechtlicher Bodenkreditinstitute des Inlandes sowie diejenigen auf den Inhaber lautenden Schuldverschreibungen der übrigen vorbezeichneten Institute und Banken, welche auf Grund von Darlehen ausgestellt werden, die an inländische kommunale Korporationen oder gegen Übernahme der Garantie durch eine solche Korporation gewährt sind,

c) gegen zinstragende, auf den Inhaber lautende Schuldverschreibungen nicht deutscher Staaten, sowie gegen staatlich garantierte ausländische Eisenbahn-Prioritätsobligationen, zu höchstens 50 % des Kurswertes,

d) gegen Wechsel, welche anerkannt solide Verpflichtete aufweisen, mit einem Abschlage von mindestens 5 % ihres Kurswertes,

e) gegen Verpfändung im Inlande lagernder Kaufmannswaren, höchstens bis zu ⅔ ihres Wertes;

4. Schuldverschreibungen der vorstehend unter 3 b bezeichneten Art zu kaufen und zu verkaufen; die Geschäftsanweisung für das Reichsbankdirektorium (§ 26) wird feststellen, bis zu welcher Höhe die Betriebsmittel der Bank in solchen Schuldverschreibungen angelegt werden dürfen;
5. für Rechnung von Privatpersonen, Anstalten und Behörden Inkassos zu besorgen und nach vorheriger Deckung Zahlungen zu leisten und Anweisungen oder Überweisungen auf ihre Zweiganstalten oder Korrespondenten auszustellen;
6. für fremde Rechnung Effekten aller Art, sowie Edelmetalle nach vorheriger Deckung zu kaufen und nach vorheriger Überlieferung zu verkaufen;
7. verzinsliche und unverzinsliche Gelder im Depositengeschäft und im Giroverkehr anzunehmen; die Summe der verzinslichen Depositen darf diejenige des Grundkapitals und des Reservefonds der Bank nicht übersteigen;

8. Wertgegenstände in Verwahrung und in Verwaltung zu nehmen;
9. zinsbare Darlehne auf nicht länger als 3 Monate im Lombardverkehr auch gegen Verpfändung von Forderungen, die in dem Reichsschuldbuch oder in dem Staatsschuldbuch eines deutschen Staates eingetragen sind, zu höchstens $^3/_4$ des Kurswerts der umgewandelten Schuldverschreibungen zu erteilen.

§ 14. Die Reichsbank ist verpflichtet, Barrengold zum festen Satze von 1392 M. für das Pfund fein gegen ihre Noten umzutauschen.

Die Bank ist berechtigt, auf Kosten des Abgebers solches Gold durch die von ihr zu bezeichnenden Techniker prüfen und scheiden zu lassen.

§ 15. Die Reichsbank hat jeweilig den Prozentsatz öffentlich bekannt zu machen, zu welchem sie diskontiert (§ 13, 2) oder zinsbare Darlehne erteilt (§ 13, 3). Die Aufstellung ihrer Wochenübersichten erfolgt auf Grundlage der Bücher des Reichsbank-Direktoriums und der demselben unmittelbar untergeordneten Zweiganstalten.

1899, Art. 7 § 1: Die Reichsbank darf vom 1. Januar 1901 ab nicht unter dem von ihr gemäß § 15 des Bankgesetzes jeweilig öffentlich bekannt gemachten Prozentsatz diskontieren, sobald dieser Satz 4% erreicht oder überschreitet.

Wenn die Reichsbank zu einem geringeren als dem öffentlich bekannt gemachten Prozentsatze diskontiert, so hat sie diesen Satz im Reichsanzeiger bekannt zu machen.

§ 16. Die Reichsbank hat das Recht, nach Bedürfnis ihres Verkehrs Banknoten auszugeben.

Die An- und Ausfertigung, Einziehung und Vernichtung derselben erfolgt unter Kontrolle der Reichsschuldenkommission.

§ 17. Die Reichsbank ist verpflichtet, für den Betrag ihrer im Umlauf befindlichen Banknoten jederzeit mindestens $^1/_3$ in kursfähigem deutschen Gelde, Reichskassenscheinen oder in Gold in Barren oder ausländischen Münzen, das Pfund fein zu 1392 M. gerechnet, und den Rest in diskontierten Wechseln, welche eine Verfallzeit von höchstens 3 Monaten haben, und aus welchen in der Regel drei, mindestens aber zwei als zahlungsfähig bekannte Verpflichtete haften, oder Schecks, aus welchen mindestens zwei als zahlungsfähig bekannte Verpflichtete haften, in ihren Kassen als Deckung bereit zu halten.

§ 18. Die Reichsbank ist verpflichtet, ihre Noten:
a) bei ihrer Hauptkasse in Berlin sofort auf Präsentation,
b) bei ihren Zweiganstalten, soweit es deren Barbestände und Geldbedürfnisse gestatten,

dem Inhaber gegen deutsche Goldmünzen einzulösen ...

§ 23. Das Grundkapital der Reichsbank besteht aus 180 Mill. Mark, geteilt in 40 000 Anteile von je 3000 und 60 000 Anteile von je 1000 M.

Von letzteren sind 30 000 Anteile bis zum 31. Dezember 1900 und 30 000 Anteile bis zum

31. Dezember 1905 zu begeben. Auf die Begebung findet der § 38 des Gesetzes vom 22. Juni 1896 (Prospektzwang) keine Anwendung.

Die Anteile lauten auf Namen.

Die Anteilseigner haften persönlich für die Verbindlichkeiten der Reichsbank nicht.

§ 24. Aus dem beim Jahresabschlusse sich ergebenden Reingewinne der Reichsbank wird:

1. zunächst den Anteilseignern eine ordentliche Dividende von $3\frac{1}{2}$ v. H. des Grundkapitals berechnet,
2. von dem verbleibenden Reste den Anteilseignern $\frac{1}{4}$, der Reichskasse $\frac{3}{4}$ überwiesen, jedoch werden von diesem Reste $\frac{10}{100}$ dem Reservefonds zugeschrieben, die je zur Hälfte auf Anteilseigner und Reich entfallen.

Erreicht der Reingewinn nicht volle $3\frac{1}{2}$ v. H. des Grundkapitals, so ist das Fehlende aus dem Reservefonds zu ergänzen.

Das bei Begebung von Anteilsscheinen der Reichsbank etwa zu gewinnende Aufgeld fließt dem Reservefonds zu.

Dividendenrückstände verjähren binnen 4 Jahren, von dem Tage ihrer Fälligkeit an gerechnet, zum Vorteile der Bank.

§ 25. Die dem Reiche zustehende Aufsicht über die Reichsbank wird von einem Bankkuratorium ausgeübt, welches aus dem Reichskanzler als Vorsitzenden und vier Mitgliedern besteht. Eines dieser Mitglieder ernennt der Kaiser, die drei anderen der Bundesrat.

Das Kuratorium versammelt sich vierteljährlich einmal. In diesen Versammlungen wird ihm über den Zustand der Bank und alle darauf Bezug habenden Gegenstände Bericht erstattet und eine allgemeine Rechenschaft von allen Operationen und Geschäftseinrichtungen der Bank erteilt.

§ 26. Die dem Reiche zustehende Leitung der Bank wird vom Reichskanzler, und unter diesem von dem Reichsbankdirektorium ausgeübt. . .

§ 34. Die fortlaufende spezielle Kontrolle über die Verwaltung der Reichsbank üben drei, von dem Zentralausschusse aus der Zahl seiner Mitglieder auf 1 Jahr gewählte Deputierte des Zentralausschusses. . . .

§ 35. Geschäfte mit den Finanzverwaltungen des Reichs oder deutscher Bundesstaaten dürfen nur innerhalb der Bestimmungen dieses Gesetzes und des Bankstatuts gemacht und müssen, wenn andere als die allgemein geltenden Bedingungen des Bankverkehrs in Anwendung kommen sollen, zuvor zur Kenntnis der Deputierten gebracht, und, wenn auch nur einer derselben darauf anträgt, dem Zentralausschuß vorgelegt werden. Sie müssen unterbleiben, wenn der letztere nicht in einer beschlußfähigen Versammlung mit Stimmenmehrheit für die Zulässigkeit sich ausspricht.

§ 36. Außerhalb des Hauptsitzes der Bank sind an, vom Bundesrate zu bestimmenden, größeren Plätzen Reichsbankhauptstellen zu errichten, welche unter Leitung eines aus wenigstens 2 Mitgliedern bestehenden Vorstandes und unter Aufsicht eines vom Kaiser ernannten Bankkommissarius stehen.

Bei jeder Reichsbankhauptstelle soll, wenn sich daselbst eine hinreichende Zahl geeigneter Anteilseigner vorfindet, ein Bezirksausschuß bestehen, dessen Mitglieder vom Reichskanzler aus den vom Bankkommissar und vom Zentralausschuß aufgestellten Vorschlagslisten der am Sitz der Bankhauptstelle oder in dessen unmittelbarer Nähe wohnhaften Anteilseigner ausgewählt werden. Dem Ausschuß werden in seinen monatlich abzuhaltenden Sitzungen die Übersichten über die Geschäfte der Bankhauptstelle und die von der Zentralverwaltung ergangenen allgemeinen Anordnungen mitgeteilt. Anträge und Vorschläge des Bezirksausschusses, welchen vom Vorstande der Bankhauptstelle nicht in eigener Zuständigkeit entsprochen wird, werden von letzterem dem Reichskanzler mittels Berichts eingereicht.

Eine fortlaufende spezielle Kontrolle über den Geschäftsgang bei den Bankhauptstellen nach Maßgabe der Bestimmungen im § 34 üben, soweit es ohne Störung der täglichen laufenden Geschäfte geschehen kann, zwei bis drei Beigeordnete, welche vom Bezirksausschuß aus seiner Mitte gewählt, oder, wo ein Bezirksausschuß nicht besteht, vom Reichskanzler nach Absatz 2 ernannt werden.

§ 37. Die Errichtung sonstiger Zweiganstalten erfolgt, sofern dieselben dem Reichsbankdirektorium unmittelbar untergeordnet werden (Reichsbankstellen), durch den Reichskanzler, sofern sie einer anderen Zweiganstalt untergeordnet werden, durch das Reichsbankdirektorium...

§ 41. Das Reich behält sich das Recht vor, zuerst zum 1. Januar 1891, alsdann aber von 10 zu 10 Jahren nach vorausgegangener einjähriger Ankündigung, welche auf Kaiserliche Anordnung, im Einverständnis mit dem Bundesrat, vom Reichskanzler an das Reichsbankdirektorium zu erlassen und von letzterem zu veröffentlichen ist, entweder

a) die auf Grund dieses Gesetzes errichtete Reichsbank aufzuheben und die Grundstücke derselben gegen Erstattung des Buchwertes zu erwerben, oder

b) die sämtlichen Anteile der Reichsbank zum Nennwerte zu erwerben.

In beiden Fällen geht der bilanzmäßige Reservefonds, soweit derselbe nicht zur Deckung von Verlusten in Anspruch zu nehmen ist, zur einen Hälfte an die Anteilseigner, zur anderen Hälfte an das Reich über.

Zur Verlängerung der Frist nach Inhalt des ersten Absatzes ist die Zustimmung des Reichstags erforderlich.

Titel III. Privat-Notenbanken (*s. o. Nr.* 147).

b) Die Abrechnungsstelle bei der Reichshauptbank. [95

Bei der Reichshauptbank in Berlin besteht eine Abrechnungsstelle und eine Scheck-Austauschstelle mit 18—20 Mitgliedern. Jede ist durch „Bestimmungen" und durch eine „Geschäftsordnung" geregelt, die, ebenso wie die im Gebrauch befindlichen Formulare, von dem „Girokontor der Reichshauptbank" in Blattform ausgegeben werden.

(1.) Geschäftsordnung der Abrechnungsstelle. Vom 9. Mai 1911. [96

I. Die Reichsbank wie die übrigen Mitglieder der Abrechnungsstelle ,entsenden werktäglich zur bestimmten Zeit (s. Nr. III, IV, VIII) einen legitimierten Vertreter zur Abrechnungsstelle, auch wenn sie keine Papiere einzuliefern haben...

II. Die zur Abrechnung bestimmten Papiere müssen geordnet und mit dem Firmenstempel des betreffenden Hauses versehen, Wechsel und Anweisungen auch gehörig quittiert sein...

Für Schecks, welche auf den Inhaber oder Überbringer lauten oder welche keine Angabe darüber, an wen zu zahlen ist, enthalten, kann eine Quittung nicht verlangt werden...

III. Die Abrechnungsstelle wird um 8¾ Uhr morgens geöffnet. Um 9 Uhr haben sämtliche Vertreter ihre Plätze einzunehmen. Jeder Vertreter übergibt den Vertretern der zahlungspflichtigen Häuser die betreffenden Papiere mit je einem, die Beiträge einzeln aufführenden, summierten Verzeichnis und einem Schema zu dem nur die Endsumme enthaltenden Empfangsbekenntnis, welches nach erfolgter Prüfung von dem Empfänger vollzogen und dem Einliefernden zurückgegeben wird...

IV. Nach geschlossener Einlieferung begeben sich die Vertreter mit den empfangenen Papieren nach Hause, um dort die Prüfung derselben vornehmen zu lassen. Um 12½ Uhr nachmittags finden sich dieselben wieder ein. Es folgt nun die Rücklieferung der beanstandeten Papiere, welchen je ein den Beanstandungsgrund ergebender Zettel angeheftet sein muß, mit Spezialverzeichnis.

Die Rücklieferungen werden wie umgekehrte Einlieferungen behandelt, sind aber mit dem Zusatz R im Abrechnungsblatt zu versehen. Die um 12½ Uhr nicht zurückgelieferten Papiere gelten als anerkannt.

V. Neue Einlieferungen sind ebenfalls um 12½ Uhr statthaft. Dieselben sind in den Verzeichnissen und Empfangsbekenntnissen als „zweite Lieferung" zu bezeichnen und sonst nach Nr. III, IV zu behandeln.

VI. Um 4 Uhr nachmittags findet eine letzte Zusammenkunft statt. Soweit Papiere der „zweiten Lieferung" hierbei nicht zurückgeliefert werden, gelten sie als anerkannt. Neue Einlieferungen sind unzulässig.

VII. Jeder Vertreter summiert die Debet- und Kredit-Kolonne

seines Abrechnungsblattes und ermittelt durch Saldieren des letzteren, was sein Haus im ganzen (der Gesamtheit der Abrechnenden gegenüber) schuldet, bzw. zu fordern hat. Über den Saldo stellt er eine Anweisung an das Girokontor der Reichshauptbank auf dem Abrechnungsblatt und, wörtlich gleichlautend, auf einem besonderen Zettel aus, welchen er dem Vorsteher mit dem Abrechnungsblatt übergibt.

VIII. Der Vorsteher trägt die Saldi der Abrechnungsblätter in ein Bilanzblatt, welches ... im Kredit und Debet bei der Summierung übereinstimmen muß, vergleicht damit die Anweisungen, visiert diese und die Abrechnungsblätter, und stellt fest, ob die Giroguthaben der Mitglieder zur Deckung der etwaigen Debet-Saldi ausreichen.

Bejahendenfalls visiert er das Bilanzblatt, gibt die Abrechnungsblätter zurück und schließt die Abrechnung, worauf die Vertreter die Abrechnungsstelle verlassen dürfen. Demnächst übergibt er das Bilanzblatt dem Girokontor der Reichshauptbank, welches danach die nötigen Buchungen auf den Konten der Mitglieder und der Abrechnungsstelle vornimmt...

97] (2.) Verzeichnis der Mitglieder.

Reichsbank — Kais. Postscheckamt a) — Seehandlung (Kgl. Preuß. Staatsbank) — Preuß. Zentral-Genossenschaftskasse.

Deutsche Bank — Dresdener Bank — Bank für Handel und Industrie (Darmstädter Bank) — Diskonto-Gesellschaft b) — Mitteldeutsche Kreditbank — Nationalbank für Deutschland — Commerz- u. Diskontobank — A. Schaaffhausenscher Bankverein — Bank des Berliner Kassenvereins a)

S. Bleichröder — Delbrück, Schickler & Co. — C. N. Engelhard — F. W. Krause & Co. — Mendelssohn & Co. — Gebr. Schickler.

98] c) **Reichsbank-Ausweis v. 31. Dez. 1913** (in 1000 M)

RAnz. v. 3. Jan. 1914; mit Besprechungen: Frankfurter Ztg., Berliner Tageblatt, Vossische Ztg., Kölnische Volksztg. u. a. — Vgl. Beigel, Wie liest man e. Reichsbank-Ausweis? Leipzig 1912 (SA. aus Ztschr. f. Handelswiss. V[2]).

Aktiva		Passiva	
Metallbestand	1 446 803	Grundkapital	180 000
darunter Gold a)	1 169 971	Reservefonds	70 048
Reichskassenscheine	46 202	Notenumlauf	2 593 445
Noten anderer Banken	12 765	Sonstige tägl. fällige Verbindl.	793 120
Wechsel und Schecks	1 490 749	Sonstige Passiva	82 924
Lombardforderungen	94 473		
Effekten	403 410		
Sonstige Aktiva	225 135		

a) nicht in der Scheck-Austauschstelle. b) die 4 „D-Banken".

a) „Bestand an kursfähigem deutschen Gelde und an Gold in Barren oder ausländischen Münzen, das kg fein zu 2784 M berechnet."

d) Die wichtigsten Zentralnotenbanken der Erde, Ende 1912. [99

Statistisches Jahrbuch für das Deutsche Reich 1913, S. 74*

in Mill. M.

Nr.	Bank G. = Grundkapital (eingezahlt) R. = Reservefonds	„Barmittel" [1])		Anlagen		Täglich fällige Verbindlichkeiten		
			darunter Gold	Wechsel	Lombard	Noten	Guthaben öffentl.	Guthaben private
1	2	3	4	5	6	7	8	9
1	Reichsbank G. 180,0 R. 70,0	1065,5	776,6	[2])2139,4	176,7	2519,4	746,0	
2	Bank of England G. 297,3 R. ca. 60,0	619,5	603,3	[3])1017,8		598,0	254,1	798,9
3	Banque de France G. 154,3 R. 28,0	3156,2	2597,9	1392,5	580,9	4523,3	192,1	544,6
4	Östr.-Ungar. Bank G. 178,5 R. 21,5	1230,4	1028,4	1190,9	[4])301,8	2393,4	233,8	
5	Banca d' Italia G. 145,8 R. 48,6	936,7	827,8	485,9	105,2	1377,6	87,7	[5])153,7
6	Banque Nationale de Belgique G. 40,5 R. 32,5	232,6	173,3	572,3	[4])63,7	780,4	9,6	89,5
7	Nederlandsche B. G. 33,8 R. 8,5	287,1	273,4	170,9	138,7	535,9	17,6	7,9
8	New York Associated Banks [6])	1343,2	[7])1033,1	5399,8		196,9	—	5288,7
9	Goçudarçtwennij Bank (Russ. Staatsbank) G. 108,0 R. 10,8	3011,7	2867,2	1576,9	[4])903,0	3237,8	[8])1086,6	[5])547,4
10	Schweizerische Nationalbank G. 20,9 R —	150,6	140,2	139,8	20,6	274,8	44,9	

e) Wechselumlauf in Deutschland 1876—1910. [100

Die Reichsbank 1876—1910. Organisation und Geschäftsverkehr statistisch dargestellt. Berlin 1912 (Jena, Fischer), S. 101.

Jahr	Stempel	Geschätzter Betrag	Davon Reichsbank		Durchschnittl. im Umlauf	Davon Reichsbank	
	Mill. Mk.	Millrd. Mk.	Millrd. Mk.	%	Millrd. Mk.	Millrd. Mk.	%
1	2	3	4	5	6	7	8
1876	6,4	12,3	4,1	33,3	3,2	0,4	12,7
1880	6,4	11,6	3,5	30,1	3,0	0,3	11,4
1890	7,8	14,0	5,4	38,7	3,6	0,5	14,7
1900	12,9	23,3	8,6	36,7	6,0	0,8	13,[illegible]
1910	18,5	31,0	10,8	35,0	7,8	0,9	10,9

[1]) „d. i. Metall u. Papier". [2]) einschl. Effekten. [3]) Anlagen des Banking Departm. (Reg.-Sicherheiten 266,3; andere 751,5). [4]) einschl. Guthaben im Auslande. [5]) einschl. der mit Kündigungsfrist. [6]) NY. Clearing House mit 49 Mitgliedern (u. 27 Non-Member-Banken). [7]) Metall überhaupt. [8]) ausschl. 749,1 „Cousignations".

f) Höchste und niedrigste Wechselkurse 1912 a).

ib. S. 273 und 70*

	von:	auf: Berlin	Wien	London	Paris	Amsterdam	St. Petersburg	New York
1	Berlin in M.	—	**100 Kr. =** 85,02 84,30	**1 £ =** 20,54 20,41	**100 fr. =** 81,45 80,82	**100 fl. =** 169,65 168,80	**100 R =** 215,80 215,00	**100 $ =** 169,65 168,80
2	Wien in Kr.	**100 M. =** 117,85 117,45	—	**10 £ =** 242,05 239,88	**100 fr. =** 96,20 94,81			
3	London für 1 £ b)	M. 20,82 20,67	Kr. 24,62 24,42	—	fr. 25,51 25,44		**1 R =** $25^{1}/_{16}$d $24^{13}/_{16}$d	
4	Paris in Fr.	**100 M. =** $123^{5}/_{8}$ $122^{3}/_{4}$	**100 Kr. =** $104^{15}/_{16}$ 104	**1 £ =** 25,30 25,14	—	**100 fl.** $209^{1}/_{2}$ $207^{3}/_{4}$		
5	Amsterdam in fl.	**100 M. =** 59,18 58,37	**100 Kr. =** 50,18 49,94		**100 fr. =** 48,08 47,72	—		
6	St. Petersb. in Rubel (Schecks)	**100 M. =** 46,51 46,17		**10 £ =** 95,25 94,59	**100 fr. =** 37,80 37,42		—	
7	New York	400 M. = $ $95^{3}/_{8}$ $94^{1}/_{2}$		1 £ = $ 4,88-15 4,85—	für 1 $ Fr. $5,21^{1}/_{4}$ $5,17^{1}/_{2}$			—

a) Berliner Paritäten: 100 Kr. österr. = 85,00 M.; 1 £ = 20,4295 M.; 100 fr. = 81,00 M.; 100 fl. holl. = 168,738 M.; 100 Rubel = 216 M.; 100 $ = 419,79 M.

100 M. = 117,65 Kr. österr. = 4,895 £ = 123,46 fr. = 59,26 fl. holl. = 46,29 Rub. = 23,82 $

b) „Inländische Valuta fest“ (ausgen.: auf Petersburg).

BGBl. — Hellfron; R. Koch, s. o. Nr. 86. — Einzelausgaben u. a. in der „Guttentagschen Sammlung".

Allg. 1. Bürgerliches Gesetzbuch (BGB.), v. 18. Aug. 1896.
„Recht der Schuldverhältnisse", insbesond.: Darlehen, Verwahrung, Leibrente, Bürgschaft, Schuldversprechen, Anweisung, Schuldverschreibung auf den Inhaber. — „Sachenrecht", insbes.: Hypothek etc., Pfandrecht an bewegl. Sachen.

2. Handelsgesetzbuch (HGB.), v. 10. Mai 1897.
„Handelsgesellschaften" insbes. Aktiengesellschaft — „Handelsgeschäfte", insbes. Handelskauf, Kommissionsgeschäft. — „Seehandel", insbes. Bodmerei, Schiffsgläubiger.

3. Strafgesetzbuch, v. 15. Mai 1871 (m. Änderung. b. 1912).
Münzverbrechen, Bankerott, Urkundenfälschung, Strafb. Eigennutz (insbes. Wucher).

Geld 4. Münzgesetz, s. o. Nr. 86.

5. (Verordnung d. Reichskanzlers betr. Geldwesen der Schutzgebiete auß. Deutsch-Ostafrika u. Kiautschou, v. 1. Februar 1905.)

6. (Dgl. betr. Münzwesen des deutschostafrikanischen Schutzgebietes, v. 28. Febr. 1904/29. Okt. 1908.)

Kredit 7. Wechselordnung, v. 3. Juni 1908 (vgl. o. Nr. 22).

8. Scheckgesetz, v. 11. März 08.

9. Konkursord. v. 20. Mai 1898.

10. G. betr. Sicherung d. Bauforderungen v. 1. Juni 1909.

11. — — Abzahlungsgeschäfte, v. 16. Mai 1894.

12. — — Wucher, v. 24. Mai 1880 u. 19. Juni 1893.

13. — — die gemeinsam. Rechte der Besitzer von Schuldverschreibung., v. 4. Dez. 1899.

14. G. betr. Inhaberpapiere mit Prämien, v. 8. Juni 1871.

15. — — Pflichten der Kaufleute bei Aufbewahrung fremder Wertpapiere, v. 5. Juli 1896 („Depotgesetz").

16. Börsengesetz v. 22. Juni 1896/27. Mai 1908.

17. G. betr. Erwerbs- u. Wirtschaftsgenossenschaften v. 20. Mai 1898.

18. — — Gesellschaften m. b. H., v. 20. Mai 1898.

19. Hypothekenbankgesetz vom 13. Juli 1899.

20. (Postscheckordnung, erl. v. Reichskanzler — v. 6. Nov. 1908.)

21. Bankgesetz, s. o. Nr. 93/4. Reichsbank

22. G. betr. Ausgabe v. Reichsbanknoten zu 50 u. 20 M., v. 20. Febr. 1906.

23. Reichsschuldenordnung, v. 19. März 1900 (Nov. v. 22. Febr. 1904). Reichsschulden

24. Reichsschuldbuchgesetz, v. 31. Mai 1910.

25. G. betr. Ordnung des Reichshaushalts und Tilgung der Reichsschuld, v. 3. Juni 1906.

26. — — Änderung im Finanzwesen, v. 15. Juli 1909.

27. — — dgl. v. 3. Juli 1913 (s. o. Nr. 87).

28. — — Ausgabe von Reichskassenscheinen, v. 30. Apr. 1874 (Nov. v. 5. Juni 1906).

29. — — Schutz des zur Anfertigung v. Reichskassenscheinen verwend. Papieres etc., v. 26. Mai 1885.

---

a) Nach „Berliner Jahrbuch für Handel und Industrie. Bericht der Ältesten der Kaufmannschaft von Berlin" 1913 und Pohle in der Beilage zur „Ztschr. f. Sozialwiss." 1913. b) aus den deutschen amtlichen Preisnotierungen für 29 Artikel berechneten c) N = Nahrungsmittel; R = Rohstoffe („Economiste Européen"). d) Commercial and Financial Chronicle. e) Dun's Review.

103] IV. Laufende Monatsziffern 1911-13 [a]).

hr	Jan.	Febr.	März	April	Mai	Juni	Juli	Aug.	Sept.	Okt.	Nov.	Dez.	Jahr
I. Deutschland. 1. Durchschnittlicher Privatdiskont an der Berliner Börse in %.													
11	3,50	3,07	3,34	2,96	2,84	3,38	2,46	3,03	4,17	4,32	4,51	4,86	3,54
12	3,83	3,78	4,72	3,74	3,91	4,15	3,37	3,93	4,38	4,18	5,23	5,99	4,22
13	4,68	5,19	5,94	4,58	5,38	5,66	4,67	4,94	5,47	4,82	4,47	4,75	4,02
2. Durchschnittl. Metalldeck. der täglich fälligen Verbindlichkeiten d. Reichsbank in %.													
11	48,7	55,4	50,8	49,4	54,0	51,8	51,7	55,0	44,5	41,4	46,4	41,9	49,3
12	46,5	53,1	49,6	49,0	54,1	53,4	52,4	55,0	47,1	42,5	44,2	37,1	48,7
13	43,1	50,3	45,9	47,3	52,1	52,9	54,0	57,1	53,3	53,2	57,7	51,9	51,6
3. Verkehr bei sämtlichen Abrechnungsstellen der Reichsbank zus., in Mill. M.													
11	5362	4446	5142	5039	5068	4921	5502	5119	5354	6130	5370	5562	63015
12	6331	5526	5922	6449	5900	5656	6598	5447	5577	6962	6008	6173	72544
13	6692	5276	5851	7037	5927	6078	6521	5219	5903	6925	5582	6623	73635
4. Warenpreise nach der b) Total-Indexziffer (in % der Durchschnittspreise 1879—88).													
11	115,4	115,0	114,6	114,7	117,1	117,8	118,0	119,6	122,5	124,4	124,4	125,4	119,0
12	125,9	127,7	128,4	130,9	132,5	132,0	132,0	131,3	131,2	131,9	130,9	130,2	130,4
13	129,5	128,6	127,3	129,0	129,3	126,4	126,4	126,9	126,0	126,6			
II. Frankreich. 5. Durchschnittlicher Privatdiskont an der Pariser Börse in %.													
11	2,50	2,38	2,15	2,03	2,03	2,00	2,03	2,13	2,88	3,25	3,22	3,28	2,49
12	3,19	2,88	3,09	3,03	2,90	2,75	2,63	2,40	2,75	3,15	3,84	4,07	3,13
13	4,06	3,91	3,97	4,00	3,94	3,66	3,75	3,75	3,75	(3,81	3,70	3,65	3,83)
6. Durchschn. Bardeckung d. tägl. fällig. Verbindlichk. bei d. Banque de France in %.													
11	66,6	67,8	68,5	68,1	68,7	68,3	67,9	68,1	66,1	63,3	63,2	65,4	66,8
12	62,8	64,6	64,4	65,6	65,7	66,9	66,2	66,9	66,3	62,3	60,7	60,9	64,4
13	56,8	58,1	59,0	59,1	59,2	60,3	60,5	62,3	62,9	62,4	61,9	62,3	60,4
III. Großbritannien. 7. Markt-Diskontsatz in London in % („Economist").													
11	3,65	3,08	2,41	2,45	2,20	2,21	2,04	2,67	3,37	3,81	3,46	3,81	2,93
12	3,62	3,36	3,46	3,35	2,94	2,88	2,96	3,21	3,66	4,43	4,84	4,82	3,63
13	4,61	4,81	4,78	4,00	3,73	4,26	4,13	3,84	3,89	(4,83	4,92	4,81	4,38)
8. Verhältn. d. Reserve d. Bank of Engl. zu ihr. Verbindlichk. in Monatsdurchschn. (ib.).													
11	46,6	52,3	48,9	45,9	50,7	51,1	51,3	55,6	57,1	52,1	50,9	44,7	50,6
12	45,7	49,7	43,2	44,1	50,1	48,2	48,3	49,5	50,5	48,7	49,6	44,8	47,7
13	44,4	45,7	41,0	46,7	50,8	49,0	50,7	58,0	59,8	54,2	54,5	48,5	49,4
9. Umsätze des Londoner Clearinghauses in Mill. £ bis zum Ende des Monats (ib.).													
11	1388	2570	3737	4873	6324	7344	8867	9809	10828	12251	13348	14614	
12	1420	2615	3786	5338	6489	7679	9283	10398	11897	13208	14439	15962	
13	1337	2640	3861	5529	6735	8006	9690	10841	12346	13581	14871	16436	
10. Sauerbecksche Indexziffern c), (Durchschnittspreise 1867—77 = 100).													
hr	N R	N R	N R	N R	N R	N R	N R	N R	N R	N R	N R	N R	
11	71_4 83_7	72_0 83_5	72_6 83_5	74_0 84_4	73_4 85_3	74_5 83_9	74_6 82_1	76_8 81_9	78_3 81_7	79_7 81_5	78_9 81_8	78_9 82_3	
12	80_2 83_0	81_5 83_9	82_5 85_7	82_8 86_0	83_8 86_5	83_5 87_0	84_4 88_0	81_5 89_2	79_5 91_9	77_8 91_6	77_3 91_2	78_4 92_2	
13	79_2 91_7	79_4 90_9	79_2 92_1	78_3 91_9	77_2 91_9	77_8 89_0	77_2 89_4	76_2 91_5	76_5 92_4	75_5 91_1	74_0 89_4	75_0 90_0	
V. Vereinigte Staaten v. Nordamerika. 11. Tägliches Geld an der New Yorker Börse d).													
11	3,38	2,31	2,28	2,30	2,30	2,38	2,36	2,32	2,28	2,28	2,75	4,03	2,58
12	2,50	2,21	2,42	3,08	2,75	2,75	2,88	2,83	4,63	5,10	6,37	6,50	3,66
13	2,75	3,31	4,19	3,60	2,75	2,31	2,19	2,28	2,88	3,65	3,80	4,72	3,20
12. Verhältnis d. Reserve zu den Deposit. bei den Vereinigt. New Yorker Banken in % (ib.).													
11	27,2	27,7	27,4	27,3	28,1	28,3	26,2	26,8	26,7	25,9	25,6	25,6	26,9
12	27,2	27,9	25,9	25,5	26,1	26,8	26,0	26,3	25,2	25,3	25,2	25,2	26,1
13	26,2	25,7	25,6	26,0	26,5	27,6	26,5	26,8	25,5	25,4	25,2	25,8	26,1
13. Durchschnittlicher täglicher Umsatz in den 14 größten Clearinghäusern in Mill. Doll. e).													
11	510,7	492,1	437,1	434,3	458,9	467,4	461,2	412,6	439,4	459,2	511,6	495,9	
12	512,2	490,8	489,7	509,3	506,0	485,2	475,0	432,3	476,9	569,9	543,3	537,0	
13	547,2	542,5	463,9	479,6	473,8	489,2	451,7	409,0	465,3	511,1			

Anhang: Die schwebende Bankreform in den Vereinigten Staaten 1913/4.

[104

Unter allen Ländern der Erde zeigen die Vereinigten Staaten das Höchstmaß von Dezentralisation in der Bankverfassung. Der schwebende Plan einer etwas größeren Zentralisierung bietet daher das Beispiel eines Vermittelungsversuches. Das Gesetz ist in den letzten Tagen des Jahres 1913 zustande gekommen; die Ausführungsvorschriften bleiben dem Jahre 1914 vorbehalten. Die Berichte europäischer Zeitungen und Zeitschriften sind nur dürftig zum Teil auch irreführend; die der amerikanischen Blätter aber setzen zumeist das als bekannt voraus, was dem deutschen Leser zu erfahren am meisten not täte. Zwischen beiden in der Mitte steht eine im J. 1911 begründete eigenartige Informationsquelle, die in Deutschland bis jetzt auch nicht annähernd ihrer Bedeutung entsprechend bekannt ist: die in ungefähr wöchentlichen Zwischenräumen versandten Berichte des Bankhauses Hallgarten & Co. in New York. Unter der sachkundigen Leitung des Vorstehers des Statistischen Bureaus der Firma, Herrn L. Bendix, haben sich diese Mitteilungen zu Berichten über den amerikanischen Geld- und Kreditmarkt entwickelt, die mit eingehender Kenntnis des amerikanischen Wirtschaftslebens Rücksichtnahme auf das Verständnis deutscher Leser verbinden. Da zurzeit noch keine Literatur über das fertige Gesetzeswerk vorliegt, werden der Übersetzung (106) der wichtigsten Gesetzesstellen einige Auszüge (105) aus jenen Berichten vorangeschickt, die noch während der Beratungen geschrieben sind.

I. Vorbericht über die Gesetzentwürfe. [105

Wochenberichte des Bankhauses Hallgarten & Co. in New York v. 30. Juni u. 9. Dez. 1913, sowie (angekündigt) Jan./Febr. 1914, mitgeteilt von L. Bendix. — Dazu zu vergleichen dessen Aussage vor der Bankenquete in Washington 15. Jan. 1913 (Banking and Currency Reform. Hearings before the Subcomittee etc. House of Representatives, Part 5, S. 322—35).

Der Beginn der Präsidentschaft Wilsons wird von zwei Gesetzen von großer wirtschaftlicher Tragweite gekennzeichnet sein: ein Tarifgesetz, welches das seit fünfzig Jahren bestehende Schutzzollsystem zu Fall bringt, und ein Bankgesetz, welches der fast seit einem Jahrhundert herrschenden Dezentralisation im Notenbankwesen ein Ende bereitet. Dieselbe Partei, die sich von jeher mit Emphase auf das Dezentralisationsprinzip, auf die Aufrechterhaltung der Machtstellung der Einzelstaaten gegenüber der Bundeszentralgewalt festlegte, wird jetzt in wirkungsvoller Weise die Zentralisation im Notenbankwesen anbahnen und dadurch der Bundesregierung ein neues Feld der Tätigkeit überlassen. Der Gedanke einer Bankreform in der Richtung der Notenzentralisation wurde allerdings schon unter der Präsidentschaft Tafts energisch aufgenommen und hat sogar in der Abfassung eines entsprechenden Gesetzesvorschlages, der „Aldrich-Bill", seinen Ausdruck gefunden. Aber gerade das macht den Fall um so interessanter. Was der republikanischen, der Zentralisation zugeneigten Partei nicht gelang, wird die demokratische Partei vollziehen. Auf die Bedeutung einer solchen Bankreform haben wir bereits gelegentlich der Veröffentlichung des Aldrich-Planes und der um ungefähr ein Jahr später eingebrachten Aldrich Bill in besonderen Publikationen[1]) hingewiesen. Der neue demokratische Gesetzentwurf ist den Gedankengängen der republikanischen Bill gefolgt. Er zeigt aber trotzdem bedeutsame Abweichungen, die im wesentlichen auf das Ergebnis der jüngsten Bankenquete zurückzuführen sind.

Der wesentlichste Inhalt der neuen Gesetzesvorlage läßt sich wie folgt skizzieren: Es wird eine neue Art von Banken geschaffen, die den Namen „Federal Reserve Banks[a])" erhalten ... Jede Nationalbank m u ß innerhalb eines Jahres nach Erlaß des Gesetzes Mitglied der in ihrem Distrikt befindlichen FRBank werden. Die sogenannten Staatenbanken (d. h. Banken mit Konzessionen der Einzelstaaten) und Trust-Gesellschaften k ö n n e n, wenn sie besonderen Vorbedingungen entsprechen, Mitglieder werden. Die Mitgliedschaft ist an den Erwerb und Besitz eines FRBank-Anteiles gebunden, und zwar muß jede Mitgliedsbank mit 20 % ihres Eigenkapitals[b]) an der in ihrem Distrikt liegenden FRBank beteiligt sein. Indessen ist einstweilen nur die Hälfte einzuzahlen, während der Rest auf Abruf zur Verfügung gestellt werden muß. Hiernach läßt sich die wahrscheinliche Höhe des gesamten Kapitals ungefähr berechnen. Am 4. April dieses Jahres bestanden in den Vereinigten Staaten 7440 Nationalbanken mit einem eingezahlten Kapital von 1052,2

---

[1]) L. Bendix, „Der Aldrich-Plan, seine Bedeutung für das amerikanische Bankwesen und den internationalen Geldmarkt"; „The Aldrich Plan in the Light of Modern Banking". New York (Hallgarten & Co.) 1913.

a) Im folg.: FRBanks. b) Statt dessen im wirklichen Gesetz: 6%, aber von Kapital und Reserven; man nimmt an, daß das Gesamtergebnis annähernd auf dasselbe hinauslaufen werde.

Mill. $. Diese Nationalbanken würden insgesamt ein Kapital von 105,2 Mill. $ aufzubringen und eventuell noch weitere 105,2 Mill. $ nachzuschießen haben. Das Kapital von 17 823 Staatenbanken und Trust-Gesellschaften betrug am 30. Juni 1912 977,3 Mill. $. Nimmt man an, daß die Hälfte dieses Kapitals sich an der neuen Organisation beteiligt, so würden den FRBanken weitere ca. 50 Mill. $ als Bankkapital zufließen...

Es wird ein neues Kreditpapier geschaffen, das sowohl den Charakter einlösbaren Staatspapiergeldes als auch die Eigenschaften der Banknote in sich vereinigt. Es ist Staatspapiergeld insofern, als die zur Ausgabe gelangenden *Noten* eine direkte Verpflichtung der Regierung darstellen; Banknote insofern, als die Verpflichtung durch die Aktiven der FRBanks bankmäßig gedeckt sein wird... Das gegenwärtige, auf Hinterlegung von United States Bonds beruhende Notensystem soll allmählich aufgegeben werden... Die Bardeckungs-Vorschrift für die neuen FRNotes ist der bezüglichen Bestimmung der deutschen Bankverfassung nachgebildet...

Weit größere Schwierigkeiten als diese Bestimmungen haben die Vorschriften über die gesetzmäßige Deckung der Depositen bereitet. Nach der bestehenden Nationalbank-Gesetzgebung dürfen die "Country Banks" und die Banken in den sogenannten Reservestädten einen Teil der gesetzlich vorgeschriebenen Reserven an ihre Agenten in den Zentral-Reservestädten (New York, Chicago und St. Louis) überführen. Hiermit bricht die neue Gesetzgebung, indem sie den Nationalbanken die Verpflichtung auferlegt, ständig 6 % (bzw. 5 % für Landbanken) ihrer gesamten Depositen als Guthaben bei den zuständigen FRBanken zu unterhalten; die weiteren gesetzlich vorgeschriebenen Reserven müssen die Mitgliedsbanken teilweise in eigener Verwahrung haben, teilweise können sie solche ihren FRBanken zuführen. Hierdurch werden die Föderalbanken ihre wichtigsten Betriebsmittel erhalten. Ohne eine weitere Änderung der gegenwärtigen Depositen-Reservevorschriften könnte diese Neuerung unmöglich durchgeführt werden, weil die gegenwärtige Kreditorganisation zum Teil auf den großen Reserven der Nationalbanken in den Zentral-Reservestädten aufgebaut ist. Das Problem besteht nur darin, die Reservevorschriften so zu ändern, daß das neue System eingeführt werden kann, ohne Störungen im Kreditverkehr hervorzurufen. Zwecks Lösung dieser schwierigen Aufgabe ist der Prozentsatz der gegenwärtig vorgeschriebenen Reserven herabgesetzt worden. Ferner wird zur Erleichterung des Überganges für die vollständige Durchführung des neuen Systems eine zweijährige Frist gesetzt...

Das seit Jahren angestrebte Ziel, dem amerikanischen Bankwesen eine mit moderner Bankpolitik im Einklang stehende neue Verfassung zu geben, kann durch die bervorstehende Gesetzgebung als erreicht angesehen werden. Die Begründung von Reservebanken, die im Sinne des Gesetzes das Gemeinwohl den privatwirtschaftlichen Interessen voranstellen sollen, schafft dem amerikanischen Geld- und Kreditverkehr den Rückhalt, der ihm bisher fehlte. Einer ausschließlich den öffentlichen Interessen dienenden staatlichen Aufsichtsbehörde, dem FRBoard, fällt die Aufgabe zu, die einzelnen Banken zu überwachen und, wenn es erforderlich sein sollte, zu einheitlicher Betätigung zugunsten der Gesamtheit anzuhalten. Darüber hinaus ist durch die vorgesehene weitgehende Publizität (zweckentsprechende sehr ausführliche wöchentliche Ausweise der einzelnen Banken, sowie ein Gesamtstatus) die gesamte neue Organisation der ständigen öffentlichen Kontrolle unterstellt — eine weitere Bürgschaft dafür, daß sich die einzelnen Organe im Rahmen und Sinne des Gesetzes betätigen. Schließlich ist auch noch dem Verlangen nach Bildung eines der Oberaufsichtsbehörde zur Seite stehenden Organes Rechnung getragen worden; wenn auch nicht in dem geforderten Umfange. Das Federal Advisory Council entspricht dem Zentralausschuß der Reichsbank...

II. Federal Reserve Act. Vom 23. Dez. 1913. [106

63d Congress. Public. Nr. 43. H. R. 7837 [= Owen-Glass-Act].

Gesetz, betr. die Errichtung von Federal-Reserve-Banken, die Schaffung eines elastischen Notenumlaufs, die Aufbringung von Mitteln zur Rediskontierung von Warenwechseln, eine wirksamere Überwachung des Bankwesens in den Vereinigten Staaten und ähnliche Aufgaben.

Federal-Reserve-Distrikte

Sec. 2. Der Schatzsekretär, der Staatssekretär für Landwirtschaft und der Währungskontrollkommissar sollen als „Reservebank-Organisationsausschuß" sobald als möglich FR-Städte bezeichnen, und zwar nicht weniger als 8 und nicht mehr als 12. Sie sollen das festländische Gebiet der Vereinigten Staaten mit Ausnahme von Alaska in Distrikte teilen...

... Wenn der Ausschuß die Städte, in denen FRBanken errichtet werden sollen, bezeichnet und die geographischen Grenzen der Distrikte festgelegt hat, soll jede Nationalbank-Gesellschaft innerhalb des Distrikts ersucht werden, binnen 30 Tagen... auf das Grundkapital der FRBank einen Betrag zu zeichnen, der 6% ihres eigenen eingezahlten Kapitals und Reservefonds gleichkommt, zahlbar...in Gold oder Goldzertifikaten...

Keine FRBank soll ihre Tätigkeit mit einem geringeren Subskriptionskapital, als 4 Mill. $, beginnen.

Filialbanken.

Sec. 3. Jede FRBank soll innerhalb ihres Distrikts Filialbanken unter eigenen Direktoren errichten... 4 Direktoren sollen durch die FRBank und 3 durch das FRBoard ernannt werden; sie sollen nach Ermessen der FRBank, bzw. des FRBoard, in ihrer Stellung bleiben. Einer der Direktoren wird von der FRBank zum Geschäftsführer ernannt.

Federal-Reserve-Banken.

Sec. 4. ... Die FRBanken sollen ermächtigt sein: ...

(8.) gegen Hinterlegung von Bonds der Vereinigten Staaten bei dem Schatzsekretär, nach den für Nationalbanken bestehenden gesetzlichen Vorschriften, in der Höhe des Paribetrages jener Bonds von dem Währungskontrollkommissar Notenblanketts zu erhalten. Für die Ausgabe dieser Noten sollen dieselben gesetzlichen Vorschriften gelten, wie für die Nationalbanknoten, die auf Bonds der Vereinigten Saaten gegründet sind; mit der Ausnahme, daß die Gesamthöhe nicht auf den Betrag des Grundkapitals der betr. FRBank beschränkt sein soll...

Die Direktion soll aus 9 Mitgliedern bestehen, die auf 3 Jahre gewählt werden und in 3 Klassen A, B und C zerfallen. | Klasse A: 3 Mitglieder, die von den aktienzeichnenden Banken gewählt werden und diese vertreten. | Klasse B: 3 Mitglieder, die zur Zeit ihrer Wahl innerhalb des Distrikts in Handel, Landwirtschaft oder einem anderen Erwerbszweig tätig sind. | Klasse C: 3 Mitglieder, die durch das FRBoard ernannt werden...; dieses ernennt einen von ihnen zum Vorsitzenden...

Kein Senator oder Abgeordneter des Kongresses soll Mitglied des FRBoard oder Amtsinhaber oder Direktor einer FRBank sein. | Kein Direktor der Klasse B soll Amtsinhaber, Direktor oder Angestellter irgendeiner Bank sein. | Kein Direktor der Klasse C soll Amtsinhaber, Direktor, Angestellter oder Aktionär irgendeiner Bank sein.

... Einer der Direktoren der Klasse C soll vom FRBoard zum Vorsitzenden der Direktion der FRBank und zum FRKommissar ernannt werden. Es soll dies ein Mann von erprobter Erfahrung in Banksachen sein; er hat ... auf Kosten der Bank ein Ortskommissariat des FRBoard zu errichten...

Gewinnverteilung.

Sec. 7. Nachdem alle notwendigen Ausgaben einer FRBank bezahlt oder berichtigt sind, sollen die Aktionäre einen Anspruch auf eine Dividende von 6% des eingezahlten Kapitals haben; diese Dividende soll kumulativ sein. Nach voller Ausschüttung dieser Dividende soll jeder weitere Reingewinn an die Vereinigten Staaten als Privilegiengebühr gezahlt werden; ausgenommen, daß die Hälfte dieses Reingewinns zum Reservefonds abgeführt werden soll, bis dieser 40% des eingezahlten Aktienkapitals beträgt.

Die Reingewinne, die die Vereinigten Staaten von FRBanken beziehen, sollen nach Ermessen des Schatzsekretärs verwendet werden: entweder zur Ergänzung der Goldreserve, die gegen ausstehende Bundesnoten gehalten wird, oder zur Herabsetzung der Bundesschuld in Bonds...

Federal Reserve Board.

Sec. 11. Das FRBoard ist ermächtigt:

(a) nach eigenem Ermessen die Rechnungen, Bücher und Geschäftsführung jeder FRBank und jeder Mitgliedsbank zu prüfen... Das Amt soll jede Woche einen Ausweis über den Status jeder einzelnen FRBank und aller zusammen veröffentlichen...

(c) jede Reservevorschrift dieses Gesetzes für einen Zeitraum von 30 Tagen zu suspendieren und diese Suspension von Zeit zu Zeit für Perioden bis zu 15 Tagen zu erneuern; mit der Maßgabe, daß gleichzeitig auf die Beträge, um die die Reserve nach der erweiterten Erlaubnis unter die nachbenannten Linien sinken darf, eine abgestufte Steuer gelegt werde; und mit folgender weiterer Maßgabe: wenn die Goldreserve der FRNoten unter 40% bis 32½% fällt, so soll die abgestufte Steuer auf die Unterdeckung nicht mehr als 1 v.H. jährlich betragen; wenn sie jedoch noch unter 32½% sinkt, dann soll für jedes Sinken um 2½% (oder einen Teil davon) eine steigende Steuer gelegt werden, von nicht weniger als 1½ v.H. jährlich. Die Steuer soll durch die FRBank gezahlt werden, aber diese soll einen gleichen Betrag auf die Zins- und Diskontsätze, die das FRBoard festgesetzt hat, zuschlagen.

Geschäftskreis der Federal-Reserve-Banken *[im Verkehr mit Mitgliedsbanken]*.

Sec. 13. ... Auf das Indossament einer ihrer Mitgliedsbanken kann jede FRBank Wechsel[a], die aus wirklichen geschäftlichen Transaktionen herrühren... diskontieren, wenn sie eine Laufzeit von höchstens 90 Tagen haben; mit der Maßgabe, daß Wechsel, die für landwirtschaftliche Zwecke gezogen, oder auf einen Nahrungsmittelvorrat gegründet sind, auch diskontiert werden dürfen, wenn sie eine Laufzeit bis zu 6 Monaten haben, bis zu einem Höchstbetrage eines Prozentsatzes des FRBankkapitals, den das FRBoard bestimmt.

Jede FRBank kann Akzepte, die sich auf die Ein- oder Ausfuhr von Gütern gründen, mit einer Laufzeit von höchstens 3 Monaten auf ein Indossament von wenigstens einer Mitgliedsbank diskontieren. Der Gesamtbetrag dieser Akzepte darf nicht über die Hälfte des Grundkapitals und Reservefonds der Mitgliedsbank hinausgehen...

Jede Mitgliedsbank darf Wechsel[b] aus Anlaß von Güter-Ein- und Ausfuhr mit höchstens 6 Mo-

---

a) „notes, drafts, and bills". b) „drafts or bills".

naten Laufzeit akzeptieren; jedoch nur bis zum Gesamtbetrage ihres halben eingezahlten Grundkapitals nebst Reservefonds.

Geschäfte *[der Federal-Reserve-Banken]* am offenen Markt.

Sec. 14. Jede FRBank kann ... am offenen Markt im In- oder Auslande ... Auszahlungen, Bankakzepte und Wechsel c), die nach diesem Gesetze diskontfähig sind, sei es mit, sei es ohne Indossament einer Mitgliedsbank kaufen und verkaufen.

Jede FRBank darf

(a) Handel in Goldmünzen und Barren treiben...

(b) Bonds und Noten der Vereinigten Staaten kaufen und verkaufen...

(d) von Zeit zu Zeit unter Aufsicht und mit Zustimmung des FRBoard die Diskontsätze für jede Gattung von Kreditpapieren bestimmen; die Festsetzung soll im Hinblick auf die allgemeine Geschäftslage geschehen.

(e) einen Abrechnungsverkehr mit anderen FRBanken einrichten und mit Zustimmung des FRBoard Agenturen im Auslande begründen...

Notenausgabe *[und Reserven der FRBanken]*

Sec. 16. Es wird hierdurch die Ermächtigung erteilt, FRNoten auszugeben, und zwar nach Ermessen des FRBoard zum Zwecke der Ausreichung an FRBanken durch die FRKommissare. Besagte Noten sollen Obligationen der Vereinigten Staaten sein und von allen National-, Mitglieds- und FRBanken, sowie für alle Steuern, Zölle und sonstige öffentliche Gebühren in Zahlung genommen werden. Sie sollen auf Vorzeigung im Schatzamt der Vereinigten Staaten in Washington D.C. in Gold, oder von jeder FRBank in Gold oder gesetzlichem Gelde eingelöst werden.

Jede FRBank kann bei dem FRKommissar des Ortes jeden ihr gutscheinenden Betrag von FRNoten innerhalb der vorbestimmten Grenzen beantragen. Dem Antrage ist ... eine Sicherheit in gleicher Höhe beizufügen, bestehend in rediskontierten Wechseln (Sec. 13).

An Reserven hat jede FRBank zu halten: für ihre Depositen mindestens 35% in Gold oder gesetzlichem Gelde; für ihre umlaufenden Noten, soweit sie nicht durch Gold oder gesetzliches Geld bei dem FRKommissar gedeckt sind, mindestens 40% in Gold... Keine FRBank soll Noten einer andern einlösen bei Strafe von 10% des Nennwertes ... d).

Das FRBoard soll von jeder FRBank die Niederlegung einer Summe Goldes im Bundesschatzamt verlangen, wie sie nach dem Ermessen des Schatzsekretärs für die Einlösung der FR-Noten dieser Bank erforderlich ist, jedoch keinesfalls weniger als 5%. Dieses Golddepositum wird auf die vorerwähnte Reserve von 40% angerechnet... Das Board soll das Recht haben, einen Antrag auf FRNoten ... ganz oder

c) „cable transfers and bankers' acceptances and bills of exchange".
d) „Suffolk System".

teilweise zu bewilligen oder auch ganz abzulehnen ... Das FR-Board bestimmt den Zinssatz, den die Bank zu zahlen hat...

Der FRKommissar soll das Gold, Goldzertifikate oder gesetzliche Münze für den Umtausch von FRNoten ... bereit halten. Auf Anordnung des Schatzsekretärs soll das FRBoard den Kommissar auffordern, von diesem Golde so viel in das Schatzamt einzuliefern, wie für die Noteneinlösung erforderlich erachtet wird.

... Die Noten werden zum Nennwerte von $ 5, 10, 20, 50, 100 ausgestellt.

Reserven *[der Mitgliedsbanken]*.

Sec. 19. Depositen auf Abruf[e]) im Sinne dieses Gesetzes sind Depositen, zahlbar binnen 30 Tagen Frist; Fristdepositen[f]) solche mit Kündigungsfrist von mehr als 30 Tagen ...

(a) An Reserven hat zu halten: eine Landbank[g]): für Depositen auf Abruf 12%, für Fristdepositen 5%; u. zw. $^4/_{12}$ davon in den eigenen Gewölben, $^5/_{12}$ bei ihrer FRBank, den Rest hier oder dort nach eigener Wahl;

(b) eine Bank in einer Reservestadt: für Depositen auf Abruf 15%, für Fristdepositen 5%; u. zw. $^5/_{15}$ davon in den eigenen Gewölben, $^6/_{15}$ bei ihrer FRBank und den Rest hier oder dort nach eigener Wahl.

(c) eine Bank in einer Zentral-Reservestadt: für Depositen auf Abruf 18%, für Fristdepositen 5%; u. zw. $^6/_{18}$ davon in ihren Gewölben, $^7/_{18}$ bei ihrer FRBank, den Rest hier oder dort nach eigener Wahl.

Jede FRBank kann die Reserve ihrer Mitgliedsbanken bis zur Höhe der Hälfte in diskontfähigen Papieren (Sec. 14) entgegennehmen...

e) „demand deposits". f) „time deposits". g) Alles folgende unter Weglassung der Übergangsbestimmungen.

Register.

In das Register sind aufgenommen: sämtliche Personen-, Orts- und Ländernamen; Waren-, Gewerbe- und Berufsbezeichnungen (soweit eine Einwirkung auf Preise und Löhne erwähnt wird); Behörden und Einrichtungen des Geld- und Kreditwesens und des öffentlichen Lebens überhaupt, endlich auch Schlagwörter und oft gebrauchte Zitate. — Vor dem Gebrauch empfiehlt es sich, die Artikel unter **„Bank“, „Edelmetall“, „Münze“, „Währung“** anzusehen.

Die Zahlen bedeuten die Seiten (römische die des Vorworts). — Bei gespaltenem Satz: l = linke Spalte; r = rechte Spalte.

	Januar	Februar	März	April	Mai	Juni

Juli	August	Sept.	Okt.	Nov.	Dez.	

www.ingramcontent.com/pod-product-compliance
Lightning Source LLC
LaVergne TN
LVHW092106300926
849161LV00002B/61
* 9 7 8 3 1 1 2 6 7 5 4 7 2 *